普通高等学历教育(本科)"法律法规"系列教材
"工商"企业在职岗位培训系列教材

会计法律法规

（第2版）

周晖 刘东 主编
张冠男 杨四龙 副主编

清华大学出版社
北京

内 容 简 介

本书结合最新颁布实施的《民法典》《企业会计准则》及相关法律法规，参照税收管理制度，结合企事业单位会计工作实务，系统介绍了会计法、个人独资企业法、合伙企业法、公司法、破产法、证券法、支付结算和税务行政管理法律制度等内容。

本书具有及时性、通用性和实用性，既可作为普通高等院校财税、金融等财经管理专业的教材，也可兼顾高职高专、应用型大学的会计教学，还可用于企业财会从业人员的在职培训及学习指导。

版权所有，侵权必究。举报：010-62782989，beiqinquan@tup.tsinghua.edu.cn。

图书在版编目(CIP)数据

会计法律法规 / 周晖，刘东主编. —2版. —北京：清华大学出版社，2021.5
普通高等学历教育(本科)"法律法规"系列教材 "工商"企业在职岗位培训系列教材
ISBN 978-7-302-57979-3

Ⅰ. ①会… Ⅱ. ①周… ②刘… Ⅲ. ①会计法－中国－高等学校－教材 Ⅳ. ①D922.26

中国版本图书馆 CIP 数据核字(2021)第 065465 号

责任编辑：刘 晶
封面设计：常雪影
责任校对：王荣静
责任印制：刘海龙

出版发行：清华大学出版社
网　　址：http://www.tup.com.cn, http://www.wqbook.com
地　　址：北京清华大学学研大厦 A 座　　邮　编：100084
社 总 机：010-62770175　　邮　购：010-83470235
投稿与读者服务：010-62776969, c-service@tup.tsinghua.edu.cn
质量反馈：010-62772015, zhiliang@tup.tsinghua.edu.cn

印 装 者：三河市铭诚印务有限公司
经　　销：全国新华书店
开　　本：185mm×230mm　　印　张：18.75　　字　数：371 千字
版　　次：2014 年 10 月第 1 版　2021 年 5 月第 2 版　印　次：2021 年 5 月第 1 次印刷
定　　价：69.80 元

产品编号：090943-01

本书编审委员会

主　任：牟惟仲

副主任：林　征　冀俊杰　张昌连　翁心刚　唐征友
　　　　王海文　张建国　车亚军　田小梅　李大军

编　委：李遐桢　侯春平　周　晖　刘志军　张冠男
　　　　李爱华　尚建珊　李耀华　张肖华　罗佩华
　　　　刘　东　王虹玉　刘　剑　侯　斌　崔嵩超
　　　　刘久照　郭　可　杨四龙　童　俊　孙　勇
　　　　葛胜义　马　平　郭建磊　彭爱美　白　硕
　　　　荆　京　储玉坤　侯晓娜　郎晨光　朱忠明

总　编：李大军

副总编：李爱华　侯春平　周　晖　张冠男　罗佩华

专家组：李遐桢　王海文　尚建珊　杨四龙　刘志军

丛书序言 PREFACE

随着我国改革开放进程的加快和社会主义市场经济的快速推进,我国经济建设一直保持着持续高速增长的态势,已经成为全球第二大经济体。经济发展越快,市场竞争越激烈,越是需要法律法规作保障,法律法规既是规则,也是企业的行为道德准则;法律法规在开拓国际市场、国际商务活动交往、防止金融诈骗、打击违法犯罪、推动民族品牌创建、支持大学生创业、促进生产、拉动内需、解决就业、推动经济发展、改善民生、构建和谐社会等方面发挥着越来越大的作用。

目前,我国正处于经济稳步发展与社会变革的重要时期,随着经济转型、产业结构调整、传统企业改造,涌现了大批旅游、物流、电子商务、生物医药、动漫、演艺、文化创意、绿色生态、循环经济等新型产业;为支持"中小微"型企业和大众自主创业,为与国际经济接轨,适应中国经济国际化发展趋势,近年来国家不断加大税制改革、调整财政与会计政策,并及时颁布实施了一系列法律法规,包括劳动法、旅游法、商标法、税法、保险法等,以及企业会计准则、税收征管制度等政策规定,为的是更好地搞活经营、活跃市场,确保我国经济的可持续发展。

市场经济是法治经济,经济活动必须遵纪守法,法律法规执行与监管是市场经济的永恒主题。随着我国法律体系的建立,全民都要严格遵守法律法规,所有企业也必须依法办事规范经营。当前,面对经济的快速发展、激烈的国际市场竞争、就业上岗的压力,更新观念、学习新法律法规、调整业务知识结构、掌握各项新的管理制度、加强在职从业人员的法律法规应用技能培训、强化法规道德素质培养已成为亟待推进的工作内容。

社会需要有知识、会操作、能顶岗的实务型法律法规专业人才,本套丛书的出版不仅有力地配合了高等教育法律教学的创新和教材更新,而且也满足了社会需求,起到了为国家经济建设服务的作用;对依法治国、依法办事、依法经营,对加强法治观念、树立企业形象、提升核心竞争力、有效进行自我保护具有积极的现实意义。

本套教材作为普通高等教育本科院校法律法规课程的特色教材,以读者应用能力训练为主线,以科学发展观为统领,严格按照教育部关于"加强职业教育、突出实践技能与能力培养"的教育教学改革要求,结合各项法律法规的教学特点,以及企事业单位对各种法律专业人才的实际需求,组织多年从事法律法规相关课程教学的专家学者与具有丰富实践经验的律师共同撰写。

本套教材包括《经济法》《商法》《海商法》《税法》《国际商法》《劳动与社会保障法》《金融法律法规》《保险法律法规》《会计法律法规》《电子商务法律法规》等。参与编写的单位有：吉林工程技术师范学院、北京物资学院、华北科技学院、北京联合大学、哈尔滨师范大学、北方工业大学、山西大学、首钢工学院、牡丹江大学、北京教育学院、燕山大学、北京城市学院、东北财经大学、北京财贸职业学院、厦门集美大学、北京朝阳社区学院、大连商务学院、北京西城社区学院、郑州大学、北京石景山社区学院、大连海事大学、浙江工业大学、大连工业大学等全国三十多所高校。

由于本套教材紧密结合中国经济改革与发展实际，融入法律法规实践教学理念，坚持改革创新，注重与时俱进，有效解决了本科法律教材知识老化、案例过时、重理论轻实践等问题，具有选材新颖、知识系统、案例真实、贴近实际、通俗易懂等特点。因此本套丛书既可以作为普通高等教育本科院校、高职高专院校相关专业课程的首选教材，也可以作为各类企事业机构从业人员的在职教育教材，对于广大社会公众也是非常有益的普法资料。

在教材编著过程中，我们参阅借鉴了大量国内外有关金融、财税等法律法规的最新书刊资料和国家新出台的政策法规及管理制度，并得到有关行业企业领导与专家学者的悉心指导，在此一并致谢。为配合本套教材的使用，特提供配套电子课件，读者可以从清华大学出版社网站(www.tup.com.cn)免费下载。希望全国各地区普通高等教育、高职高专院校积极选用本套教材，并请读者多提改进意见，以使教材不断完善。

编委会主任　牟惟仲

第 2 版前言 FOREWORD

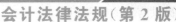

会计法律法规（第 2 版）

　　财税既是国家财政的命脉，也是现代经济发展和企业经营的关键支撑，会计法律法规是对企业实行科学管理、规范经营的重要手段。会计法规涉及企业的长远发展，在国家经济发展、国民经济建设、改善民生等方面发挥着极其重要的作用，并逐渐受到企业管理者、社会管理者的高度重视。

　　当前中国特色社会主义进入新时代，"十四五"时期，国家要构建以国内大循环为主体、国内国际双循环相互促进的新发展格局。面对全球经济一体化的发展和激烈的国际市场竞争，必须完善各项法律法规、依法治国、依法办事、遵纪守法。市场经济是法治经济，必须加强市场主体的法治观念，依法经营，企业才能健康发展。

　　随着国家经济转轨，产业结构调整，涌现了旅游、物流、电子商务、生物医药、动漫、演艺等一大批新兴服务和文化创意产业。为此，国家重新颁布实施了一系列有利于新兴产业和企业发展的《民法典》《公司法》《证券法》《会计法》《海商法》《票据法》《破产法》《保险法》等法规，有力地促进了国家经济建设的可持续发展。

　　会计法律法规是财税、财经管理等专业的基础课程，也是学生毕业后顺利就业、创业所必须学习掌握的知识。加强现代企业经营管理者会计法规应用培训，提高经营管理水平，更好地为我国经济发展服务，这既是企业可持续发展的战略选择，也是本书出版的意义。

　　本书作为高等教育法律、财税、财经管理专业的特色教材，坚持以科学发展观为统领，严格按照教育部关于"加强职业教育、突出应用能力培养"的教育教学改革要求，突出应用性，注重实践训练。本书的再版，不仅有力配合了高等院校的教学创新和教材更新，也起到了为国家经济建设服务的作用。

　　全书共十章，以对读者的应用能力培养为主线，根据我国会计法律法规与税收管理制度改革的最新精神，按照国家新颁布实施的《民法典》的"物权编""合同编"内容，结合企事业会计工作实际，系统介绍了如下内容：会计法、个人独资企业法、合伙企业法、公司法、合同法、破产法、证券法、支付结算法律制度、票据法、税务行政管理法律制度等，并注重案例教学，以提高读者的实际应用能力。

　　由于本书融入了会计法律法规最新的实践教学理念，坚持改革创新，力求严谨，注重与时俱进,具有选材新颖、体例完整、观点科学、案例真实、贴近实际、突出实用性、便于理解掌握等特点,因此既可作为普通高等院校法律、财务会计、税务、金融等专业教学的首选教材;也可兼顾高职高专、应用型大学、成人高等教育的教学;还可以用于工商企业财经管理干部及"中小微"企业财税从业人员的在职培训;并为其他对会计法律法规感兴趣的读者提供有益的学习指导。

本书由李大军统筹策划并具体组织,周晖和刘东为主编,周晖统改稿,张冠男、杨四龙为副主编,由李爱华教授审定。作者写作分工如下:牟惟仲(前言),周晖(第一章、第七章、第十章),郭可(第二章),杨四龙(第三章、第六章),张冠男(第四章、第八章),刘东(第五章、第九章),李晓新(文字修改、版式整理、课件制作)。

本书再版过程中,我们参阅了大量会计法律法规的最新书刊和网站资料,并得到业界有关专家学者的具体指导,在此一并致谢。为了方便教学,本书提供配套电子课件,读者可以从清华大学出版社网站(www.tup.com.cn)免费下载。因我国财税政策随经济发展不断调整,且作者水平有限,书中难免存在不妥之处,恳请各位读者批评指正。

牟惟仲

2021 年 5 月

目 录

会计法律法规(第2版)

第一章　会计法 ··· 1
　第一节　会计法概述 ··· 1
　第二节　会计核算与会计监督 ·· 3
　第三节　会计机构和会计人员 ·· 8
　第四节　违反《会计法》的法律责任 ··· 12

第二章　个人独资企业法 ··· 17
　第一节　个人独资企业法概述 ··· 17
　第二节　个人独资企业的设立 ··· 19
　第三节　个人独资企业的投资人及事务管理 ···································· 22
　第四节　个人独资企业的解散与清算 ·· 26
　第五节　违反《个人独资企业法》的法律责任 ································· 28

第三章　合伙企业法 ··· 33
　第一节　合伙企业法概述 ··· 33
　第二节　普通合伙企业 ·· 34
　第三节　特殊的普通合伙企业 ··· 42
　第四节　有限合伙企业 ·· 43
　第五节　合伙企业的解散和清算 ·· 46

第四章　公司法 ·· 50
　第一节　公司与公司法概述 ·· 51
　第二节　有限责任公司 ·· 56
　第三节　股份有限公司 ·· 65
　第四节　公司债券 ·· 76

第五节　公司的财务会计 ·· 78
　　第六节　公司的合并、分立、增资、减资、解散和清算 ······· 79
　　第七节　违反公司法的法律责任 ·································· 82

第五章　合同法律制度 ·· 87
　　第一节　合同与合同法概述 ·· 88
　　第二节　合同的订立 ··· 92
　　第三节　合同的效力 ··· 99
　　第四节　合同的履行 ··· 105
　　第五节　合同的担保 ··· 111
　　第六节　合同的变更、转让和终止 ······························· 117
　　第七节　违约责任 ·· 122

第六章　破产法 ·· 128
　　第一节　破产和破产法概述 ·· 128
　　第二节　破产申请的提出和受理 ·································· 129
　　第三节　管理人和债权人会议 ····································· 134
　　第四节　债务人财产 ··· 139
　　第五节　重整与和解 ··· 142
　　第六节　破产清算 ·· 145

第七章　证券法 ·· 152
　　第一节　证券法概述 ··· 153
　　第二节　证券发行与承销 ··· 162
　　第三节　证券交易 ·· 166
　　第四节　上市公司的收购 ··· 171
　　第五节　信息披露制度 ·· 173
　　第六节　投资者保护 ··· 175
　　第七节　违反《证券法》的法律责任 ···························· 176

第八章　支付结算法律制度 ·· 179
　　第一节　支付结算法律制度概述 ·································· 179
　　第二节　银行结算账户 ·· 182
　　第三节　银行卡结算 ··· 191

第四节　结算方式 ………………………………………………… 194
　　第五节　违反支付结算法律制度的法律责任 …………………… 203

第九章　票据法 ……………………………………………………… 206
　　第一节　票据法概述 ……………………………………………… 207
　　第二节　汇票 ……………………………………………………… 218
　　第三节　本票 ……………………………………………………… 226
　　第四节　支票 ……………………………………………………… 228
　　第五节　违反《票据法》的法律责任 …………………………… 231

第十章　税务行政管理法律制度 …………………………………… 234
　　第一节　税收管理体制 …………………………………………… 234
　　第二节　税收征收管理 …………………………………………… 235
　　第三节　税务行政处罚 …………………………………………… 247
　　第四节　税务行政复议 …………………………………………… 250
　　第五节　税务行政诉讼 …………………………………………… 256

参考答案 ……………………………………………………………… 264

参考文献 ……………………………………………………………… 285

第一章 会计法

本章学习目标

1. 掌握会计法的概念、会计机构和会计人员的有关规定、会计核算的要求。
2. 理解会计监督制度、会计法的适用范围。
3. 熟悉会计工作管理体制、违反会计法的法律责任。

引导案例

A公司总经理王某任职期间,公司经营业绩不理想,眼看任期届满难以完成利润考核指标,便找到财务部主任李力,授意李力"帮助"改善公司经营业绩。李力觉得王某上任后对自己比较关照,决定"帮"他渡过这一难关。为此,李力将明年的销售合同提前"发货",提前开具销售发票,并确认收入。有了这笔"提前收入"的支撑,王某顺利"完成"了今年的各项利润考核指标。

通过本章学习,回答以下问题:
(1) 财务部主任李力的行为是什么行为?
(2) 财务部主任李力是否应承担法律责任?
(3) 王某是否应承担法律责任?

第一节 会计法概述

一、会计法的概念及适用范围

(一) 会计法的概念

会计是以货币为主要计量单位,采用专门方法,对单位的经济活动进行连续、完整、系统的反映和控制,进而达到加强经济管理,提高经济效益的目的的一种管理活动。它是全社会运用的"商业语言"。任何社会主体都离不开具有经济内容的往来,都必须通过会计行为,提供或者获取会计信息,会计是对经济活动进行核算和管理的重要工具。

会计法是调整会计关系的法律规范的总称。《中华人民共和国会计法》(以下简称《会计法》)于1985年1月21日在第六届全国人民代表大会常务委员会第九次会议上通过;1993年12月29日在第八届全国人民代表大会常务委员会第五次会议上作了修改;1999年10月28日在第九届全国人民代表大会常务委员会第十二次会议上再次作了修改;2017年11月4日在第十二届全国人民代表大会常务委员会第三十次会议上修正。

(二)会计法的适用范围

按照《会计法》的规定,会计法适用于国家机关、社会团体、公司、企业、事业单位和其他组织(以下统称单位)。

上述主体必须依法办理会计事务。

在中国境外设立的中国投资企业属外国法人,应当适用所在国的法律,但是向国内报送会计报表时,按照国内的《会计法》及其相关法律法规进行。个体工商户设置会计账簿,进行会计核算,由国务院财政部门依据《会计法》的原则另行规定。

二、会计工作管理体制

(一)会计工作的领导制度

《会计法》规定,国务院财政部门主管全国的会计工作。县级以上地方各级人民政府财政部门管理本行政区域内的会计工作。

管理会计工作应当遵循"统一领导,分级管理"的原则,财政部门管理会计工作,是在统一规划、统一领导的前提下,实行分级负责、分级管理,充分调动地区、部门、单位管理会计工作的积极性和创造性。财政部门虽然主管全国的会计工作,但并不排斥其他相关部门,如审计机关、税务部门等,在各自职责范围内发挥作用。

(二)会计制度的制定权限

国家实行统一的会计制度。国家统一的会计制度由国务院财政部门根据《会计法》制订并公布。

会计制度是指政府管理部门对处理会计事务所制定的规章、准则、办法等规范性文件的总称。其内容涉及会计核算、会计监督、会计从业资格的取得和限制、会计档案的范围和保存期限等诸多方面。财政部门有权根据管理会计工作的需要,按照《会计法》所确立的基本原则和要求,制订并发布国家统一的会计制度。

(三)会计人员和单位内部会计工作的管理

会计人员的管理包括对会计人员的业务管理和专业资格管理。财政部门负责会计人员的业务管理,包括会计从业资格管理、会计专业技术资格(职务)管理、岗位会计人员评优表彰,以及会计人员继续教育等。

在各个工作单位内部,单位负责人对本单位的会计工作和会计资料的真实性、完整性负责。对本单位的会计工作负责,是指对本单位的会计工作负领导责任,领导本单位会计机构、会计人员认真执行《会计法》,支持会计机构、会计人员依法独立开展会计工作,认真审核本单位编制的财务会计报告,在上面签名并盖章,对其真实性和完整性承担责任。

扩展阅读

用公款打赏女主播 "90后"会计终获刑

项某,作为年轻的"90后",家中独子,2013年顺利考入大学,在校期间迷上了网络游戏,并且深陷其中不能自拔。2017年10月,项某通过招聘考试,被江苏有线网络发展有限责任公司赣榆分公司录用为出纳会计。2018年1月,他又开始了网上的虚拟狂欢。然而,与大学时不同的是,他不再为没钱充值而犯愁,因为他已经盯上了公司的资金。"第一次拿公司的钱,是在2018年1月。当时营业厅的同事交来一笔器材销售款1000元,我开了收据,随手把钱放到抽屉里,时间一长,就忘了。后来,也没人过问,我就用来网游充值了。"

项某交代,公司从未对现金账进行过审核,他心里暗喜,便开始用收入现金不入账的方式,截留公款玩游戏。因为无人监管,他的胃口越来越大,开始采用虚列开支套取公款。为了不被发现,他将保管的公司现金不入账,虚报多报水电费金额,将公司应收款截留占有。他还利用管理上的漏洞,偷拿公司财务经理保管的网银盾,通过网银转账侵占公款,转账之后再将网银盾归还原处。

从2019年4月开始,项某成为一名网络女主播的忠实粉丝,他虚构"富二代"的身份给主播打赏,2018年1月到2019年7月,约386万元的公款被项某挥霍掉。

2020年2月10日,项某因犯职务侵占罪被江苏省连云港市赣榆区人民法院判处有期徒刑5年6个月。

第二节 会计核算与会计监督

一、会计核算

会计核算是会计工作的首要职能,也是全部会计管理工作的基础。所谓会计核算是以货币为主要的计量单位,依据国家有关法律、法规和国家统一的会计制度的规定,应用会计原理,并采取专门的方法,通过确认、计量、记录、分类、汇总等程序,对单位的生产经营活动或者预算执行的过程及其结果进行连续、系统、完整的反映和经常性控制,为经营决策和经济管理提供全面系统的会计信息的全过程。

(一) 会计核算的对象

《会计法》第 10 条规定了下列经济业务事项,应当办理会计手续,进行会计核算。

1. 款项和有价证券的收付。
2. 财物的收发、增减和使用。
3. 债权债务的发生和结算。
4. 资本、基金的增减。
5. 收入、支出、费用、成本的计算。
6. 财务成果的计算和处理。
7. 需要办理会计手续、进行会计核算的其他事项。

(二) 会计年度和记账本位币

会计年度是以年度为单位进行会计核算的时间区间。我国会计年度采用公历年制。自公历 1 月 1 日起至 12 月 31 日止为一个会计年度。

会计核算是以人民币为记账本位币。记账本位币是指用于日常登记会计账簿和编制财务会计报告的、用以计量的货币,也就是单位会计核算业务所使用的货币种类。业务收支以外国货币为主的单位,可以选定某种外国货币作为记账本位币,编报财务会计报告时应当折算为人民币。

(三) 会计核算的基本要求

1. 会计核算的基本要求是:会计凭证、会计账簿、财务会计报告和其他会计资料,必须符合国家统一的会计制度的要求。

2. 会计机构、会计人员必须按照国家统一的会计制度的规定对原始凭证进行审核,对不真实、不合法的原始凭证,有权不予接受,并向单位负责人报告;对记载不准确、不完整的原始凭证予以退回,并要求按照国家统一的会计制度的规定更正、补充。

3. 原始凭证是经济业务发生所取得或填制的书面证明,是会计核算的重要依据而且具有法律效力。原始凭证分为自制原始凭证和外来原始凭证两种。在处理原始凭证时,需要把握好以下要点。

(1) 原始凭证必须具备的内容:原始凭证的名称;填制凭证的日期;填制凭证的单位名称和填制人姓名;经办人员的签名或盖章;接受凭证单位的名称;经济业务的内容;数量、单价和金额。

(2) 外来原始凭证(如发票、收据等),必须盖有填制单位的财务专用章或发票专用章,同时具有套印的税务部门或有权监制部门的专用章以及填制人员的签名或盖章;从个人取得的原始凭证,必须有填制人员的签名或者盖章,同时应写明住址,必要的注明身份证号码。

(3) 自制原始凭证(如入库单、领料单等)必须有经办单位负责人(或其指定的人员)和经办人签名或者盖章。

(4) 凡需填写大写和小写金额的原始凭证,大写与小写金额必须相符。购买实物的原始凭证,必须有实物验收证明;支付款项的原始凭证,必须有收款单位和收款人的收款证明。

(5) 一式几联的原始凭证,应当注明各联的用途,只能以一联作为报销凭证,必须用双面复写纸(发票和收据本身具备复写纸功能的除外)套写,并连续编号。作废时应当加盖"作废"戳记,连同存根一起保存,不得撕毁。

(6) 发生销货退回的,除填制退货发票外,还必须有退货验收证明;退款时,必须取得对方的收款收据或者汇款银行的凭证以及当地主管税务机关开具的"进货退出或索取折让证明单",不得以退货发票代替收据。

(7) 经上级有关部门批准的经济业务,应当将批准文件作为原始凭证附件。如果批准文件需要单独归档的,应当在凭证上注明批准机关名称、日期和文件字号。

(8) 原始凭证发现错误或无法辨认的,不得涂改、挖补。未入账的原始凭证,应退回填制单位或填制人员补填或更正,更正处应当加盖开出单位的公章;发现有违反财经纪律和财会制度的,应拒绝受理,对弄虚作假、营私舞弊、伪造涂改等违法乱纪的,应扣留凭证,报告领导处理。已经入账的原始凭证,不能抽出,应另外以正确原始凭证进行更正。

(9) 原始凭证不得外借。其他单位如因特殊原因需要使用原始凭证时,经本单位领导批准,可以复制,复制时,须有财务人员在场。向外单位提供的原始凭证复制件,应在专设的登记簿上登记,并由提供人员和收取人共同签名或盖章。

(10) 外来原始凭证如有遗失,应取得原填制单位盖章证明,并注明原始凭证编号金额和内容等,经单位领导人批准后,才能作原始凭证。如确实无法取得证明的,如火车、汽车、轮船、飞机票等,由当事人写出详细情况,经单位领导人批准后,代作原始凭证。

4. 填制会计凭证字迹必须清晰、工整。填制会计凭证的基本要求如下。

(1) 阿拉伯数字应当一个一个地写,不得连笔写。阿拉伯金额数字前面应当书写货币币种符号或者货币名称简写和币种符号。币种符号与阿拉伯金额数字之间不得留有空白。凡阿拉伯数字前写有币种符号的,数字后面不再写货币单位。

(2) 所有以元为单位的阿拉伯数字,除表示单价等情况外,一律填写到角分;无角分的,角位和分位可写"00",或者符号"——";有角无分的,分位应当写"0",不得用符号"——"代替。

(3) 汉字大写数字金额如零、壹、贰、叁、肆、伍、陆、柒、捌、玖、拾、佰、仟、万、亿等,一律用正楷或者行书体书写,不得用0、一、二、三、四、五、六、七、八、九、十等简化字代替,不得任意自造简化字。大写金额数字到元或者角为止的,在"元"或者"角"字之后应当写"整"字或者"正"字;大写金额数字有分的,分字后面不写"整"或者"正"字。例如:¥145.00,人民币壹佰肆拾伍元整。¥145.10,人民币壹佰肆拾伍元壹角整。¥145.16,人民币壹佰肆拾伍元壹角陆分。

(4) 大写金额数字前未印有货币名称的,应当加填货币名称,货币名称与金额数字之间不得留有空白。

(5) 阿拉伯数字中间有"0"时,汉字大写金额要写"零"字;阿拉伯数字金额中间连续有几个"0"时,汉字大写金额中可以只写一个"零"字;如:¥1409.50,应写成人民币壹仟肆佰零玖元伍角整。如:¥6007.14,应写成人民币陆仟零柒元壹角肆分。阿拉伯金额数字元位是"0",或者数字中间连续有几个"0"、元位也是"0"但角位不是"0"时,汉字大写金额可以只写一个"零"字,也可以不写"零"字。例如,¥1680.32,应写成人民币壹仟陆佰捌拾元零叁角贰分,或者写成人民币壹仟陆佰捌拾元叁角贰分。

5. 会计账簿应当按照连续编号的页码顺序登记。会计账簿记录发生错误或者隔页、缺号、跳行的,应当按照国家统一的会计制度规定的方法更正,并由会计人员和会计机构负责人(会计主管人员)在更正处盖章。

6. 财务会计报告应当由单位负责人和主管会计工作的负责人、会计机构负责人(会计主管人员)签名并盖章;设置总会计师的单位,还需由总会计师签名并盖章。

7. 会计记录的文字应当使用中文。在民族自治地方,会计记录可以同时使用当地通用的一种民族文字。在中华人民共和国境内的外商投资企业、外国企业和其他外国组织的会计记录可以同时使用一种外国文字。

(四) 会计档案的管理

1. 各单位对会计凭证、会计账簿、财务会计报告和其他会计资料,应当建立档案,妥善保管。

2. 会计档案员负责制订管理制度,按照《会计法》及《会计档案管理办法》规定和要求,制订会计档案立卷、归档、保管调阅和销毁等管理制度,报经批准后,负责监督执行。

3. 调阅会计档案,要严格办理借阅手续。凡属本单位人员调阅会计档案,要经会计主管人员同意,外单位人员调阅会计档案,要有介绍信,经会计主要人员或总经理批准,批准后要详细登记调阅的档案名称、调阅日期、调阅人员的姓名和工作单位、调阅理由、归还日期等。

4. 会计档案员负责对管理期满会计档案的销毁工作。对保管期满的会计档案,要按照财政部和国家档案局的档案管理办法规定,由财务部门和档案部门共同鉴定,报经上级主要部门批准后,进行处理。对需要销毁的会计档案,要填写"会计档案销毁清册"。

销毁时,由单位领导指定档案部门的财务部门共同派员监销,并在销毁清册上签名或盖章。"会计档案销毁清册"要长期保存,以便备查。

【案例1-1】

2020年10月,A房地产公司会计科在例行审核有关单据时,发现一张购买多功能打印一体机的发票,其"金额"栏中的数字有更改的现象,经查阅有关的合同、单据,确认更改后的金额数字是正确的,于是要求该发票的出具单位在发票"金额"栏更改处加盖出具单位印章,并登记入账。

问:A房地产公司的做法是否妥当?

【解析】

A房地产公司的做法不正确。因为原始凭证金额有错误的,应当由出具单位重开,不得在原始凭证上更正。

二、会计监督

会计监督是会计法的主要内容。在会计工作中,只有实行完善而有效的会计监督,会计核算的原则和规则才能得到顺利、准确的执行,从而保证会计信息的真实和完整。

(一)单位内部的会计监督

1. 单位内部的会计监督制度。

所谓单位内部的会计监督制度,是指单位为了保证经济业务活动的有效进行,保护资产的安全、完整,防止、发现、纠正错误与舞弊行为,保证会计资料的真实、完整而制订和实施的政策与程序。

2. 单位内部的会计监督主体和对象。

各单位的会计机构、会计人员对本单位的经济活动进行会计监督。内部会计监督的主体是各单位的会计机构、会计人员;内部会计监督的对象是本单位的经济活动。虽然单位内部会计监督的主体是各单位的会计机构、会计人员,但单位领导人、总会计师应对会计工作负有领导职责,单位负责人对内部会计监督实施情况承担最终责任。单位其他职能部门也应积极配合,遵守法律、法规的规定。

3. 对单位内部会计监督的基本要求。

各单位应当建立、健全本单位内部会计监督制度。单位内部会计监督制度应当符合下列要求:计账人员与经济业务事项和会计事项的审批人员、经办人员、财产保管人员的职责权限应当明确,并相互分离、相互制约;重大对外投资、资产处置、资金调度和其他重要经济业务事项的决策和执行的相互监督、相互制约程序应当明确;财产清查的范围、期限和组织程序应当明确;对会计资料定期进行内部审计的办法和程序应当明确。

(二) 会计工作的社会监督

会计工作的社会监督是指会计师事务所对单位会计活动的监督。按照法律、行政法规的规定,需经注册会计师进行审计的单位,应当向受委托的会计师事务所如实提供会计凭证、会计账簿、财务会计报告和其他会计资料及有关情况。

任何单位或者个人不得以任何方式要求或者示意注册会计师及其所在的会计师事务所出具不实或者不当的审计报告。

(三) 财政部门对各单位的监督

国务院财政部门是会计法明确的全国会计工作的主管部门,地方人民政府财政部门是本行政区域内会计工作的管理部门。财政部门有权对各单位实施监督,任何单位都不得拒绝。根据《会计法》第32条的规定,财政部门主要从以下几个方面进行监督。

1. 是否依法设置会计账簿。
2. 会计凭证、会计账簿、财务会计报告和其他会计资料是否真实、完整。
3. 会计核算是否符合本法和国家统一的会计制度的规定。
4. 从事会计工作的人员是否具备专业能力、遵守职业道德。

在对上述第2项所列事项实施监督,发现重大违法嫌疑时,国务院财政部门及其派出机构可以向与被监督单位有经济业务往来的单位和被监督单位开立账户的金融机构查询有关情况,有关单位和金融机构应当给予支持。

(四) 其他政府有关部门对各单位会计工作的监督

财政、审计、税务、人民银行、证券监管、保险监管等部门应当依照有关法律、行政法规规定的职责,对有关单位的会计资料实施监督检查。

各单位必须依照有关法律、行政法规的规定,接受有关监督检查部门依法实施的监督检查,如实提供会计凭证、会计账簿、财务会计报告和其他会计资料以及有关情况,不得拒绝、隐匿、谎报。

第三节 会计机构和会计人员

一、会计机构的设置

会计机构是指各单位依据会计工作的需要设置的专门负责办理本单位会计业务,进行会计核算,实行会计监督的职能部门。单位根据会计工作量大小,自身的需要决定是否设置会计机构,单位享有决策自主权。一般可将会计机构设置为三类。

（一）单独设置会计机构

它是指在单位内部设置专门的会计机构，负责办理本单位的会计业务事项。

（二）在单位有关机构中设置会计人员并指定会计主管人员

《会计基础工作规范》第 10 条规定，各单位应当根据会计业务需要配备会计人员，督促其遵守职业道德和国家统一的会计制度。

（三）中介机构代理记账

它是指对于那些不具备单独设置会计机构、配备会计人员的小型经济组织，应当委托经批准设立从事会计代理记账业务的中介机构代理记账。《会计基础工作规范》第 8 条规定，没有设置会计机构或者配备会计人员的单位，应当根据《代理记账管理办法》的规定，委托会计师事务所或者持有代理记账许可证书的代理记账机构进行代理记账。

首席财务官—— CFO（Chief Finance Officer）

首席财务官—— CFO 是企业治理结构发展到一个新阶段的必然产物。他全盘管理公司的财务和会计事务。CFO 的一项重要职责，就是将公司的经营情况和财务结算报告传达给投资人，让投资人了解公司的实际运作情况。因此，CFO 也是公司与投资人沟通的一个"传声筒"。首席财务官负责财务、会计、投资、融资、投资关系和法律等事务。公司的财务部门、会计部门、信息服务部门都归 CFO 管理。

除了负责公司与投资人的公共关系，CFO 要保证公司在发展过程中拥有足够的现金，要保证有足够的办公和生产经营空间。

二、会计人员

（一）会计人员的专业能力和专业技术职务资格

会计从业资格是进入会计行业，从事会计工作的一种资格，是进入会计行业的"门槛"。现在国家已经取消了会计从业资格证书，会计证的取消对会计人员来说既是机遇也是挑战，取消会计证之后，将吸引更多的优秀的会计人才，会计行业的整体竞争也将会不断地加强，需要从业者真正具备从事会计工作的能力和水平。

《会计法》第 38 条规定，会计人员应当具备从事会计工作所需要的专业能力。担任单位会计机构负责人（会计主管人员）的，应当具备会计师以上专业技术职务资格或者从事会计工作 3 年以上经历。《会计工作基本工作规范》第 14 条规定，会计人员应当具备必要的专业知识和专业技能,熟悉国家有关法律、法规、规章和国家统一会计制度,遵守职业道德。

(二)会计人员的继续教育

会计人员应当接受继续教育,以提高职业道德的水平和业务素质。持证人员每年参加继续教育的时间不得少于 24 学时。会计人员所在单位应当组织和督促本单位的会计人员参加继续教育。

(三)会计人员的回避制度

会计人员的回避制度是为了保证执法或执业的公正性,它是我国人力资源管理的一项重要制度。《会计基础工作规范》第 16 条规定,国家机关、国有企业、事业单位任用会计人员应当实行回避制度。单位领导人的直系亲属不得担任本单位的会计机构负责人、会计主管人员。会计机构负责人、会计主管人员的直系亲属不得在本单位会计机构中担任出纳工作。需要回避的直系亲属为:夫妻关系、直系血亲关系、三代以内旁系血亲以及配偶亲关系。

【案例 1-2】

2020 年国有大河机械有限责任公司调整领导班子,任命企业管理办公室主任王某兼任会计主管人员。原企管办工作人员、王某的女儿王娜担任出纳工作。王某自参加工作以来一直从事行政助理工作,企业决定王某脱产参加会计培训班,并参加 2020 年初级会计师考试。

问:该公司的做法符合法律的规定吗?

【解析】

该公司的做法不符合法律的规定。因为按照《会计法》第 38 条的规定,王某没有会计师以上专业技术职务资格,缺少会计相关工作经验,不符合担任会计主管人员的条件。

另外,根据《会计基础工作规范》的规定,国家机关、国有企业、事业单位任用会计人员应当实行回避制度。单位领导人的直系亲属不得担任本单位的会计机构负责人、会计主管人员。会计机构负责人、会计主管人员的直系亲属不得在本单位会计机构中担任出纳工作。所以,王娜担任出纳不符合法规的规定。

(四)会计人员的会计职业道德

会计职业道德是指在会计职业活动中应当遵循的、体现会计职业特点的、调整会计职业关系的职业行为准则和规范。

会计人员的会计职业道德主要有以下几个方面内容。

1. 爱岗敬业。

会计人员应当正确认识会计职业,树立职业荣誉感,热爱会计工作,敬重会计职业,严肃认真,一丝不苟,忠于职守,尽职尽责。《会计基础工作规范》明确规定,会计人员在会计工作中应当遵守职业道德,树立良好的职业品质、严谨的工作作风,严守工作纪律,努力提高工作效率和工作质量。会计人员应当热爱本职工作,努力钻研业务,使自己的知识和技能满足所从事工作的要求。

2. 诚实守信。

会计人员应该做老实人,说老实话,办老实事,不弄虚作假,不得损害国家和社会公共利益。应当保密守信,不为利益所诱惑。《会计基础工作规范》明确规定,会计人员应当保守本单位的商业秘密。除法律规定和单位领导同意外,不能私自向外界提供或者泄露单位的会计信息。

3. 廉洁自律。

会计人员应该树立正确的人生观和价值观,做到公私分明,不贪不占,增强抵制行业不正之风的能力,敢于承担职业责任,履行职业义务。

4. 客观公正。

会计人员应该端正态度,熟练掌握并严格遵守会计法律法规,客观公正地处理会计业务,不偏不倚,实事求是。保持独立性,如对会计业务的处理、对会计政策和会计方法的选择等进行独立的职业判断,做到客观、公平。《会计基础工作规范》规定,会计人员应当熟悉财经法律、法规、规章和国家统一会计制度,并结合会计工作进行广泛宣传。会计人员办理会计事务应当实事求是、客观公正。

5. 坚持准则。

会计人员在处理业务过程中,应当严格按照会计法律、法规、国家统一的会计制度以及与会计工作相关的法律制度办事,不受他人的意志左右。《会计基础工作规范》规定,会计人员应当按照会计法规、法规和国家统一会计制度规定的程序和要求进行会计工作,保证所提供的会计信息合法、真实、准确、及时、完整。

6. 提高技能。

会计人员通过学习、培训和实践等多种途径,不断提高自身的理论水平以及实务操作能力、职业判断能力、提供会计信息的能力、沟通交流能力。

7. 参与管理。

会计人员应当积极主动参加管理活动,为管理者当参谋,为管理活动服务。《会计基础工作规范》明确规定,会计人员应当熟悉本单位的生产经营和业务管理情况,运用掌握的会计信息和会计方法,为改善单位内部管理、提高经济效益服务。

8. 强化服务。

会计人员应当具有文明的服务态度,强烈的服务意识,保证优良的服务质量。

《会计基础工作规范》明确要求，财政部门、业务主管部门和各单位应当定期检查会计人员遵守职业道德的情况，并作为会计人员晋升、晋级、聘任专业职务、表彰奖励的重要考核依据。

会计人员违反职业道德的，由所在单位进行处理。

第四节　违反《会计法》的法律责任

违反《会计法》的法律责任，主要是指单位直接负责的主管人员、其他直接责任人员、会计人员、有关国家机关工作人员以及其他有关人员，违反《会计法》所应当承担的行政和刑事责任。

一、不依法进行会计管理、会计核算和会计监督的法律责任

违反《会计法》规定，有下列行为之一的，由县级以上人民政府财政部门责令限期改正，可以对单位并处3000元以上5万元以下的罚款；对其直接负责的主管人员和其他直接责任人员，可以处2000元以上2万元以下的罚款；属于国家工作人员的，还应当由其所在单位或者有关单位依法给予行政处分。

(1) 不依法设置会计账簿的。
(2) 私设会计账簿的。
(3) 未按照规定填制、取得原始凭证或者填制、取得的原始凭证不符合规定的。
(4) 以未经审核的会计凭证为依据登记会计账簿或者登记会计账簿不符合规定的。
(5) 随意变更会计处理方法的。
(6) 向不同的会计资料使用者提供的财务会计报告编制依据不一致的。
(7) 未按照规定使用会计记录文字或者记账本位币的。
(8) 未按照规定保管会计资料，致使会计资料毁损、灭失的。
(9) 未按照规定建立并实施单位内部会计监督制度或者拒绝依法实施的监督或者不如实提供有关会计资料及有关情况的。
(10) 任用会计人员不符合本法规定的。

有前款所列行为之一，构成犯罪的，依法追究刑事责任。

会计人员有第(1)项所列行为之一，情节严重的，5年内不得从事会计工作。

有关法律对第(1)项所列行为的处罚另有规定的，依照有关法律的规定办理。

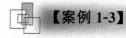
【案例1-3】

柳某是刑满释放人员，1999年5月因挪用公款罪被明溪县人民法院判处有期徒刑3

年6个月。出狱待业几年后,柳某在原明溪县经济局财务会计岗位退休的婆婆,推荐柳某认识了原经济局局长余某某。在不知情的情况下,余某某未对柳某是否具备从事会计的资格进行审核,于2006年2月将柳某聘用为单位会计。到2019年,柳某被明溪县多家县直部门、国有公司聘为财务会计。

柳某嗜好赌博,贪图享乐。2017年至2019年间,柳某与他人互约,采取打麻将的方式进行赌博,欠下巨额债务,为偿还债务,柳某把手伸向了公款。2019年8月至9月,明溪县审计局对县安监局局长张某某进行离任审计,安监局的财务会计就是柳某。

明溪县纪委监委最后查明柳某采取收入不入账、虚列开支、伪造现金缴款单等方式,分多次将管理协会64.1万元培训经费非法占为己有。除了侵吞培训经费,柳某还以支付招商费用、办公费、物业费、工程款,支取备用金等名义,将公款转入个人账户,采取收入不入账、伪造凭证等方式侵吞、挪用公款共计人民币212万余元。

问:柳某应承担什么法律责任?

【解析】

2020年4月,明溪县监委将柳某涉嫌职务犯罪问题移交检察机关依法审查起诉。最终,柳某因犯贪污罪、挪用公款罪、赌博罪,被判处有期徒刑9年,并处罚金80万元。

二、伪造、变造会计凭证、会计账簿,编制虚假财务会计报表的法律责任

各单位都必须保证会计资料的真实、完整,伪造、变造会计凭证、会计账簿和其他会计资料,提供虚假财务会计报告的行为,是违法行为。

《会计法》规定,伪造、变造会计凭证、会计账簿,编制虚假财务会计报告,构成犯罪的,依法追究刑事责任。

有前款行为,尚不构成犯罪的,由县级以上人民政府财政部门予以通报,可以对单位并处5000元以上10万元以下的罚款;对其直接负责的主管人员和其他直接责任人员,可以处3000元以上5万元以下的罚款;属于国家工作人员的,还应当由其所在单位或者有关单位依法给予撤职直至开除的行政处分;其中的会计人员,5年内不得从事会计工作。

三、隐匿或者故意销毁依法应当保存的会计资料行为的法律责任

《会计法》第40条明确规定:因有提供虚假财务会计报告,做假账,隐匿或者故意销毁会计凭证、会计账簿、财务会计报告,贪污,挪用公款,职务侵占等与会计职务有关的违法行为被依法追究刑事责任的人员,不得再从事会计工作。

《会计法》第44条规定:隐匿或者故意销毁依法应当保存的会计凭证、会计账簿、财务会计报告,构成犯罪的,依法追究刑事责任。

有前款行为,尚不构成犯罪的,由县级以上人民政府财政部门予以通报,可以对单位并处 5000 元以上 10 万元以下的罚款;对其直接负责的主管人员和其他直接责任人员,可以处 3000 元以上 5 万元以下的罚款;属于国家工作人员的,还应当由其所在单位或者有关单位依法给予撤职直至开除的行政处分;其中的会计人员,5 年内不得从事会计工作。

【案例 1-3】

2020 年 7 月,某市财政局派出检查组对市属某国有运输公司(以下简称 A 公司)的会计工作进行检查。检查中了解到以下情况。

(1) 2020 年 1 月,新任总经理李某上任后,将总经理李某好友的女儿王某调入 A 公司会计科任出纳,兼管会计档案保管工作。王某没有从事会计相关工作的经历。

(2) 2020 年 2 月,会计刘某申请调离 A 公司,A 公司人事部门在其没有办清会计工作交接手续的情况下,即为其办理了调动手续。

(3) 指定其所属单位将应当列入本单位营业收入的 1654 万元现金上交 A 公司,收到资金后,不计入法定会计账册,而是私自存放。先后以半年奖、年终奖、突出贡献奖等多种名目发给单位职工,合计 1300 万元。

问:上述情况中哪些行为不符合《会计法》的规定?

【解析】

1. 在(1)中,A 公司总经理将其好友的女儿王某调入 A 公司会计科任出纳,兼管会计档案保管工作的行为不符合规定。理由是:《会计法》第 38 条规定,会计人员应当具备从事会计工作所需要的专业能力。王某没有从事过会计行业相关工作,明显不具备专业能力。《会计法》规定,出纳人员不得兼管稽核、会计档案保管等工作。

2. 在(2)中,会计刘某没有办清会计工作交接手续即办理调动手续的行为不符合规定。理由是:根据《会计基础工作规范》的规定,会计人员工作调动或者因故离职,必须办理会计工作交接手续,没有办清交接手续,不得调动或者离职。

3. 在(3)中,有以下行为不符合规定:①A 公司现金收入不计入法定会计账册,而是私自存放。②以半年奖、年终奖、突出贡献奖等多种名目发给单位职工的行为不符合规定,理由是:《现金管理暂行条例》规定,各银行开户单位支付现金,可以从本单位库存现金限额中支付或者从开户行提取,不得从本单位的现金收入中直接支付(即坐支)。

引导案例解析

(1) 法律规定,各单位必须根据实际发生的经济业务事项进行会计核算。财务部主任李力提早确认收入的做法违反了这项规定,属于伪造会计凭证、作假账的行为。

(2)财务部主任李力应承担伪造、变造会计凭证、会计账簿的行政责任。根据《会计法》第43条的规定,由县级以上人民政府财政部门予以通报,对A公司并处5000元以上10万元以下的罚款;对李力处以3000元以上5万元以下的罚款。

(3)王某应承担违反《会计法》的法律责任。根据《会计法》第45条的规定,如果构成犯罪,依法追究刑事责任;尚不构成犯罪的,可以处5000元以上5万元以下的罚款;属于国家工作人员的,还应当由其所在单位或者有关单位依法给予降级、撤职、开除的行政处分。

实训练习

一、简答题

1. 什么是会计法?会计法的适用范围是什么?
2. 会计核算的对象有哪些?
3. 会计人员的会计职业道德有哪些?
4. 对会计人员的专业能力和专业技术职务资格有什么具体要求?

二、不定项选择题

1. 根据我国有关法律规定,在公司制企业中,对本单位会计工作负责的单位负责人应当是( )。

   A. 董事长   B. 总经理   C. 股东大会   D. 总会计师

2. 根据《会计法》的规定,对故意销毁依法应当保存的会计凭证、会计账簿、财务会计报告,尚不构成犯罪的,县级以上财政部门除按照规定对直接负责的主管人员和其他直接责任人员进行处罚外,对单位予以通报,可以并处罚款。对单位所处的罚款金额最低为( )元。

   A. 1000   B. 2000   C. 3000   D. 5000

3. 伪造、变造会计凭证、会计账簿,编制虚假财务会计报告,尚不构成犯罪的,由县级以上人民政府财政部门予以通报,可以对单位并处( )的罚款。

   A. 5000元以上10万元以下   B. 6000元以上12万元以下
   C. 5000元以上10万元以下   D. 5000元以上10万元以下

4. 违反《会计法》规定,有下列( )行为之一的,由县级以上人民政府财政部门责令限期改正,可以对单位并处3000元以上5万元以下的罚款;对其直接负责的主管人员和其他直接责任人员,可以处2000元以上2万元以下的罚款;属于国家工作人员的,还应当由其所在单位或者有关单位依法给予行政处分。

   A. 不依法设置会计账簿的

B. 私设会计账簿的

C. 随意变更会计处理方法的

D. 向不同的会计资料使用者提供的财务会计报告编制依据不一致的

5. 单位负责人应当对本单位的会计工作和会计资料的（　　　）负责。

　　A. 真实性　　　　B. 适当性　　　　C. 准确性　　　　D. 完整性

三、案例分析题

1. 某国有企业在 2020 年 12 月被审计查出以下问题：

（1）会计李某处理的原始凭证有错误或无法辨认的，有被涂改、挖补的痕迹；有违反财经纪律和财会制度的原始凭证，李某因跟办事人员私人关系好，故受理、入账。

（2）会计档案员王某对需要销毁的会计档案，没有填写"会计档案销毁清册"。销毁时，没有财务部门派员监销。

试分析：

（1）李某的行为违反哪些规定？如何处罚？

（2）王某的行为是否合法合规？

2. 某有限责任公司总经理李某，在 2020 年通过篡改会计凭证，隐匿销售事项等活动偷逃税款，被该单位会计张某发现，并将李某的行为向税务机关进行报告。为此，李某对张某怀恨在心，此后，在没有任何理由的情况下，将张某调离会计岗位，去从事仓库保管工作，随后，李某又借口张某年龄较大，不能胜任仓库保管工作，解聘了张某。

试分析：

李某的行为是否违反会计法？如果违反，应当承担什么法律责任？

第二章 个人独资企业法

本章学习目标

1. 掌握个人独资企业的概念、特征、权利义务,个人独资企业的设立条件和程序。
2. 理解个人独资企业法律责任。
3. 熟悉个人独资企业的解散与清算。

引导案例

2020年8月,中国工商银行职员甲出资6万元,拟设立一家个人独资企业,名称拟为"华远电子科技有限公司"。

通过本章学习,回答以下问题:此设立行为有何不妥之处?

第一节 个人独资企业法概述

一、个人独资企业及个人独资企业法的概念

(一)个人独资企业的概念

独资企业是指由单一的投资主体出资而设立的企业。投资主体的身份既可以是自然人也可以是法人。广义的独资企业的存在形式有国有独资企业(包括国有独资公司)、外商独资企业、一人公司和个人独资企业等。

狭义的独资企业则仅指个人独资企业,它是指由一个自然人投资,财产为投资人个人所有,投资人以其个人财产对企业债务承担无限责任的经营实体。

个人独资企业是企业组建的古老形式,但因其组建形式简单、灵活,法律对其限制也

较少,在当今的市场经济中仍然是投资者所乐于采用的一种企业形式。

（二）个人独资企业法的概念

个人独资企业法是指调整个人独资企业在设立、经营、解散、清算以及对内对外活动中发生的社会关系的法律规范的总称。

我国现行的个人独资企业法是1999年8月30日全国人大常委会通过,并于2000年1月1日起施行的《中华人民共和国个人独资企业法》(以下简称《个人独资企业法》)。

二、个人独资企业的法律特征

个人独资企业除具有一般企业的共同属性外,还具有以下法律特征。

（一）个人独资企业的投资者仅为一个自然人

个人独资企业的投资主体具有单一性,并且只能是自然人,法人和其他经济组织不能成为个人独资企业的投资者。因此,由公司所设立的分公司、子公司,由政府的国有资产监管部门或其授权投资的机构和部门单独投资设立的国有独资公司,全民所有制企业,外国一个自然人在我国设立的有限责任公司,均不是个人独资企业。

（二）个人独资企业的全部财产归投资者个人所有

投资人投入企业的财产以及其后的生产经营所得等,都由投资人享有所有权,并由投资人对企业进行单独的经营管理,不受他人的干预。

（三）个人独资企业的投资人以其个人财产对企业债务承担无限责任

个人独资企业的财产由投资人个人所有,并且投资人对企业的生产经营活动具有独立的决定权,这样就无法严格界定企业财产与投资人财产,为了保护相对人的利益,维护交易安全,法律规定投资人不以其投资额为限,而是以其全部个人财产来对企业债务承担无限责任。

（四）个人独资企业不具有独立法人资格

个人独资企业投资人的个人财产和企业财产无法分开,企业没有独立的财产且处于单一所有权支配下,无法独立承担责任,不具备独立的法人资格。当然,这并不影响个人独资企业可以有自己的名称或商号,也可以以企业的名义对外开展生产经营活动等。

个体工商户的法律地位

公民在法律允许的范围内,依法经核准登记从事工商业经营的为个体工商户。个体工商户不具有法人资格,可以比照自然人和法人享有民事主体资格。个体工商户不是一个经营实体,既可以由一个自然人出资设立,也可以由家庭共同出资设立。个体工商户对所负债务承担的是无限清偿责任。

个体工商户依照《民法典》的规定设立。《民法典》第54条规定,自然人从事工商业经营,经依法登记,为个体工商户。个体工商户可以起字号。第56条规定:"个体工商户的债务,个人经营的,以个人财产承担;家庭经营的,以家庭财产承担;无法区分的,以家庭财产承担。"

税收管理部门对个体工商户的税收征收管理相对宽松,在税款征收方式上一般采用定额或定率征收。个体工商户只需缴纳个人所得税,不用缴纳企业所得税。

第二节 个人独资企业的设立

个人独资企业是企业组建的简单形式,法律对其规定也较为宽松和灵活。尽管如此,设立个人独资企业仍应依照法定的条件和程序进行。

一、个人独资企业的设立条件

(一)投资人为一个自然人

个人独资企业的投资人只能是自然人,法人或其他社会组织均不得设立个人独资企业。另外,境外的自然人也不是个人独资企业的投资主体。

自然人是我国民事法律活动的主体。自然人享有民事权利能力和民事行为能力。自然人的民事权利能力从出生时开始,到死亡时终止。自然人的民事行为能力分为完全民事行为能力人、限制民事行为能力人和无民事行为能力人三种。

完全民事行为能力人能够通过自己的行为进行独立的民事活动并独立承担全部民事法律责任。限制民事行为能力人可以进行与他的年龄、智力和精神健康状况相适应的民事活动,其他的民事活动由他的法定代理人代理或者征得他的法定代理人的同意。无民事行为能力人不具有以自己的行为取得民事权利和承担民事义务的资格,由他的法定代理人代理民事活动。

设立个人独资企业属于投资行为,自然人既可以自己独立进行,也可以通过他的法定代理人或经过他的法定代理人同意后进行。在代理人代理投资时,必须以被代理人的名义进行。

(二)有合法的企业名称

企业名称是企业在营业上所使用的名称,也就是企业与他人交易时,用于署名、承担法律责任的名称。企业应以名称来彰显自身并能和其他企业相区别。

企业名称中不得含有下列内容和文字：有损于国家、社会公共利益的；可能对公众造成欺骗或误解的；外国国家或地方名称及国际组织名称；政党名称、党政军机关名称、群众组织名称、社会团体名称及部队番号；汉语拼音字母、数字及其他法律、行政法规规定禁止的名称。

企业名称的使用要满足以下条件。

（1）企业名称的合法性，即企业名称的使用必须符合法律规定的标准，企业名称中不得出现法律所禁止使用的内容和文字。

（2）企业名称使用上的唯一性，它是指企业依法申请登记经核准取得的名称为企业所专有，在一定范围内企业享有对该名称的独占的和排他的使用权，并受法律保护，同时一个企业只能使用一个名称。

（3）企业名称使用上的一致性，是指企业名称的使用必须与本企业的性质、责任形式相一致。鉴于投资人对企业债务承担无限责任，个人独资企业的名称中不得出现"有限""有限责任""公司"等字样，以体现名称与其责任形式的一致性。

（三）有投资人所申报的出资

投资人在申请企业设立时应申报其计划向企业所投入的资本金。投资人所申报的资金额应与其申办企业规模是相当的，这是企业设立后得以正常运转的财产保障，不是注册资本。《个人独资企业法》中没有规定个人独资企业的最低资本额。这是因为投资人对企业债务承担无限责任，其偿债的财产基础是其个人的全部财产。

个人独资企业的投资人在申报出资时，既可以以个人财产，也可以以家庭共有财产作为出资。如以其家庭共有财产作为出资的，应当依法以家庭共有财产对企业债务承担无限责任。

个人独资企业的出资方式。投资人可以用货币出资，也可以用实物、土地作用权、知识产权或其他财产权利出资，但不能以劳务出资。劳务出资是合伙企业特有的出资方式，只有普通合伙人才可以劳务方式出资，其他形式的企业均不能以劳务方式出资。

（四）有固定的生产经营场所和必要的生产经营条件

这是企业开业、运营的物质基础。生产经营场所是个人独资企业从事生产经营活动的所在地。作为个人独资企业应有固定的生产经营场所。而必要的生产经营条件则是指由企业的具体业务性质、生产规模所决定的厂房、生产设备及原材料等有关条件。

（五）有必要的从业人员

个人独资企业要有与其经营事项、经营规模相适应的从业人员。

二、个人独资企业的设立程序

个人独资企业的设立程序相对简单,不需要经过任何部门的审批,只需投资人依照法定程序向工商行政管理部门申请设立登记即可。其具体步骤是:

(一)提出设立申请

设立申请既可以由投资人办理,也可以由投资人委托的代理人办理。

申请设立个人独资企业,投资人或者其委托的代理人向个人独资企业所在地的登记机关提交以下的相关文件。

1. 由投资人签署的《个人独资企业设立申请书》。

这是指表明投资人希望设立个人独资企业意向的书面文件。

《个人独资企业设立申请书》应当载明的事项有:企业的名称和住所;投资人的姓名和居所;投资人的出资额和出资方式;经营范围。

2. 业主的个人身份证明。

一般指国家统一颁发的身份证或户口证件,用以证明投资人的实际身份。

3. 生产经营场所使用证明。

一般是指房地产权利证书、场地使用证书、租用合同或摊位许可经营证件等。

代理人代为办理时,还应当出具授权委托书,证明其确有代理他人申请设立个人独资企业的权限,同时,还要出具代理人本人的合法证明等。

(二)由登记机关审查登记

登记机关接到有关申请文件后应依法予以审查。个人独资企业不得从事法律、行政法规禁止经营的业务。从事法律、行政法规规定须报经有关部门审批的业务的,应当提交有关部门的批准文件。

登记机关应在收到设立申请文件之日起 15 日内,对符合规定条件的,予以登记;对不符合法律规定条件的,不予登记,并应当给予书面答复,说明理由。

(三)颁发营业执照

登记机关对于核准登记的个人独资企业应当签发营业执照,营业执照的签发日期为个人独资企业的成立日期。在领取营业执照前,投资人不得以个人独资企业名义从事生产经营活动。

三、个人独资企业分支机构的设立

《个人独资企业法》第 3 条规定,个人独资企业以其主要办事机构所在地为住所。个人独资企业的分支机构是指在企业住所地以外设立的从事营业活动的办事机构。设立分支机构与设立个人独资企业的程序相类似。

应当由投资人或者其委托的代理人向分支机构所在地的登记机关申请登记,领取营业执照。分支机构经核准登记后,应将登记情况报该分支机构隶属的个人独资企业的登记机关备案。另外,个人独资企业的民事责任由设立该分支机构的个人独资企业承担。分支机构不具有独立承担民事责任的能力。

四、个人独资企业的变更

企业的变更指的是企业因名称、住所、经营范围、经营期限等事项的改变而引起的企业变化。企业变更应当依法向登记机关进行变更登记,个人独资企业也不例外。个人独资企业在经营期间发生登记事项变更的,应当依法向登记机关申请办理变更登记。

从事法律、行政法规规定须报经有关部门审批的业务的,应当提交有关部门的批准文件。委托代理人申请变更登记的,应当提交投资人的委托书和代理人的身份证明或者资格证明。

投资人委托或者聘用的管理个人独资企业事务的人员的禁止性行为

投资人委托或者聘用的管理个人独资企业事务的人员不得有下列行为:利用职务上的便利,索取或者收受贿赂;利用职务或者工作上的便利侵占企业财产;挪用企业的资金归个人使用或者借贷给他人;擅自将企业资金以个人名义或者以他人名义开立账户储存;擅自以企业财产提供担保;未经投资人同意,从事与本企业相竞争的业务;未经投资人同意,同本企业订立合同或者进行交易;未经投资人同意,擅自将企业商标或者其他知识产权转让给他人使用;泄露本企业的商业秘密;法律、行政法规禁止的其他行为。

第三节 个人独资企业的投资人及事务管理

一、个人独资企业的投资人

(一)个人独资企业投资人的资格限制

个人独资企业的投资人须是有完全民事行为能力且从事商业活动不受法律限制的自然人。对于个人独资企业投资人的资格,法律上除作必要的限制外,条件规定得比较宽松。《个人独资企业法》第16条仅对于投资人的范围作了必要的限制,即法律、行政法规禁止从事营利性活动的人,不得作为投资人申请设立个人独资企业。

根据该条规定，凡是法律、行政法规禁止从事营利性活动的人，都不得作为投资人申请设立个人独资企业，从现有法律规定看，主要是法官、检察官、人民警察以及其他国家公务人员、现役军人等，不得作为投资人申请设立个人独资企业。除此以外，凡不属于法律、行政法规禁止或者限制从事营利性活动的人员，都可以作为投资人申请设立个人独资企业。

（二）个人独资企业投资人的权利和义务

1. 个人独资企业投资人的权利。

个人独资企业投资人对本企业的财产依法享有所有权，也就是说所有人依法对自己的财产享有占有、使用、收益和处分的权利。其有关权利可以依法进行转让或继承。投资人在企业的生产经营过程中享有完全的经营自主权，可以依法申请贷款，可以依法取得土地使用权，并享有法律、行政法规定的其他权利。

2. 个人独资企业投资人的义务。

个人独资企业的投资人在享有权利的同时，也负有法定的义务：从事经营活动必须遵守法律、行政法规，遵守诚实信用原则，不得损害社会公共利益；依法设置会计账簿，进行会计核算；依法纳税；招用职工应当依法签订劳动合同，保障职工的劳动安全，按时、足额发放职工工资，并按照国家规定参加社会保险，为职工缴纳社会保险费。

个人独资企业的经营自主权

个人独资企业享有广泛的经营自主权，包括企业名称专用权、外贸经营权、获得有关技术权、广告发布权、商标印制权、招用职工权等。

二、个人独资企业的事务管理

（一）个人独资企业的事务管理方式

根据《个人独资企业法》的规定，投资人可以自行选择以下两种企业事务的管理方式：一种是自行管理，也就是由投资人本人对独资企业的事务进行管理；另一种是投资人委托或者聘用他人管理企业事务。受委托或者被聘用管理个人独资企业事务的人，应当是具有民事行为能力的人。

投资人委托或者聘用他人管理个人独资企业事务的，应当与受托人或者被聘用的人签订书面的委托或者聘用合同，以明确受托人或者被聘用人的具体工作内容和授予的权利范围。但投资人对受托人或者被聘用的人的职权的限制，不得对抗善意第三人。

【案例 2-1】

公民张某于 2020 年 8 月 25 日投资设立个人独资企业甲,后因自己能力有限,委托李某管理企业事务,张某与李某签订委托管理合同,并载明:李某仅对 5 万元以下的交易有决定权。2020 年 9 月 5 日,李某以个人独资企业甲的名义与善意第三人丙公司订立了一项 8 万元的买卖合同,丙公司依约供货,但双方就付款问题发生争议。

问:该买卖合同是否应由个人独资企业甲承担付款责任?

【解析】

个人独资企业的投资人与受托人或者被聘用的人员之间的有关职权的限制只对受托人或者被聘用的人员有效,对第三人并无约束力,受托人或者被聘用的人员超出投资人的限制与善意第三人的有关业务应当有效。

(二) 受托人或被聘用的管理人员的义务

投资人委托或者聘用其他人管理个人独资企业事务,是基于对受托人或者被聘用的人员的办事能力和信誉的信任。受托人或者被聘用的人员应当履行诚信、勤勉负责,按照与投资人签订的合同负责个人独资企业的事务管理。但是,维护投资人的合法利益,仅仅依靠投资人的信任是不够的,还应当从法律上确定受托人或者被聘用人员的行为规则,防止受托人或者被聘用的人员利用投资人的信任,从事损害投资人利益的活动。因此,《个人独资企业法》规定受托人或者被聘用的管理人员不得作出下列行为。

1. 利用职务上的便利,索取或者收受贿赂。

利用职务上的便利,是指利用投资人所授予的处理个人独资企业事务的权利。受托人或者被聘用的人员利用职务之便索取或者收受贿赂,为他人谋取利益,必然损害个人独资企业投资人的利益,所以,对这种行为应当坚决制止。

2. 利用职务或者工作上的便利侵占企业财产。

侵占财产,是指以非法占有为目的,将为他人保管的财物占为己有的行为。侵占个人独资企业的财产,实质上是侵犯个人独资企业投资人对本企业财产的所有权。

3. 挪用企业的资金归个人使用或者借贷给他人。

挪用企业的资金,是指受托人或聘用的管理人利用职务上的便利,擅自动用本企业的资金归个人使用或借贷给他人的行为。其本质上也是侵犯了企业投资人对本企业财产依法享有的所有权。

4. 擅自将企业资金以个人名义或者以他人名义开立账户储存。

以个人名义和以他人名义,指的是以受托人或者被聘用的人员自己的名义或者以除投资人以外的其他人的名义,以这种方式开立账账户储存企业资金是变相挪用企业资金的一种形式。

5. 擅自以企业财产提供担保。

以独资企业财产提供担保，是对企业财产行使处分权。处分权通常只能由所有权人即个人独资企业投资人自己行使，非所有权人处分个人独资企业财产，必须经个人独资企业投资人即企业财产所有人特别授权方可。受委托或者被聘用管理个人独资企业事务的人员，在投资人没有明确授权的情况下，不得以企业财产提供担保。

6. 未经投资人同意，从事与本企业相竞争的业务。

指受委托或者被聘用管理个人独资企业事务的人员，非经投资人同意，不得同时在其他企业从事与他所任职的个人独资企业相同或相类似的业务经营活动。

7. 未经投资人同意，同本企业订立合同或者进行交易。

指受托人或者被聘用的管理人员，在未征得投资人同意的情况下，不得与其所任职的个人独资企业订立业务往来合同，或者作为交易相对人与其所任职的个人独资企业进行交易。

8. 未经投资人同意，擅自将企业商标或者其他知识产权转让给他人使用。

这主要体现了对个人独资企业的知识产权的保护。

9. 泄露本企业的商业秘密。

商业秘密，是指不为公众所知悉、能为权利人带来经济利益、具有实用性并经权利人采取保密措施的技术信息和经营信息。商业秘密对企业来说是非常重要的商业信息，甚至可以决定企业在同行业中的竞争地位。保护商业秘密是维护公平市场环境的要求，受托人或者被聘用的管理人员，对于任职中所获悉的企业的商业秘密，负有保密义务，更不得将本企业的商业秘密泄露给他人。

10. 法律、行政法规禁止的其他行为。

【案例2-2】

2020年8月9日，王某出资设立一家个人独资企业（下称"A企业"），主要从事酒店经营，王某聘请张某管理企业事务。10月10日，张某未经王某同意，自己同A企业签订了一份供货合同。另外，张某自己也设立了一家个人独资企业，从事酒店经营活动。

问：张某的行为是否合法？

【解析】

张某代表个人独资企业与自己签订供货合同的行为是不合法的。《个人独资企业法》规定，未经投资人同意，经营管理人员不得同本企业订立合同或者进行交易。张某自己也设立一家酒店的行为也是不合法的。

《个人独资企业法》规定，未经投资人的同意，经营管理人员不得从事与本企业相竞争的业务。由于都是从事酒店经营，因此，张某另开一家酒店的行为是不合法的。

第四节　个人独资企业的解散与清算

一、个人独资企业的解散原因

个人独资企业的解散是指因出现了法定的事由而引起该企业的生产经营资格丧失的行为。我国《个人独资企业法》第26条规定,个人独资企业有下列情形之一的,应当解散:

(一)投资人决定解散

个人独资企业是由一个自然人投资,财产为投资者个人所有。由于只有一个投资人,因此,只要投资人自己决定,企业就可以解散。

(二)投资人死亡或者被宣告死亡,无继承人或者继承人决定放弃继承

个人独资企业的投资人死亡或者被宣告死亡后,如果有继承人,并且继承人接受继承,那么个人独资企业作为遗产,依继承法的规定由投资人的继承人继承;如果投资人没有继承人,或者虽然有继承人,但是继承人明确表示放弃继承,个人独资企业因无人继承而导致没有新的投资人,此时个人独资企业就应当解散。

(三)被依法吊销营业执照

个人独资企业的营业执照是企业依法成立和开展生产经营活动的标志。个人独资企业被依法吊销营业执照,就无法再从事生产经营活动,就应当解散。

(四)法律、行政法规规定的其他解散情形

有关法律、行政法规规定了个人独资企业解散的其他情形,当法定情形出现时,个人独资企业就应当解散。

二、个人独资企业的清算

清算是企业解散的法律后果,其主要目的是对解散企业的财产进行清理,收回债权,偿还债务,如果有剩余财产,依法进行分配。清算结束后,企业作为市场经营主体的资格就消灭了。任何企业解散时,都必须依法进行清算,个人独资企业也不例外。

(一)个人独资企业的清算人

《个人独资企业法》第27条规定,个人独资企业解散,由投资人自行清算或者由债权人申请人民法院指定清算人进行清算。由此,个人独资企业的清算原则上以投资人为其清算人,但经债权人申请,人民法院也可以指定投资人以外的人作为清算人。

（二）通知或公告债权人

为了及时和顺利完成债权登记和债务清偿，尽量避免和减少偿债纠纷，《个人独资企业法》规定投资人自行清算的，应当在清算前15日内书面通知债权人，无法通知的，应当予以公告。债权人应当在接到通知之日起30日内，未接到通知的应当在公告之日起60日内，向投资人申报其债权。

（三）债务清偿顺序

清偿债务顺序的规定，是为了保证职工工资和社会保险费用，以及国家税款能够得到及时偿还，以保护职工和国家利益不受损害，是对职工和国家利益的重点保护。

个人独资企业解散的，财产应当按照下列顺序清偿。

1. 所欠职工工资和社会保险费用。

职工工资和社会保险费用直接关系到职工的生活和养老、医疗、失业等保障问题，涉及人民群众的切身利益，法律将其列为清偿的第一顺序。

2. 所欠税款。

税款是国家财政收入的主要来源和经济建设的重要支柱。依法纳税是个人独资企业的义务。企业在解散清算时，对应当缴纳的税款要认真核查，对欠缴的税款，应当补缴。《个人独资企业法》将所欠国家税款列为清偿的第二顺序，以保护国家利益。

3. 其他债务。

指前两项规定以外，个人独资企业与其他当事人之间发生的债务。

（四）清算期间投资人的责任

清算期间，个人独资企业不得开展与清算目的无关的经营活动。在按前条规定清偿债务前，投资人不得转移、隐匿财产。如果个人独资企业开展与清算目的无关的经营活动，就会增加新的债权和债务，就会使企业的资产和负债处于不稳定状态，无法进行及时统计，导致个人独资企业的清算期间拉长，从而损害债权人的利益。

（五）注销登记

个人独资企业解散后，投资人或者人民法院指定的清算人应当编制清算报告，并于15日内到登记机关办理注销登记。经登记机关注销登记，个人独资企业终止。个人独资企业办理注销登记时，应当交回营业执照。

（六）企业解散后的债务清偿

《个人独资企业法》第28条规定："个人独资企业解散后，原投资人对个人独资企业存续期间的债务仍应承担偿还责任，但债权人在5年内未向债务人提出偿还请求的，该责任消灭。"

该规定一方面反映了个人独资企业投资人以其个人财产对企业债务承担无限责任

的特征,以保护债权人的利益;另一方面又兼顾了维护社会经济关系稳定的需要。所以,个人独资企业的债权人应当依法及时行使其权利,以保护自己的利益不受损害。

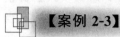
【案例 2-3】

王某于 2010 年 5 月成立了一家个人独资企业。同年 10 月份,因购进生产所需原材料,该企业与李某签订一份买卖合同。在合同中,双方约定:由李某于 10 月末完成供货义务,独资企业在对方供货后三天内支付货款 12 万元。李某于合同签订后依约供货,而该独资企业一直未支付相应的货款。2011 年 3 月,该独资企业解散。2013 年 2 月,李某起诉王某,要求王某偿还 12 万元的货款。

问:法院能否支持李某的诉讼请求?

【解析】

尽管 12 万元的债务是个人独资企业的债务,但当独资企业解散后,应由投资人王某以其个人的财产进行债务清偿,且该笔债务也没有超过法定的诉讼时效 5 年,故法院应当支持李某的诉讼请求。

第五节 违反《个人独资企业法》的法律责任

个人独资企业法所规定的法律责任主要有民事责任、行政责任和刑事责任三类。

一、个人独资企业的违法行为及法律责任

(1) 提交虚假文件或采取其他欺骗手段,取得企业登记的,责令改正,处以 5000 元以下的罚款;情节严重的,并处吊销营业执照。

"虚假文件",主要是指设立申请书、投资人身份证明、生产经营场所使用证明等文件和从事法律、行政法规规定须报经有关部门审批的业务所提交有关部门的批准文件是虚假的。"其他欺骗手段",主要是指采取贿赂等非法手段收买登记机关的工作人员,恶意串通,或者采用其他隐瞒事实真相的方法欺骗登记机关的行为。无论提交虚假文件或采取其他欺骗手段,其目的都是为了取得企业登记。

(2) 个人独资企业使用的名称与其在登记机关登记的名称不相符合的,责令限期改正,处以 2000 元以下的罚款。

《个人独资企业法》中把"有合法的企业名称"规定为设立个人独资企业应当具备的一项重要条件,同时还规定,个人独资企业的名称应当与其责任形式及企业性质相符合。个人独资企业违反了法律关于企业名称登记管理的规定,使用的名称与其在登记机关登

记的名称不相符合的,就构成一种违法行为,依法要承担相应的法律责任。

(3) 涂改、出租、转让营业执照的,责令改正,没收违法所得,处以 3000 元以下的罚款;情节严重的,吊销营业执照。伪造营业执照的,责令停业,没收违法所得,处以 5000 元以下的罚款。构成犯罪的,依法追究刑事责任。

"涂改",是指未经登记机关核准变更注册情况下,任意抹去营业执照上所载明的文字重新改写,也就是擅自变动营业执照的内容;所谓"出租",是指不符合法律程序私自将营业执照提供给他人使用,以收取一定对价的行为;所谓"转让",是指不符合法律程序私自把营业执照让与他人使用的行为。

"伪造",是指没有履行正当法律程序,无核发营业执照权的单位和个人,冒用名义,非法私自制造假营业执照开展经营活动的行为。涂改、出租、转让及伪造营业执照,都会扰乱正常的市场运营秩序,干扰国家对个人独资企业进行有效的监督管理,属于违法行为。

(4) 个人独资企业成立后无正当理由超过 6 个月未开业的,或者开业后自行停业连续 6 个月以上的,吊销营业执照。

尽管个人独资企业规模较小,事务较简单,法律对它的限制也较少,设立起来比较简便,但是国家仍须对之进行必要的监管。个人独资企业领取营业执照后就须开展营业活动,否则,会受到行政处罚。当然,吊销营业执照又是较严厉的行政处罚,工商行政管理机关应谨慎执法,查明原因,做到不枉不纵,保护和规范并重。

(5) 未领取营业执照,以个人独资企业名义从事经营活动的,责令停止经营活动,处以 3000 元以下的罚款。个人独资企业登记事项发生变更时,未按本法规定办理有关变更登记的,责令限期办理变更登记;逾期不办理的,处以 2000 元以下的罚款。

个人独资企业,依法办理企业设立登记手续,并取得营业执照后才合法成立,才可以个人独资企业名义开展各种生产经营活动。没有经过申请就擅自开业或者虽经申请但尚未获得批准就擅自开业,开展生产经营活动,都属于无照经营,都构成了违法行为,由工商行政管理机关依法予以行政处罚。企业登记事项变更也应依法进行变更登记,否则,也属应予处罚的违法行为。

(6) 个人独资企业违反本法规定,侵犯职工合法权益,未保障职工劳动安全,不缴纳社会保险费用的,按照有关法律、行政法规予以处罚,并追究有关责任人员的责任。

个人独资企业职工与其他企业职工一样享有劳动者的合法权利:签订劳动合同的权利;按时、足额取得工资的权利;休息休假、社会保险、劳动保护的权利等,个人独资企业侵犯职工的合法权益,要按有关法律、法规的规定予以处罚,并追究有关责任人员的责任。

(7) 个人独资企业及其投资人在清算前或清算期间隐匿或转移财产,逃避债务的,依法追回其财产,并按照有关规定予以处罚;构成犯罪的,依法追究刑事责任。

个人独资企业的投资人对企业债务承担无限责任,所以,当独资企业在因解散而清偿债务时,先以个人独资企业的财产予以清偿。当独资企业的财产不能或者不能全部清偿企业债务时,则要以投资人的个人财产予以清偿。因此,在对其清算完结前,个人独资企业不能转移、隐匿其财产,其投资人也不得转移、隐匿其个人财产。否则,应依法给予惩处。

二、个人独资企业委托或者聘用人员的违法行为及法律责任

(1)投资人委托或者聘用的人员管理个人独资企业事务时违反双方订立的合同,给投资人造成损害的,承担民事赔偿责任。

投资人与受托人或者被聘用的人员之间通过签订委托聘用合同,形成一种合同法律关系。受托人或者被聘用的人员的合同义务就是按照投资人委托的具体内容和授予的权利范围履行职务。投资人委托或者聘用的人执行个人独资企业事务时违反合同的约定,即构成违约,应依法承担违约赔偿责任。

(2)投资人委托或者聘用的人员违反法律规定,侵犯个人独资企业财产权益的,责令退还侵占的财产;给企业造成损失的,依法承担赔偿责任;有违法所得的,没收违法所得;构成犯罪的,依法追究刑事责任。

退还侵占的财产通常发生在两种情形之下。

一是指投资人委托或者聘用的人员与个人独资企业之间发生了法律所禁止的交易行为,签订了相关合同,在合同被确认为无效或者被撤销后,因合同而所取得的财产,应当返还给投资人。

二是指委托或者聘用的人员非法侵占个人独资企业财产的,应当返还所侵占的财产。投资人委托或者聘用的人员从事法律所禁止的行为,侵害个人独资企业的财产,造成财产损失的,投资人可以要求其赔偿损失,有违法所得的,没收其违法所得。

三、登记机关及其工作人员的违法行为及法律责任

(1)登记机关对不符合本法规定条件的个人独资企业予以登记,或者对符合本法规定条件的企业不予登记的,对直接责任人员依法给予行政处分;构成犯罪的,依法追究刑事责任。

登记机关违法履行职责,对符合法律规定条件的企业不予登记或对不符合条件的予以登记的,要么侵害了当事人的合法权益,要么可能损害国家、个人和其他组织的合法权益,这些都是违法行为,应追究法律责任。

(2)登记机关的上级部门的有关主管人员强令登记机关对不符合本法规定条件的企业予以登记,或者对符合本法规定条件的企业不予登记的,或者对登记机关的违法登记行为进行包庇的,对直接责任人员依法给予行政处分;构成犯罪的,依法追究刑事责任。

强令登记机关违法履行登记职责,是指登记机关的上级部门的有关主管人员明知登记机关的行为违反法律规定,仍强迫、命令登记机关对不符合本法规定条件的个人独资企业予以登记,或者对符合本法规定条件的企业不予登记。对登记机关的违法登记行为进行包庇,是指登记机关的上级部门的有关主管人员明知登记机关的行为违反法律规定,仍通过各种方式对其违法登记行为进行袒护或者遮掩。

四、其他单位或者个人的违法行为及法律责任

违反法律、行政法规的规定强制个人独资企业提供财力、物力、人力的,按照有关法律、行政法规予以处罚,并追究有关责任人员的责任。

个人独资企业是依法经营的市场主体,投资人对企业财产享有完全自主的权利,国家依法保护个人独资企业的财产及其他合法权益。但是,现实中,向个人独资企业强行摊派财力、物力、人力的现象较为严重,应依法加以制止。

引导案例解析

投资人、企业名称均不合法。因为:法律规定商业银行的工作人员不得投资设立个人独资企业;企业名称不合法,个人独资企业不得使用"有限责任"或"公司"字样。

实训练习

一、简答题

1. 试述个人独资企业的法律特征。
2. 阐述个人独资企业的设立条件。
3. 试述个人独资企业债务的清偿顺序。
4. 试述个人独资企业的违法行为及法律责任。

二、不定项选择题

1. 甲某准备成立一家个人独资企业,下列律师给的咨询意见中,正确的是(　　)。
   A. 个人独资企业对被聘用人员的限制不得对抗善意第三人
   B. 个人独资企业成立时需缴足法定最低注册资本
   C. 个人独资企业应依法缴纳企业所得税
   D. 个人独资企业的投资人以其投资额为限对个人独资企业债务承担责任
2. 下列情形中,属于个人独资企业应当解散的原因的是(　　)。
   A. 达到了破产界限,具备了破产原因
   B. 投资人决定解散

C. 投资人死亡或者被宣告死亡,无继承人或者继承人放弃继承

D. 被依法吊销营业执照

3. 甲是一家个人独资企业的老板,雇有伙计乙管理企业的经营事务,由于经营状况不佳,甲决定解散该企业,则(   )。

A. 个人独资企业解散,应由甲乙共同清算

B. 个人独资企业解散后,原投资人对个人独资企业存续期间的债务仍应承担偿还责任,但债权人在5年内未向债务人提出偿债请求的,该责任消灭

C. 个人独资企业解散的,财产应优先清偿所欠税款,再清偿所欠职工工资和社会保险费用,最后才是其他债务

D. 个人独资企业财产不足以清偿债务的,甲应当以其个人的其他财产予以清偿

4. 下列关于个人独资企业的说法正确的是(   )。

A. 个人独资企业不能设立分支机构

B. 个人独资企业可以家庭共有财产出资

C. 个人独资企业清偿债务时,应首先清偿所欠职工工资

D. 个人独资企业解散时,可由债权人申请人民法院指定清算人进行清算

5. 《个人独资企业法》规定受托人或者被聘用的管理人员不得作出(   )行为。

A. 利用职务上的便利,索取或者收受贿赂

B. 利用职务或者工作上的便利侵占企业财产

C. 挪用企业的资金归个人使用或者借贷给他人

D. 擅自将企业资金以个人名义或者以他人名义开立账户储存

三、案例分析题

2020年8月,张洪独自出资设立了一家加工厂,主要生产帽子、围巾和手套等。他投资了5万元,购买了加工设备,经营用具。企业的营业执照上注明企业名称为某市杉杉服装加工厂,并聘用李某管理企业,由于经营不善,企业亏损严重,企业现有全部资产2万元,欠外债达6万元,企业难以维系。

试分析:

(1) 张洪可否决定解散该企业?

(2) 企业解散后所欠债务6万元应如何清偿?

第三章 合伙企业法

本章学习目标

1. 掌握合伙企业的概念、分类和特征,普通合伙设立条件,有限合伙企业设立条件,事务执行等法律规定。
2. 熟悉合伙清算的法律规定。
3. 理解合伙企业解散的情况。

引导案例

甲、乙、丙三人拟设立一家普通合伙企业,三人在合伙协议中约定:甲出资现金2万元,乙以劳务出资作价1万元,丙出资作价50万元的房屋一栋,但不办理产权转移手续。

通过本章学习,回答以下问题:上述约定是否合法?

第一节 合伙企业法概述

一、合伙企业的概念和种类

合伙是一种古老的法律组织形式,是商品经济发展的必然产物,二者密切相关,只要商品经济存在,合伙就会与之相随。国家专门制定了《中华人民共和国合伙企业法》(以下简称《合伙企业法》)。

合伙企业是指自然人、法人和其他组织依照《合伙企业法》的规定,在我国境内设立的普通合伙企业和有限合伙企业。

合伙企业的种类有两种,即普通合伙企业和有限合伙企业。

二、合伙企业法的概念和特征

为了规范合伙企业的行为，保护合伙企业及其合伙人的合法权益，维护社会经济秩序，促进社会主义市场经济的发展，我国制定了《合伙企业法》。全国人大常委会于 1997 年 2 月 23 日通过了《合伙企业法》，并于 2006 年进行了修订，修订后的《合伙企业法》自 2007 年 6 月 1 日起施行。

合伙企业法是指调整合伙企业在设立、变更、终止及其对内对外生产经营活动中所发生的社会关系的法律规范的总称。合伙企业法有如下特征。

1. 合伙企业法是一种组织法。

合伙企业法规定的主要是关于合伙企业设立条件、设立程序、合伙协议的内容、合伙人的权利和义务、合伙企业的变更、终止等合伙企业组织方面的问题。

2. 合伙企业法是一种行为法。

合伙企业法不仅是一种组织法，而且也是一种行为法，它对合伙企业的事务执行、入伙与退伙、与第三人之间的关系等行为都作出了相应规范。

3. 合伙企业法是一种制定法。

合伙企业法对合伙企业的组织和行为，都采用成文法的方式加以详细规定。

第二节 普通合伙企业

一、普通合伙企业的特征

普通合伙企业在签订合伙协议和设立合伙企业时应当遵循自愿、平等、公平、诚实信用的原则。普通合伙企业作为企业的一种形态，自然具备了企业的基本特征，同时普通合伙企业又有与独资企业和公司制企业等其他企业形态所不具备的独特特征。

1. 由普通合伙人组成。

合伙人由自然人、法人和其他组织所组成。

2. 合伙人承担无限连带责任。

除法律另有的规定外，当普通合伙企业的财产不足以清偿其债务时，合伙人应当以自己的个人财产承担无限连带责任。

二、普通合伙企业设立的条件

为保证合伙企业的依法经营，维护合伙企业各方面的合法权益和保护债权人的合法权益，维护社会经济秩序，《合伙企业法》规定了设立合伙企业的必要条件，它是合伙企业赖以存在和发展的基础。

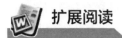

扩展阅读

普通合伙企业和有限责任公司的区别

1. 出资人数的要求不同。

合伙企业应由2个以上的合伙人出资设立,其中有限合伙企业应由2人以上50人以下的合伙人出资设立。有限责任公司由50人以下的股东出资设立。

2. 出资方式要求不同。

合伙企业可以用货币出资,也可以用实物、知识产权、土地使用权或其他财产使用权利出资,还可以用劳务出资。但是有限合伙企业中的有限合伙人则不能以劳务出资。有限责任公司可以用货币、实物、知识产权、土地使用权等可以用货币估价并可以依法转让的非货币财产作价出资。但是,法律、行政法规规定不得作为出资的财产除外。有限责任公司不得以劳务出资。

3. 注册资金的要求不同。

合伙企业没有注册资金的要求。《公司法》对有限责任公司虽然也没有注册资本的要求,但是明确规定,有限责任公司的注册资本为在公司登记机关登记的全体股东认缴的出资额。法律、行政法规以及国务院决定对有限责任公司注册资本实缴、注册资本最低限额另有规定的,从其规定。如《保险法》对注册资本有明确规定,设立保险公司,其注册资本的最低限额为人民币2亿元。

4. 企业行为依据不同。

合伙企业行为主要受《合伙企业法》与《合伙协议》的约束。有限责任公司行为主要受《公司法》与《公司章程》的约束。

5. 企业税收缴纳要求不同。

合伙企业的企业所得无须缴纳企业所得税,而是由合伙人就个人从合伙企业获取的利润分配缴纳个人所得税。有限责任公司需要就企业所得缴纳企业所得税,股东还需要就个人从公司获取的利润分配缴纳个人所得税。

6. 企业债务责任承担方式不同。

合伙企业普通合伙人对合伙企业债务承担无限连带责任,内部按出资比例承担债务;有限合伙人以其出资对合伙企业债务承担有限责任。有限责任公司股东以其出资额为限对公司债务承担有限责任,公司以其全部财产对自身债务承担责任。

1. 有两个以上的合伙人。

合伙人为自然人的,应当具有完全民事行为能力。这是合伙企业法对合伙人资格的规定。合伙企业必须要有两个以上的合伙人共同投资,少于两人不得设立合伙企业。

合伙人也可以是法人或者其他组织,但国有独资公司、国有企业、上市公司,以及公益性的事业单位、社会团体不得成为普通合伙人。

2. 有书面的合伙协议。

合伙企业成立的法律基础是合伙协议,所以合伙人必须订立书面合伙协议才能设立合伙企业。合伙协议是指两个以上公民签订的以各自提供资金、实物、技术等,共同经营、共同劳动为内容的一种合同。合伙协议还必须是以书面形式签订,主要是为了使合伙人之间正确处理合伙企业的内部事务,以免产生纠纷,即使产生了纠纷,也便于人民法院或其他机构处理。

3. 由各合伙人实际缴付的出资。

合伙企业是一种营利性的组织,其从事营利活动必须要有一定的资产作为基础,否则就可能产生欺骗行为,损害债权人的合法权益。但是《合伙企业法》并未规定合伙企业的最低注册资本额,只要求各合伙人有实际缴付的出资,即所缴付的出资能够使其正常营业,至于债权人的利益保障,主要在于合伙人的无限连带责任。

所以合伙企业成立时,可以由合伙人约定各合伙人的出资方式、数额、出资时间,任何合伙人违反协议而未出资,或出资数额不够,均是对其他合伙人利益的侵犯。正是在此基础上,《合伙企业法》还规定经其他合伙人同意,可以劳务方式出资,至于作价的比例,可以由合伙人全体协商来确定。

4. 有合伙企业的名称和生产经营场所。

合伙企业设定自己的名称时必须遵守《合伙企业法》和其他有关企业名称登记的法律、行政法规和行政规章的规定。普通合伙企业应当在其名称中标明"普通合伙"字样,其中采取有限责任合伙形式的普通合伙企业,应当在其名称中标明"特殊普通合伙"字样。

合伙企业开展经营活动,就要有自己的"立足之地",即经营场所或经营地点,据以与他人进行正常的业务联系,办理其他事务,同时也便于政府实施管理,征收税收,确定诉讼管辖,确定送达的地点,确定债务履行地点等。

5. 法律、行政法规规定的其他条件。

三、普通合伙企业的合伙协议

合伙协议是指由全体合伙人依法协商一致所签订的以各自提供资金、实物、技术等,共同经营、共同劳动等为内容的书面合同。合伙协议是一种有偿的要式合同,是合伙协议赖以存在和发展的基础,对全体合伙人具有法律约束力。合伙协议不同于其他合同,它有自己特定的内容,我国《合伙企业法》规定了合伙协议应当载明的事项和可以载明的事项。

1. 合伙协议应当载明的事项。

它是一种强制性规定,合伙人在订立合伙协议时必须执行,如果缺少了这些事项,可能影响合伙企业的设立。

合伙协议应当载明的事项包括:合伙企业的名称和主要经营场所的地点;合伙目的和合伙经营范围;合伙人的姓名或者名称、住所;合伙人的出资方式、数额和缴付期限;利润分配、亏损分担方式;合伙事务的执行;入伙与退伙;争议解决办法;合伙企业的解散与清算;违约责任。

2. 合伙协议可以载明的事项。

它是任意性的规定,合伙人在订立合伙协议时可以约定也可以不约定,并不影响合伙企业的成立。

合伙协议可以载明的事项包括:合伙企业的经营期限;合伙人争议的解决方式。

合伙协议经全体合伙人签名、盖章后生效。合伙人按照合伙协议享有权利,履行义务。修改或者补充合伙协议,应当经全体合伙人一致同意;但是,合伙协议另有约定的除外。合伙协议未约定或者约定不明确的事项,由合伙人协商决定;协商不成的,依照本法和其他有关法律、行政法规的规定处理。

四、普通合伙企业的合伙人出资

1. 合伙人的出资方式。

合伙人可以用货币、实物、知识产权、土地使用权或者其他财产权利出资,也可以用劳务出资。合伙人以实物、知识产权、土地使用权或者其他财产权利出资,需要评估作价的,可以由全体合伙人协商确定,也可以由全体合伙人委托法定评估机构评估。合伙人以劳务出资的,其评估办法由全体合伙人协商确定,并在合伙协议中载明。

合伙人应当按照合伙协议约定的出资方式、数额和缴付期限,履行出资义务。以非货币财产出资的,依照法律、行政法规的规定,需要办理财产权转移手续的,应当依法办理。

2. 合伙人出资比例的限制。

合伙企业属于典型的人合企业,其信用基础在于合伙人的资信,尤其在我国,每一个合伙人对合伙企业的债务都承担无限连带责任,因此法律没有规定合伙企业的最低资本注册额,只强调要有实际的出资。但作为一个从事生产经营活动的企业来说,必须对货币以外的出资作出限制,否则,企业很难进行生产经营活动。

合伙人按照合伙协议的约定或者经全体合伙人决定,可以增加或者减少对合伙企业的出资。

五、普通合伙企业设立的程序

普通合伙企业因注册登记而成立,其设立登记程序如下。

1. 申请设立。

合伙人申请设立合伙企业时,首先应当订立合伙协议,在协议中由全体合伙人共同签署登记申请书,或由全体合伙人共同书面委托某一合伙人或某几个合伙人或某专业服务机构代理向企业登记机关申请登记。

合伙企业申请设立登记时,必须提交的文件如下。

(1) 全体合伙人签署的设立登记申请书。

(2) 合伙协议书。必须是全体合伙人签名、盖章生效的书面文件,且合伙协议的内容必须包括《合伙企业法》所规定的应当载明和可以载明的事项。

(3) 各合伙人的身份证明。凡申请开办合伙企业的人员,必须出具合伙人的身份证及其他相应证件。

(4) 全体合伙人指定的代表或者共同委托的代理人的委托书。

(5) 出资权属证明。

(6) 经营场所证明。

(7) 国务院市场监督管理部门规定提交的其他文件。

合伙企业的经营范围中有涉及法律、行政法规规定必须经政府机关批准的,还应当提交有关批准文件。

2. 审核登记注册。

企业登记机关接到申请人提交的登记文件后,对其开业条件、文件、证明进行审核。通过审核,对手续完备的予以登记。登记机关应当自收到申请登记文件之日起 30 日内,作出是否登记的决定。对符合《合伙企业法》规定条件的,予以登记,发给营业执照;对不符合《合伙企业法》规定条件的,不予登记,并应当给予书面答复,说明理由。

3. 领取营业执照。

合伙企业自领取了企业登记机关签发的营业执照起,合伙企业即告成立。合伙企业营业执照签发之日,为合伙企业成立之日。

六、普通合伙企业的财产

合伙人要经营合伙事业,达到合伙目的,除各合伙人协力一致合作经营这一不可缺少的因素外,稳定的合伙财产也是合伙企业经营成功的关键所在。

1. 合伙企业财产的构成。

合伙企业的财产由各合伙人的出资和合伙企业经营的积累财产组成。

全体合伙人的出资,这部分称为原始财产。它是全体合伙人为设立合伙企业,按照合伙协议规定而认缴的投资额,以及在合伙企业存续期间,新入伙的合伙人按合伙协议的约定向合伙企业缴纳的出资。

以合伙名义取得的各种收益,这部分称为积累财产。它是指在合伙企业存续期间,全体合伙人共同经营合伙企业所创造的新价值,包括合伙企业经营取得的利润,合伙企业受赠、受奖、受让的利益,合伙企业的债权,合伙企业以自己的名义取得的专利、商标以及合伙企业的非专利技术、服务标记、企业字号、企业商誉等无形财产。

2. 合伙企业财产的法律性质。

合伙企业经营积累的财产,归合伙人共同共有;对合伙人出资的财产,其法律性质根据出资方式不同来区分。合伙人用以出资的劳务,只能属于个人所有;以实物、货币等所有权作为合伙出资的,则该出资归合伙人共同共有;对于合伙人以所有权以外的其他财产权利出资的,则认定是合伙人准共同所有。

七、普通合伙企业的事务执行

普通合伙企业的事务是指合伙人为了达到设立合伙企业的目的而进行的各种活动,包括处理合伙企业的内部关系,如入伙、退伙、处分财产、解散、清算等,也包括处理合伙企业的外部关系,如对外代表企业进行日常的业务经营活动,与第三人签订合同等。

1. 合伙企业事务的执行方式。

合伙企业事务可以由全体合伙人共同执行,也可以委托一名或数名合伙人执行。执行合伙企业事务的合伙人,对外代表合伙企业。作为合伙人的法人、其他组织执行合伙事务的,由其委派的代表执行。委托一个或者数个合伙人执行合伙事务的,其他合伙人不再执行合伙事务。

2. 合伙人的权利和义务。

(1) 不执行合伙企业事务的合伙人的权利和义务。

为了保护不执行事务的合伙人的合法权益,法律规定他们对执行事务的合伙人有各种监督、检查和制约的权利,具体有检查权、异议权、撤销权。合伙人为了解合伙企业的经营状况和财务状况,有权查阅合伙企业会计账簿等财务资料。同时,对于不执行事务的合伙人,法律也规定了相关义务:不得对外代表合伙企业;不得执行合伙企业的事务。否则,造成相关损失的,应当依法承担赔偿责任。

(2) 执行合伙企业事务的合伙人的权利与义务。

合伙人有权要求合伙企业支付因执行合伙事务而垫付的费用;有权要求合伙企业赔偿因执行合伙企业事务而受有不归责于自己的损害;有权要求合伙企业支付代企业负担的必要债务;有权要求合伙企业支付在执行合伙事务时约定的报酬等权利。

此类合伙人的义务主要有注意义务、忠实执行义务、禁止同业竞争义务、不得与本企业进行交易、依法建立企业财务会计制度、依法纳税等。

3. 合伙企业事务的决策方式。

合伙企业事务的决策方式,由合伙人在合伙协议中约定。合伙协议中没有约定或者约定不明确的,实行一人一票并经全体合伙人过半数通过的表决办法。

除合伙协议另有约定外,下列事务必须经全体合伙人一致同意:改变合伙企业的名称;改变合伙企业的经营范围、主要经营场所的地点;处分合伙企业的不动产;转让或者处分合伙企业的知识产权和其他财产权利;以合伙企业的名义为他人提供担保;聘任合伙人以外的人担任合伙企业的经营管理人员。

八、普通合伙企业的损益分配

普通合伙企业的利润分配、亏损分担,按照合伙协议的约定办理;合伙协议未约定或者约定不明确的,由合伙人协商决定;协商不成的,由合伙人按照实缴出资比例分配、分担;无法确定出资比例的,由合伙人平均分配、分担。

合伙协议不得约定将全部利润分配给部分合伙人或者由部分合伙人承担全部亏损。

普通合伙企业对其债务,应先以其全部财产进行清偿。合伙企业不能清偿到期债务的,合伙人承担无限连带责任。合伙人由于承担无限连带责任,清偿数额超过合伙人约定或合伙人协商的亏损分担比例的,有权向其他合伙人追偿。

合伙人发生与合伙企业无关的债务,相关债权人不得以其债权抵销其对合伙企业的债务;也不得代位行使合伙人在合伙企业中的权利。

合伙人的自有财产不足清偿其与合伙企业无关债务的,该合伙人可以以其从合伙企业中分取的收益用于清偿;债权人也可以依法请求人民法院强制执行该合伙人在合伙企业中的财产份额用于清偿。人民法院强制执行合伙人的财产份额时,应当通知全体合伙人,其他合伙人有优先购买权;其他合伙人未购买,又不同意将该财产份额转让给他人的,依法为该合伙人办理退伙结算,或者办理削减该合伙人相应财产份额的结算。

九、普通合伙企业与第三人的关系

普通合伙企业对合伙人执行合伙事务以及对外代表合伙企业权利的限制,不得对抗善意第三人。

十、普通合伙企业的入伙、退伙

1. 入伙。

入伙是指在合伙企业存续期间,合伙人以外的第三人加入合伙企业并取得合伙人资格的法律行为。

(1) 入伙的条件和程序。

新合伙人入伙时,除合伙协议另有约定外,应当经全体合伙人同意,并依法订立书面合伙协议。合伙企业登记事项因入伙、退伙、合伙协议修改等发生变更或者需要重新登记的,应当于作出变更决定或者发生变更事由之日起 15 日内,向企业登记机关办理有关登记手续。由此,入伙的条件和程序有以下几个方面。

① 经全体合伙人一致同意。合伙企业接纳新的合伙人入伙,必须经全体合伙人同意,他才能入伙,成为新的合伙人。

② 依法订立书面入伙协议。入伙协议是新合伙人与原合伙人在平等自愿的基础上,就新合伙人的入伙及入伙后的权利义务问题达成的协议。

③ 办理登记手续。合伙企业登记事项发生变更的,应向企业登记机关办理有关登记手续,新入伙已经使合伙协议发生变更,所以须办理入伙登记手续。

(2) 新合伙人的权利和责任。

入伙的新合伙人与原合伙人享有同等权利,承担同等责任。入伙协议另有约定的,从其约定。新合伙人对入伙前合伙企业的债务承担无限连带责任。

2. 退伙。

(1) 退伙的概念。

退伙是指合伙人退出合伙企业,从而丧失合伙人资格。退伙的事由可以是合伙人的意思表示,也可以是与合伙人本人意志无关的事件。

(2) 退伙的种类。

根据退伙原因的不同,可以分为:协议退伙、法定退伙、除名退伙。

① 协议退伙是指以合伙人自己的意思表示终止与其他合伙人之间的合伙关系,使自己的合伙人资格归于消灭。需要提醒的是,协议退伙并不等于随便退伙,一般需有正当理由,否则视为擅自退伙,属于违约行为,应当赔偿由此给其他合伙人带来的损失。

② 法定退伙又称当然退伙,它是指非基于合伙人的意思,而是由法律明确规定的事由而导致合伙人资格的消灭。

③ 除名退伙是指其他合伙人一致要求与被开除人解除合伙协议的行为。这主要是由于被开除的退伙人不履行法定或约定义务或有其他不当行为。

(3) 退伙人的责任。

合伙人退伙后,并不能解除对于合伙企业已形成的债务的连带责任,退伙人对其退伙前已经发生的合伙企业债务,承担无限连带责任。

(4) 合伙人协议退伙、除名退伙的情形。

合伙人协议退伙的情形:合伙协议约定的退伙事由出现;经全体合伙人同意退伙;发生合伙人难于继续参加合伙企业的事由;其他合伙人严重违反合伙协议约定的义务。

合伙人法定退伙的情形:死亡或者被依法宣告死亡;被依法宣告为无民事行为能力人;个人丧失偿债能力;被人民法院强制执行在合伙企业中的全部财产份额。

除名退伙的情形:未履行出资义务;因故意或者重大过失给合伙企业造成损失;执行

合伙企业事务时有不正当行为;合伙协议约定的其他事由。

【案例 3-1】

2020 年 11 月,甲、乙、丙共同投资设立好再来火锅店(普通合伙企业),实际缴付的出资比例为 3∶3∶4,但未约定利润和亏损的分配分担比例,开业当月企业产生利润 8 万元。

问:该合伙企业应如何进行分配?

【解析】

合伙协议未约定或者约定不明确的,由合伙人协商决定;协商不成的,由合伙人按照实缴出资比例分配。

第三节 特殊的普通合伙企业

特殊的普通合伙企业是指以专门知识和专门技能为客户提供有偿服务的专业服务机构,如合伙开办的会计师事务所、律师事务所等。

特殊的普通合伙企业名称中应当标明"特殊普通合伙"字样。

一个合伙人或者数个合伙人在执业活动中因故意或者重大过失造成合伙企业债务的,应当承担无限责任或者无限连带责任,其他合伙人以其在合伙企业中的财产份额为限承担责任。

合伙人在执业活动中非因故意或者重大过失造成的合伙企业债务以及合伙企业的其他债务,由全体合伙人承担无限连带责任。合伙人执业活动中因故意或者重大过失造成的合伙企业债务,以合伙企业财产对外承担责任后,该合伙人应当按照合伙协议的约定对给合伙企业造成的损失承担赔偿责任。

为了进一步降低特殊普通合伙企业经营风险以及提高行业形象,特殊的普通合伙企业应当建立执业风险基金、办理职业保险。执业风险基金用于偿付合伙人执业活动造成的债务。执业风险基金应当单独立户管理。具体管理办法由国务院规定。

【案例 3-2】

甲、乙、丙三名注册会计师各出资 50 万元,设立一家特殊普通合伙企业"惠而众事务所",明确合伙损益由三人平分。2020 年该企业净资产额达 500 万元,11 月份,乙在从事一项资产评估业务中发生重大过失,造成合伙企业债务 800 万元。

问：该笔债务如何分担？

【解析】

合伙人执业活动中因故意或者重大过失造成的合伙企业债务，以合伙企业财产对外承担责任后，该合伙人应当按照合伙协议的约定对给合伙企业造成的损失承担赔偿责任。对外所欠800万元债务，先以合伙企业的净资产500万元偿还，不足部分以乙的个人其他财产偿还。

第四节 有限合伙企业

一、有限合伙企业的概念、特征和法律地位

有限合伙企业是指由有限合伙人和普通合伙人共同组成的，普通合伙人对合伙企业债务承担无限连带责任，有限合伙人以其认缴的出资额为限对合伙企业债务承担责任的合伙组织。有限合伙企业制度的法律建设，有利于调动各方的投资热情，实现投资者与创业者结合的双赢。

有限合伙企业与普通合伙企业在内部关系上存在差异，前者的合伙人分为有限合伙人和普通有限合伙人。这两种人在主体资格、权利享有、义务承担方面各不相同。有限合伙企业具有不同于普通合伙企业的特征。有限合伙人一般不参与合伙的具体经营管理，由普通合伙人从事具体的经营管理。

有限合伙人以其各自的出资额为限承担有限责任，普通合伙人承担无限连带责任。有限合伙企业的法律地位不同于公司制企业，我国的有限合伙企业不具有独立的法人资格。

二、有限合伙企业的设立

1. 有限合伙企业的主体要求。

有限合伙企业由两个以上50个以下合伙人设立，法律另有规定的除外。有限合伙企业至少应当有一个普通合伙人。自然人、法人、其他组织均可设立有限合伙企业，成为有限合伙人。

2. 企业名称。

有限合伙企业名称是其区别于其他企业的重要标志。应当符合我国有关企业名称管理的相关法律法规的规定。有限合伙企业名称中应当标明"有限合伙"字样。如果有限合伙企业未在其名称中标明"有限合伙"字样的，由企业登记管理机关责令限期改正，

处以 2000 元以上 1 万元以下的罚款。

3. 出资方式。

有限合伙人可以用货币、实物、知识产权、土地使用权或者其他财产权利作价出资。有限合伙人不得以劳务出资。

有限合伙企业禁止出资的规定,是基于目前的有限合伙企业主要适合于风险投资的企业形式。合伙企业中承担有限责任的合伙人投入资金但不参与企业的经营管理,如果采用劳务出资的方式,有限合伙人就要参与到企业日常经营活动中,与设立的初衷相违背。

有限合伙人应当按照合伙协议的约定按期足额缴纳出资;未按期足额缴纳的,应当承担补缴义务,并对其他合伙人承担违约责任。

三、有限合伙企业的事务执行

有限合伙事务的执行人是由有限合伙企业的普通合伙人推举负责管理合伙事务的人。执行人有权对外进行经营活动,其经营活动的后果由全体合伙人承担。有限合伙企业由普通合伙人执行合伙事务,是因为普通合伙人具备管理合伙企业事务的专长。执行事务的合伙人可以要求在合伙协议中确定执行事务的报酬及报酬提取方式。

四、有限合伙人合伙事务执行禁止

有限合伙人不执行合伙事务,不得对外代表有限合伙企业。因为有限合伙人只以其认缴的出资额为限对合伙企业债务承担责任,而普通合伙人对有限合伙企业债务承担无限连带责任,所以,根据权利义务相一致的原则,有限合伙企业的事务执行由普通合伙人负责。

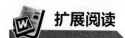

扩展阅读

有限合伙人参与合伙企业的一般事务

有限合伙人参与合伙企业的一般事务不属于执行合伙事务,具体包括:参与决定普通合伙人入伙、退伙;对企业的经营管理提出建议;参与选择承办有限合伙企业审计业务的会计师事务所;获取经审计的有限合伙企业财务会计报告;对涉及自身利益的情况,查阅有限合伙企业财务会计账簿等财务资料;在有限合伙企业中的利益受到侵害时,向有责任的合伙人主张权利或者提起诉讼;执行事务合伙人怠于行使权利时,督促其行使权利或者为了本企业的利益以自己的名义提起诉讼;依法为本企业提供担保。

一般事务都属于有限合伙企业的经营管理活动,作为投资人的有限合伙人有权利也有义务关注,他们所不能参与的只是有限合伙的日常经营决策程序。

有限合伙企业不得将全部利润分配给部分合伙人;但是,合伙协议另有约定的除外。

五、有限合伙人的特殊权利

1. 有限合伙人与有限合伙企业的交易权利。

有限合伙人可以同本有限合伙企业进行交易。有限合伙人不参与有限合伙企业事务执行,无对内对外的控制权,交易时一般不会损害本有限合伙企业的利益。但是,合伙协议另有约定的除外。

2. 有限合伙人不承担竞业禁止的义务。

有限合伙人有自营或者经营与本有限合伙企业相竞争业务的权利。有限合伙人可以自营或者同他人合作经营与本有限合伙企业相竞争的业务。

有限合伙人并不参与有限合伙企业事务的执行,对企业的重大决策没有实质控制权,又由于有限合伙人在有限合伙企业中存在经济利益,其自营或者同他人合作经营与本有限合伙企业相竞争的业务时,企业的利益与作为投资人的利益是共同的,所以一般不会损害有限合伙企业的利益。但是,合伙协议可以对有限合伙人的竞业禁止作出特别约定。

3. 出质的权利。

有限合伙人可以将其在有限合伙企业中的财产份额出质,即有限合伙人可以将其在有限合伙企业中的财产份额对外进行权利质押。但是,合伙协议另有约定的除外。

4. 转让财产的权利。

有限合伙人可以按照合伙协议的约定向合伙人以外的人转让其在有限合伙企业中的财产份额,并不影响有限合伙企业的财产基础和有限合伙企业债权人的利益,但应当提前30日通知其他合伙人。

六、有限合伙人的收益清偿

有限合伙人的自有财产不足以清偿其与合伙企业无关的债务的,该合伙人可以以其从有限合伙企业中分取的收益用于清偿。合伙人应当主动清偿一般债务,顺序是先使用自有财产,然后使用其在有限合伙企业分取的收益。债权人不获清偿时,可以依法请求人民法院强制执行该合伙人在有限合伙企业中的财产份额用于清偿。

人民法院强制执行有限合伙人的财产份额时,应当通知全体合伙人。在同等条件下,其他合伙人有优先购买权。

七、有限合伙企业的入伙和退伙

1. 入伙。

新入伙的有限合伙人对入伙前有限合伙企业的债务,以其认缴的出资额为限承担责任。新入伙的有限合伙人对入伙前有限合伙企业的债务承担方式,不能使用普通合伙企业中"新合伙人对入伙前合伙企业的债务承担连带责任"的规定。

2. 退伙。

有限合伙人出现普通合伙人当然退伙的情形时,应当退伙。

作为有限合伙人的自然人在有限合伙企业存续期间丧失民事行为能力的,其他合伙人不得因此要求其退伙。

作为有限合伙人的自然人死亡、被依法宣告死亡或者作为有限合伙人的法人及其他组织终止时,其继承人或者权利承受人可以依法取得该有限合伙人在有限合伙企业中的资格。

有限合伙人退伙后,对基于其退伙前的原因发生的有限合伙企业债务,以其退伙时从有限合伙企业中取回的财产承担责任。有限合伙人退伙后法律责任的承担以其退伙时从有限合伙企业中取回的财产为限,目的是防止有限合伙人用退伙方式逃避应承担的债务责任。

第五节 合伙企业的解散和清算

一、合伙企业的解散

合伙企业的解散又称合伙企业的终止,是指由于法定原因的出现或全体合伙人的约定使合伙关系消灭。合伙企业的解散,意味着合伙人主体资格的消灭。

合伙企业的解散事由有:合伙期限届满,合伙人决定不再经营;合伙协议约定的解散事由出现;全体合伙人决定解散;合伙人已不具备法定人数满30天;合伙协议约定的合伙目的已经实现或者无法实现;依法被吊销营业执照、责令关闭或者被撤销;法律、行政法规规定的其他原因。

二、合伙企业的清算

合伙企业解散,应当由清算人进行清算。

1. 确定清算人。

清算人由全体合伙人担任;经全体合伙人过半数同意,可以自合伙企业解散事由出现后15日内指定一个或者数个合伙人,或者委托第三人担任清算人。自合伙企业解散事由出现之日起15日内未确定清算人的,合伙人或者其他利害关系人可以申请人民法院指定清算人。

2. 债权申报。

清算人自被确定之日起10日内将合伙企业解散事项通知债权人,并于60日内在报纸上公告。债权人应当自接到通知书之日起30日内,未接到通知书的自公告之日起45日内,向清算人申报债权。

债权人申报债权,应当说明债权的有关事项,并提供证明材料。清算人应当对债权进行登记。清算期间,合伙企业存续,但不得开展与清算无关的经营活动。

3. 清算人的职责。

清算人在清算期间执行下列事务:清理合伙企业财产,分别编制资产负债表和财产清单;处理与清算有关的合伙企业未了结事务;清缴所欠税款;清理债权、债务;处理合伙企业清偿债务后的剩余财产;代表合伙企业参加诉讼或者仲裁活动。

4. 合伙企业财产的清偿顺序。

合伙企业财产的清偿顺序如下:合伙企业的清算费用和职工工资、社会保险费用、法定补偿金;缴纳所欠税款;清偿债务。

合伙企业的清偿顺序体现了先债权、后物权的原则。合伙企业财产清偿顺序是法定清偿顺序,任何人不得违反,否则清偿无效。合伙企业财产依法清偿后如果仍有剩余时,对剩余财产按照合伙协议的约定办理;合伙协议未约定或者约定不明确的,由合伙人协商决定;协商不成的,由合伙人按照实缴出资比例分配、分担;无法确定出资比例的,由合伙人平均分配、分担。

5. 注销登记及注销后的责任承担。

清算结束,清算人应当编制清算报告,经全体合伙人签名、盖章后,在15日内向企业登记机关报送清算报告,申请办理合伙企业注销登记。

合伙企业注销后,原普通合伙人对合伙企业存续期间的债务仍应承担无限连带责任。合伙企业的人合性决定了合伙企业虽然已经解散,但普通合伙人仍应对合伙企业存续期间的债务承担无限连带责任。

引导案例解析

甲、乙出资均合法。因为法律规定合伙人可以以货币、劳务出资,劳务出资需要评估,评估办法由全体合伙人协商确定,确定后须在合伙协议中载明。所以,丙的出资不符合法律规定,以房屋使用权出资应当依法办理财产权转移手续。

实训练习

一、简答题

1. 简述合伙企业的概念和类型。
2. 普通合伙企业设立条件有哪些？
3. 什么是特殊普通合伙企业？法律有什么特殊规定？
4. 简述有限合伙企业的入伙和退伙制度。

二、不定项选择题

1. 普通合伙人承担合伙企业债务的方式有（　　）。
   A. 对内对外均承担按份责任
   B. 对内对外均承担连带责任
   C. 对内承担连带责任，对外承担按份责任
   D. 对外承担连带责任，对内承担按份责任

2. 下列事项中，不必经普通合伙企业全体合伙人一致同意的是（　　）。
   A. 处分合伙企业的动产　　　　　B. 改变合伙企业的名称
   C. 以合伙企业名义为他人提供担保　D. 处分合伙企业的不动产

3. 依照《合伙企业法》的规定，合伙企业的类型包括（　　）。
   A. 普通合伙企业　　　　　　　　B. 有限合伙企业
   C. 两合合伙企业　　　　　　　　D. 特殊普通合伙企业

4. 下列关于有限合伙企业的设立条件中表述正确的是（　　）。
   A. 有限合伙企业由两个以上50个以下合伙人设立
   B. 有限合伙企业至少应当有一个普通合伙人
   C. 有限合伙企业名称中应当标明"有限合伙"字样
   D. 有限合伙人可以以劳务出资

5. 有限合伙企业由（　　）合伙人设立；但是，法律另有规定的除外。
   A. 两个以上50个以下　　　　　　B. 3个以上50个以下
   C. 4个以上50个以下　　　　　　D. 两个以上30个以下

三、案例分析题

甲、乙、丙三人共同出资于2019年3月注册一家普通合伙企业，甲出资现金3万元，乙、丙各出资现金2万元。2020年1月甲提出退伙，乙、丙同意，甲将其出资以3万元价格转让给了丁。

2020年10月，乙、丙、丁决定解散企业，偿还企业债务后，将剩余财产按出资比例分配，但对企业2019年11月所借的1年期银行贷款4万元，合伙人没有约定如何清偿。

2020年11月,银行找合伙企业追偿时发现合伙企业已经解散,于是转而向甲要求偿还,甲以自己在企业解散前就已退伙为由,拒不偿还;银行向乙、丙主张债权,乙、丙表示只能按出资的比例承担;银行向丁主张债权,丁称借款发生在前,自己入伙在后,不应负担该笔债务。

试分析:
分别分析甲、乙、丙、丁四人的说法是否合法?为什么?

第四章 公司法

本章学习目标

1. 掌握有限责任公司的设立与组织机构，股份有限公司的设立、组织机构、股份发行与转让的规定。

2. 理解公司及公司法的概念和特征，国有独资公司、一人有限责任公司的规定。

3. 熟悉公司股东权利和义务的规定，合并、分立、解散、破产、清算、财务会计制度的基本规定。

引导案例

天津市居民甲、乙、丙三人拟发起设立一家有限责任公司。三个发起人订立了发起协议，公司名称拟为：中国长洲机械制造实业总公司。公司的注册资本为 200 万元人民币，其中甲以实物出资 50 万元，估值为 90 万元；乙以货币出资 20 万元；丙以专利技术折价出资 40 万元，估值为 90 万元。同时，委托甲办理设立公司的登记申请手续。

甲到天津市 A 区市场监督管理局申请公司设立登记。市场监督管理局向申请人指出了发起协议中的违法之处，随后，甲、乙、丙三人协商后予以纠正。2021 年 1 月 18 日，天津市 A 区市场监督管理局颁发了《企业法人营业执照》，申请人甲提出市场监督管理局应当对该公司的成立予以公告。

通过本章学习，回答以下问题：

（1）发起协议中有哪些违法之处？

（2）发起人甲、乙、丙委托甲办理公司设立登记申请手续是否符合法律规定？

（3）该有限责任公司的成立时间为何时？

（4）甲提出的新设立公司予以公告申请是否符合法律规定？

第一节　公司与公司法概述

一、公司的概念与分类

（一）公司的概念

公司是企业的一种组织形式。一般认为，公司是按照公司法设立的，并以营利为目的的企业法人。公司具有以下特征。

1. 公司是企业法人。

我国公司法明确规定，公司是企业法人，有独立的财产，享有法人财产权，公司以其全部财产对公司的债务承担责任。

2. 公司必须依法设立。

法人是由法律赋予法律人格的社会组织，必须依法设立。在我国，设立公司所依据的法律主要是《中华人民共和国公司法》（以下简称《公司法》），此外，还要符合其他法律法规的规定。公司的设立条件、目的必须符合国家法律的规定，设立公司还必须按照法律规定的程序办理。

3. 公司以营利为目的。

公司必须从事经营活动，公司的设立、运行是为了通过各种生产经营活动，满足社会各种需求，获取利润，并将其分配给公司的股东。公司的这一特征，不仅为各国或地区的公司法所确认，而且也是公司区别于其他法人组织的一个特征。公司的营利性经营活动应当具有连续性和固定性。

（二）公司的分类

1. 按照股东所负责任状况的不同，公司可以分为无限责任公司、有限责任公司、股份有限公司、两合公司、股份两合公司。

无限责任公司是指股东对公司的债务承担无限连带责任的公司。

有限责任公司是指由一定数额的股东组成的，股东以其出资额为限对公司承担责任，公司以其全部资产为限对公司债务承担责任的公司。

股份有限公司是指公司的全部资本分为等额股份，股东以其持有股份为限对公司承担责任，公司以其全部资产为限对公司债务承担责任的公司。

两合公司指由一个以上有限责任股东和一个以上无限责任股东所组成的公司，有限责任股东仅就其出资额为限对公司债务承担有限责任，无限责任股东对公司债务承担无限责任。股份两合公司则属于股份公司与两合公司的结合。

2. 按照公司的组织结构关系，公司可以分为总公司和分公司。

总公司也称本公司,是指在组织上可以管辖其全部机构的公司,对所属机构的经营、资金调度等进行统一指挥。

分公司是指由总公司设置,属于总公司管辖,并且不具有独立的法人资格的公司。

我国公司法规定,公司可以设立分公司。设立分公司,应当向公司登记机关申请登记,领取营业执照。分公司不具有法人资格,其民事责任由总公司承担。

3. 按照公司之间的控制和依附关系,公司可以分为母公司与子公司。

母公司也称控股公司,是指通过掌握其他公司一定比例以上的股份或者通过协议的方式,能够实际上控制其他公司经营活动的公司。子公司又称为被控股公司,是指受母公司控制,但是自己具有独立的法人资格,能独立承担民事责任的公司。我国公司法规定,公司可以设立子公司,子公司具有法人资格,依法独立承担民事责任。

4. 按照公司国籍不同,公司可以分为本国公司和外国公司。

依据我国对公司国籍的确定标准,凡依据我国公司法在我国境内登记成立的公司,为本国公司;凡依据外国法律在中国境外设立的公司,为外国公司。外国公司可以在中国境内设立分支机构,该分支机构不具有中国法人资格,外国公司对其分支机构在中国境内进行经营活动承担民事责任。

5. 按照公司的信用基础不同,公司可以分为人合公司、资合公司以及人合兼资合公司。

人合公司是指以股东个人的财力、能力和信誉作为信用基础的公司。人合公司的财产及责任与股东的财产及责任没有完全分离,企业的所有权和经营权一般也不分离。人合公司的典型是无限责任公司。

资合公司是指以资本的结合作为信用基础的公司。此类公司仅以资本的实力取信于人。股东对公司债务以出资为限承担有限的责任。股份有限公司是典型的资合公司。

资合兼人合公司是指同时以公司资本和股东个人信用作为公司信用基础的公司,其典型形式是两合公司。

二、公司法的概念和适用范围

1. 公司法的概念。

公司法是指规定公司企业的设立、组织、经营、解散、清算以及调整公司对内对外关系的法律规范,所以公司法主要是规定公司的组织与活动的法。

2. 公司法的适用范围。

《公司法》第 2 条规定,本法所称公司是指依照本法在中国境内设立的有限责任公司和股份有限公司,即公司法的适用范围仅包括按照《公司法》规定在中国境内设立的有限责任公司和股份有限公司。

三、公司登记管理

公司登记是国家为赋予公司以法人资格,并对公司的设立、变更、注销加以规范、公示的行政行为。设立公司,应当依法向公司登记机关申请设立登记。依法设立的公司,由公司登记机关发给公司营业执照。公司营业执照签发日期为公司成立日期。

公司登记分为设立登记、变更登记、注销登记。设立分公司的,也应进行登记。

(一) 公司设立登记

设立有限责任公司,应当由全体股东指定的代表或者共同委托的代理人向公司登记机关申请设立登记。设立国有独资公司,应当由国务院或者地方人民政府授权的本级人民政府国有资产监督管理机构作为申请人,申请设立登记。法律、行政法规或者国务院决定规定设立有限责任公司必须报经批准的,应当自批准之日起90日内向公司登记机关申请设立登记;逾期申请设立登记的,申请人应报批准机关确认原批准文件的效力或者另行报批。

设立股份有限公司,应当由董事会向公司登记机关申请设立登记。以募集方式设立股份有限公司的,应当于创立大会结束后30日内向公司登记机关申请设立登记。

依法设立的公司,由公司登记机关发给《企业法人营业执照》。公司营业执照签发日期为公司成立日期。公司凭公司登记机关核发的《企业法人营业执照》刻制印章,开立银行账户,申请纳税登记。

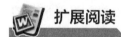
扩展阅读

公司的登记事项

《公司登记管理条例》第9条规定,公司的登记事项包括:(1)名称;(2)住所;(3)法定代表人姓名;(4)注册资本;(5)公司类型;(6)经营范围;(7)营业期限;(8)有限责任公司股东或者股份有限公司发起人的姓名或者名称。

公司的登记事项应当符合法律、行政法规的规定。不符合法律、行政法规规定的,公司登记机关不予登记。

(二) 公司变更登记

公司变更登记事项,应当向原公司登记机关申请变更登记。变更登记事项涉及《企业法人营业执照》载明事项的,公司登记机关应当换发《企业法人营业执照》。未经变更登记,公司不得擅自改变登记事项。

【案例 4-1】

江苏江陵有限公司经股东会决定,将公司名称改为江苏金陵有限公司,法定代表人从李明更改为王理国。

问:该公司需要办理变更登记手续吗?

【解析】

该公司应当办理变更登记手续。公司变更法定代表人的,应当自变更决议或者决定作出之日起 15 日内申请变更登记。公司变更名称的,应当在作出变更决议或者决定之日起 30 日内申请变更登记。

公司变更登记事项涉及修改公司章程的,应当提交由公司法定代表人签署的修改后的公司章程或者公司章程修正案。变更登记事项依照法律、行政法规或者国务院决定在登记前须经批准的,还应当向公司登记机关提交有关批准文件。

公司变更名称的,应当自变更决议或者决定作出之日起 30 日内申请变更登记。

公司变更住所的,应当在迁入新住所前申请变更登记,并提交新住所使用证明。

公司变更法定代表人的,应当自变更决议或者决定作出之日起 30 日内申请变更登记。

公司减少注册资本的,应当自公告之日起 45 日后申请变更登记,并应当提交公司在报纸上登载公司减少注册资本公告的有关证明和公司债务清偿或者债务担保情况的说明。

公司变更实收资本的,应当自足额缴纳出资或者股款之日起 30 日内申请变更登记。

公司变更经营范围的,应当自变更决议或者决定作出之日起 30 日内申请变更登记。

公司变更类型的,应当按照拟变更的公司类型的设立条件,在规定的期限内向公司登记机关申请变更登记,并提交有关文件。

有限责任公司股东转让股权的,应当自转让股权之日起 30 日内申请变更登记。有限责任公司的自然人股东死亡后,其合法继承人继承股东资格的,公司应当依照上述规定申请变更登记。有限责任公司的股东或者股份有限公司的发起人改变姓名或者名称的,应当自改变姓名或者名称之日起 30 日内申请变更登记。

公司登记事项变更涉及分公司登记事项变更的,应当自公司变更登记之日起 30 日内申请分公司变更登记。公司章程修改未涉及登记事项的,公司应当将修改后的公司章程或者公司章程修正案送原公司登记机关备案。公司董事、监事、经理发生变动的,应当向原公司登记机关备案。

因合并、分立而存续的公司,其登记事项发生变化的,应当申请变更登记;因合并、分立而解散的公司,应当申请注销登记;因合并、分立而新设立的公司,应当申请设立登记。公司合并、分立的,应当自公告之日起 45 日后申请登记。

公司申请变更登记,应当向公司登记机关提交的文件

根据《公司登记管理条例》第 27 条的规定,公司申请变更登记,应当向公司登记机关提交下列文件:(1)公司法定代表人签署的变更登记申请书;(2)依照《公司法》作出的变更决议或者决定;(3)国家市场监督管理总局规定要求提交的其他文件。

(三) 公司注销登记

公司解散应当申请注销登记,经公司登记机关注销登记,公司终止。

公司注销登记是消灭公司主体资格的法定必经程序。《公司登记管理条例》规定,有以下情形之一的,公司清算组应当自清算结束之日起 30 日内向原公司登记机关申请注销登记:公司被依法宣告破产;公司章程规定的营业期限届满或者规定的其他解散事由出现;公司股东会决议解散;依法被吊销营业执照、责令关闭或者被撤销;人民法院依法予以解散;法律、行政法规规定的其他解散情形。

(四) 工商信息公开制度

《公司法》第 6 条规定:"公众可以向公司登记机关申请查询公司登记事项,公司登记机关应当提供查询服务。"

公司基本信息透明,工商登记信息公开的法定化具有以下三个特点。

1. 查询的主体是公众,而不是某些特定的机构或者个人。

2. 查询信息的范围没有特别限制,而是所有公司登记事项,未给登记事项设定查询例外。

3. 强化了市场监督管理机关提供查询服务的法定义务性,立法明确要求公司登记机关提供查询服务。

《公司法》所建立的新的信息公开制度将有助于公司诚信地披露信息,并为对方作出交易决策奠定基础,有助于市场主体交易信息的对称,有助于理性、公正、公平交易秩序的维护和发展。

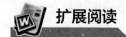 扩展阅读

高级管理人员、控股股东、实际控制人和关联关系

高级管理人员是指公司的经理、副经理、财务负责人,上市公司董事会秘书和公司章程规定的其他人员。

控股股东是指其出资额占有限责任公司资本总额50%以上或者其持有的股份占股份有限公司股本总额50%以上的股东;出资额或者持有股份的比例虽然不足50%,但依其出资额或者持有的股份所享有的表决权已足以对股东会、股东大会的决议产生重大影响的股东。

实际控制人是指虽不是公司的股东,但通过投资关系、协议或者其他安排,能够实际支配公司行为的人。

关联关系是指公司控股股东、实际控制人、董事、监事、高级管理人员与其直接或者间接控制的企业之间的关系,以及可能导致公司利益转移的其他关系。但是,国家控股的企业之间不仅因为同受国家控股而具有关联关系。

第二节 有限责任公司

一、有限责任公司的概念和特征

(一) 有限责任公司的概念

有限责任公司是指由一定数额的股东共同出资,股东以其出资额为限对公司承担责任,公司以其全部资产对公司债务承担责任的企业法人。

(二) 有限责任公司的特征

1. 股东以其出资额为限对公司承担责任。
2. 股东有最高人数的限制,我国公司法规定是50人。
3. 有限责任公司的资本不分为等额股份。
4. 有限责任公司具有封闭性,不能公开募股集资,经营状况不公开。
5. 有限责任公司的设立程序比较简单,组织机构灵活。
6. 股东的转让出资受到严格限制。

二、有限责任公司的设立

（一）有限责任公司的设立条件

根据《公司法》第23条的规定，设立有限责任公司，应当具备下列条件。

1. 股东符合法定人数。

《公司法》没有股东人数限制。有限责任公司也可以只有一个股东。《公司法》规定了一人有限责任公司和国有独资公司。

2. 有符合公司章程规定的全体股东认缴的出资额。

《公司法》第26条规定，有限责任公司的注册资本为在公司登记机关登记的全体股东认缴的出资额。

《公司法》取消了有限责任公司最低注册资本的限制；不再限制公司设立时股东（发起人）的首次出资比例以及货币出资比例。构建了灵活的授权资本制。也就是说，现在可以一元钱注册一家有限公司。但并没有明确规定首次至少必须缴付1股。

法律、行政法规以及国务院决定对有限责任公司注册资本实缴、注册资本最低限额另有规定的，从其规定。

所谓法律、行政法规另有规定，主要是证券法对证券公司最低注册资本的规定、商业银行法对设立商业银行最低注册资本的规定、保险法对保险公司最低注册资本的要求、国际货物运输代理业管理规定有关设立国际货运代理公司最低注册资本的要求等。

3. 股东共同制定公司章程。

设立公司必须依法制定公司章程。公司章程规定了公司组织以及经营的最基本的事项，是公司最基本的规范性文件。

有限责任公司的章程由股东共同制定，所有股东应当在公司章程上签名、盖章。

公司章程对公司、股东、董事、监事、高级管理人员具有约束力。

4. 有公司名称，建立符合有限责任公司要求的组织机构。

公司名称是公司的标志。有限责任公司的名称必须符合法律、法规的规定，必须在公司名称中标明有限责任公司字样。公司主要是通过组织机构行使权利、履行义务的，必须依据公司法的规定设立组织机构。

5. 有公司住所。

公司以其主要办事机构所在地为住所。

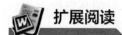

股东名册记载的事项

《公司法》第32条规定，有限责任公司应当置备股东名册，记载下列事项：(1)股东的姓名或者名称及住所;(2)股东的出资额;(3)出资证明书编号。

记载于股东名册的股东,可以依股东名册主张行使股东权利。

公司应当将股东的姓名或者名称向公司登记机关登记;登记事项发生变更的,应当办理变更登记。未经登记或者变更登记的,不得对抗第三人。

(二)有限责任公司的设立程序

1. 订立公司章程。

《公司法》第 25 条规定,有限责任公司章程应当载明下列事项。

(1) 公司名称和住所。

(2) 公司经营范围。

(3) 公司注册资本。

(4) 股东的姓名或者名称。

(5) 股东的出资方式、出资额和出资时间。

(6) 公司的机构及其产生办法、职权、议事规则。

(7) 公司法定代表人。

(8) 股东会会议认为需要规定的其他事项。

股东应当在公司章程上签名、盖章。

2. 缴纳出资。

《公司法》第 27 条规定,股东可以用货币出资,也可以用实物、知识产权、土地使用权等可以用货币估价并可以依法转让的非货币财产作价出资。但是,法律、行政法规规定不得作为出资的财产除外。

对作为出资的非货币财产应当评估作价,核实财产,不得高估或者低估作价。法律、行政法规对评估作价有规定的,从其规定。

《公司法》第 28 条规定,股东应当按期足额缴纳公司章程中规定的各自所认缴的出资额。股东以货币出资的,应当将货币出资足额存入有限责任公司在银行开设的账户;以非货币财产出资的,应当依法办理其财产权的转移手续。股东不按照前款规定缴纳出资的,除应当向公司足额缴纳外,还应当向已按期足额缴纳出资的股东承担违约责任。

有限责任公司成立后,发现作为设立公司出资的非货币财产的实际价额显著低于公司章程所定价额的,应当由交付该出资的股东补足其差额;公司设立时的其他股东承担连带责任。

【案例 4-2】

甲、乙、丙三人共同出资组建北京华星汽车配件制造有限责任公司(以下简称华星公司)。该公司的注册资本为300万元人民币,其中,甲出资100万元人民币,乙以厂房和设备作价60万元出资,估值为100万元,丙以专利权作价80万元出资,估值为100万元。

公司章程由甲起草,无须公司全体股东审议通过。公司不设立董事会,只设执行董事,甲为执行董事。按《公司法》规定,向北京市A区市场监督管理局办理登记手续。华星公司成立后,被发现出资财产违法高估作价。

问:依据《公司法》,华星公司设立运营中有哪些不合法之处?

【解析】

华星公司的设立有以下3项不符合《公司法》的规定。

1.《公司法》规定,股东可以用货币出资,也可以用实物、知识产权、土地使用权等可以用货币估价并可以依法转让的非货币财产作价出资。但是,法律、行政法规规定不得作为出资的财产除外。对作为出资的非货币财产应当评估作价,核实财产,不得高估或者低估作价。乙、丙出资不符合公司法的规定,应当向已按期足额缴纳出资的甲股东承担违约责任。

2.公司章程应当由全体股东共同制定,甲、乙、丙三人约定由甲起草公司章程,但无须公司全体股东审议通过,于法无据。

3.华星公司成立后,发现乙、丙作为设立公司出资的非货币财产的实际价额显著低于公司章程所定价额的,应当由交付该出资的股东补足其差额,乙补缴40万元,丙补缴20万元。公司设立时的其他股东承担连带责任。

公司规模较小、股东人数较少的,可以设一名执行董事,不设立董事会,符合《公司法》的规定。

3.申请设立登记。

股东认足公司章程规定的出资后,由全体股东指定的代表或者共同委托的代理人向公司登记机关报送公司登记申请书、公司章程等文件,申请设立登记。

符合公司法规定的设立条件的,由公司登记机关登记为有限责任公司,发给公司营业执照,公司营业执照签发日期为公司成立日期。

有限责任公司成立后,应当向股东签发出资证明书。

法律、行政法规规定设立公司必须报经有关部门批准的,还应当在公司登记前依法办理批准手续。

出资证明书应当载明下列事项:公司名称;公司成立日期;公司注册资本;股东的姓名或者名称、缴纳的出资额和出资日期;出资证明书的编号和核发日期。出资证明书由公司盖章。

三、有限责任公司的股东

（一）有限责任公司的股东的概念

有限责任公司的股东是公司的出资人。股东可以是中国公民、法人、国家以及外国投资者。

（二）有限责任公司股东的权利

《公司法》规定，公司股东依法享有资产收益、参与重大决策和选择管理者等权利。具体来讲，有限责任公司的股东享有如下权利。

1. 参加股东会，并按出资份额享有表决权。
2. 选举或被选举为董事会成员、监事会成员。
3. 有权查阅、复制公司章程、股东会会议记录、董事会会议决议、监事会会议决议和财务会计报告。
4. 股东可以要求查阅公司会计账簿。公司拒绝提供查阅的，股东可以请求人民法院要求公司提供查阅。
5. 有权依法转让股权或者受让股权。
6. 按照实缴的出资比例分取红利。
7. 公司新增资本时，股东有权优先按照实缴的出资比例认缴出资。
8. 公司终止时，有权依法分得剩余财产。
9. 公司章程规定的其他权利。

（三）有限责任公司股东的义务

1. 依法按期足额缴纳出资的义务。
2. 股东在公司登记后，不得抽回出资。
3. 依法补缴出资差额。
4. 依法行使股东权，不得滥用股东权利损害公司或者其他股东的利益。
5. 依其出资额对公司承担责任。
6. 公司章程规定的其他义务。

四、有限责任公司的组织机构

（一）有限责任公司的股东会

1. 股东会的性质和职权。

有限责任公司股东会由全体股东组成，是公司的权力机构、公司最高的决策机关。它有权对公司的重大事项作出决议。

股东会依法行使以下职权。

（1）决定公司的经营方针和投资计划。
（2）选举和更换非由职工代表担任的董事、监事，决定有关董事、监事的报酬事项。
（3）审议批准董事会的报告。
（4）审议批准监事会或者监事的报告。
（5）审议批准公司的年度财务预算方案、决算方案。
（6）审议批准公司的利润分配方案和弥补亏损方案。
（7）对公司增加或者减少注册资本作出决议。
（8）对发行公司债券作出决议。
（9）对公司合并、分立、变更公司形式、解散和清算等事项作出决议。
（10）修改公司章程。
（11）公司章程规定的其他职权。

2. 股东会决议。

股东会会议分为定期会议和临时会议。定期会议应当按照公司章程的规定按时召开。需要召开临时会议的，应当有代表 1/10 以上表决权的股东、1/3 以上的董事、监事会或者不设监事会的公司的监事提议。

召开股东会会议，应当于会议召开 15 日以前通知全体股东。股东会应当对所议事项的决定作成会议记录，出席会议的股东应当在会议记录上签名。

有限责任公司股东会的首次会议由出资最多的股东召集和主持。以后的股东会会议，设立董事会的，由董事会召集，董事长主持。有限责任公司不设董事会的，股东会由执行董事召集和主持。

股东会会议由股东按照出资比例行使表决权。

股东会会议作出修改公司章程、增加或者减少注册资本的决议，以及公司合并、分立、解散或者变更公司形式的决议，必须经代表 2/3 以上表决权的股东通过。

（二）有限责任公司的董事会

1. 董事会的性质和职权。

董事会是公司股东会的常设执行机构，由股东选举产生，负责经营决策和管理工作。

有限责任公司应当设立董事会，其成员为 3～13 人。两个以上的国有企业或者其他两个以上的国有投资主体投资设立的有限责任公司，其董事会成员中应当有公司职工代表；其他有限责任公司董事会成员中也可以有公司职工代表。董事会中的职工代表由公司职工通过职工代表大会、职工大会或者其他形式民主选举产生。

股东人数较少或者规模较小的有限责任公司，可以设一名执行董事，不设立董事会。董事任期由公司章程规定，但每届任期不得超过 3 年。董事任期届满，可以连选连任。

公司法规定，董事会对股东会负责，依法行使以下职权。

(1) 召集股东会会议,并向股东会报告工作。
(2) 执行股东会的决议。
(3) 决定公司的经营计划和投资方案。
(4) 制订公司的年度财务预算方案、决算方案。
(5) 制订公司的利润分配方案和弥补亏损方案。
(6) 制订公司增加或者减少注册资本以及发行公司债券的方案。
(7) 制订公司合并、分立、变更公司形式、解散的方案。
(8) 决定公司内部管理机构的设置。
(9) 决定聘任或者解聘公司经理及其报酬事项,并根据经理的提名决定聘任或者解聘公司副经理、财务负责人及其报酬事项。
(10) 制定公司的基本管理制度。
(11) 公司章程规定的其他职权。
2. 董事会的会议。

董事会会议由董事长召集和主持,董事长不能履行职务或者不履行职务的,由副董事长主持;副董事长不能履行职务或者不履行职务的,由半数以上的董事共同推举一名董事召集和主持。董事会应当对所议事项的决定作成会议记录,出席会议的董事应当在会议记录上签名。

(三) 有限责任公司的经理

1. 经理的设立。

有限责任公司可以设经理,负责公司日常经营管理的活动,经理由董事会决定聘任或者解聘。经理对董事会负责。

2. 经理的职权。

经理行使以下职权。
(1) 主持公司的生产经营管理工作,组织实施董事会决议。
(2) 组织实施公司年度经营计划和投资方案。
(3) 拟定公司内部管理机构设置方案。
(4) 拟定公司的基本管理制度。
(5) 制定公司的具体规章。
(6) 提请聘任或解聘公司的副经理、财务负责人。
(7) 决定聘任或解聘除应由董事会决定聘任或解聘以外的负责管理人员。
(8) 董事会授予的其他职权。

(四) 有限责任公司的监事会

1. 监事会的性质和组成。

监事会是公司内部常设的监督机构。监事会的成员不得少于 3 人。股东人数较少或者规模较小的有限责任公司,可以设 1~2 名监事,而不设立监事会。

监事会应当包括股东代表和适当比例的公司职工代表,其中职工代表的比例不得低于 1/3。监事的任期每届为 3 年。监事任期届满,连选可以连任。

董事、高级管理人员不得兼任监事。

2. 监事会的职权。

监事会、不设监事会的公司的监事行使下列职权:

(1) 检查公司财务。

(2) 对董事、高级管理人员执行公司职务的行为进行监督,对违反法律、行政法规、公司章程或者股东会决议的董事、高级管理人员提出罢免的建议。

(3) 当董事、高级管理人员的行为损害公司的利益时,要求董事、高级管理人员予以纠正。

(4) 提议召开临时股东会会议,在董事会不履行本法规定的召集和主持股东会会议职责时召集和主持股东会会议。

(5) 向股东会会议提出提案。

(6) 依照《公司法》第 152 条的规定,对董事、高级管理人员提起诉讼。

(7) 公司章程规定的其他职权。

监事可以列席董事会会议,并对董事会决议事项提出质询或者建议。在发现公司经营情况异常时,可以进行调查。

3. 监事的任期。

监事的任期每届 3 年。监事任期届满,可以连选连任。

【案例 4-3】

天津丽都建材有限公司(以下简称丽都公司)股东张先生向银行贷款 30 万元,用于自己的汽车修理部。为此,张先生与银行签订了贷款合同。合同约定借款期限 10 个月,月利率 6.26‰等。同日,丽都公司经理赵先生以公司的名义为上述借款提供了连带责任的保证。银行与赵先生签订了保证合同。合同约定丽都公司为公司股东张先生从银行的 30 万元借款提供连带责任的保证,保证期间 2 年,保证的范围是借款本息及实现债权的费用。

同时,保证合同中还写明赵先生是丽都公司的经理,此借款是张先生的个人借款。借款期限届满后,张先生没有归还借款本息,丽都公司也没有承担保证责任。银行起诉至法院,要求张先生、丽都公司连带归还其借款本息 30 余万元。

问:本案中,赵经理能以丽都公司的名义为张先生的贷款合同提供担保吗?

【解析】

我国《公司法》规定,董事、经理不得以公司资产为本公司的股东或者其他个人债务提供担保。本案中,丽都公司的股东张先生为个人的汽车修理部从银行贷款 30 万元,此债务是张先生的个人债务,与丽都公司无关。丽都公司经理赵先生以公司名义用公司资产为张先生的个人债务提供担保,违反了上述法律的禁止性规定。本案中,丽都公司经理赵先生以公司名义与银行签订的保证合同是无效合同。

五、国有独资公司

(一)国有独资公司的概念

国有独资公司是指国家单独出资、由国务院或者地方人民政府委托本级人民政府国有资产监督管理机构履行出资人职责的有限责任公司。

(二)国有独资公司的组织机构

1. 国有独资公司不设股东会。

国有独资公司由国有资产监督管理机构行使股东会职权。国有资产监督管理机构可以授权公司董事会行使股东会的部分职权,决定公司的重大事项,但公司的合并、分立、解散、增减注册资本和发行公司债券等事项,必须由国有资产监督管理机构决定。其中,重要的国有独资公司合并、分立、解散、申请破产的,应当由国有资产监督管理机构审核后,报本级人民政府批准。

2. 国有独资公司设立董事会及经理。

国有独资公司设立董事会。经授权,国有独资公司董事会行使股东会的部分职权,决定公司重大事项。董事每届任期不得超过 3 年。董事会成员中应当有公司职工代表。董事会成员由国有资产监督管理机构委派;但董事会成员中的职工代表由公司职工代表大会选举产生。董事会设董事长一人,可以设副董事长。董事长、副董事长由国有资产监督管理机构从董事会成员中指定。

国有独资公司设经理,由董事会聘任或者解聘。

国有独资公司的董事长、副董事长、董事、高级管理人员,未经国有资产监督管理机构同意,不得在其他有限责任公司、股份有限公司或者其他经济组织兼职。

3. 国有独资公司设立监事会。

监事会成员不得少于五人,由国有资产监督管理机构委派;其中职工代表的比例不得低于 1/3,由公司职工代表大会选举产生。

六、一人有限责任公司

(一) 一人有限责任公司的概念

一人有限责任公司是指只有一个自然人股东或者一个法人股东的有限责任公司。

(二) 一人有限责任公司的特别之处

1. 一个自然人只能投资设立一个一人有限责任公司。该一人有限责任公司不能投资设立新的一人有限责任公司。

2. 一人有限责任公司应当在公司登记中注明自然人独资或者法人独资,并在公司营业执照中载明。

3. 一人有限责任公司章程由股东制定。

4. 一人有限责任公司不设股东会。股东行使职权决定时《公司法》第37条所列有限责任公司股东职权),应当采用书面形式,并由股东签名后置备于公司。

5. 一人有限责任公司应当在每一会计年度终了时编制财务会计报告,并经会计师事务所审计。

6. 一人有限责任公司的股东不能证明公司财产独立于股东自己的财产的,应当对公司债务承担连带责任。

第三节　股份有限公司

一、股份有限公司的概念和特征

(一) 股份有限公司的概念

股份有限公司是指依法设立的,其全部资本分为等额股份,股东以其所认购的股份为限对公司承担责任,公司以其全部资产对公司的债务承担责任的企业法人。

(二) 股份有限公司的特征

1. 股东以其认购的股份为限对公司承担责任。
2. 股东有最低人数的限制,而没有最高人数的限制。
3. 股份有限公司的全部资本分为等额股份,股份采取股票形式。
4. 可以通过发行股票公开募股集资,经营状况公开。
5. 设立程序比较严格。
6. 股份可以自由转让。

二、股份有限公司的设立

(一) 股份有限公司的设立方式

依《公司法》的规定,股份有限公司的设立,可以采取发起设立或者募集设立的方式。发起设立是指由发起人认购公司应发行的全部股份而设立公司。股份有限公司采取发起设立方式设立的,注册资本为在公司登记机关登记的全体发起人认购的股本总额。

公司全体发起人的首次出资额不得低于注册资本的20%,其余部分由发起人自公司成立之日起两年内缴足。在缴足前,不得向他人募集股份。

募集设立是指由发起人认购公司应发行股份的一部分,其余股份向社会公开募集或者向特定对象募集而设立公司。以募集设立方式设立股份有限公司的,发起人认购的股份不得少于公司股份总数的35%。股份有限公司采取募集方式设立的,注册资本为在公司登记机关登记的实收股本总额。

(二) 股份有限公司的设立条件

1. 发起人符合法定人数。

设立股份有限公司,应当有2人以上200人以下为发起人,其中须有半数以上的发起人在中国境内有住所。

股份有限公司发起人承担公司筹办事务。

发起人应当签订发起人协议,明确各自在公司设立过程中的权利和义务。

2. 有符合公司章程规定的全体发起人认购的股本总额或者募集的实收股本总额。

《公司法》取消了股份有限公司最低注册资本的限制;不再限制公司设立时股东(发起人)的首次出资比例以及货币出资比例。构建了灵活的授权资本制。

灵活化的资本制度,不仅有助于增加投资者的机会,而且有助于吸收和鼓励民间资本以公司的运营方式进入市场;有助于降低公司的运营成本;满足了市场主体对灵活性、自主性的基本需求,从而有利于公司诚信机制的建立;有助于在平等基础上构建合理的竞争和准入机制,从而使得有更多的市场主体通过公司路径进入市场,参与公平的市场竞争,促进市场健康发育和协调发展。

3. 股份发行、筹办事项符合法律规定。

4. 发起人制订公司章程,采用募集方式设立的经创立大会通过。

5. 有公司名称,建立符合股份有限公司要求的组织机构。

6. 有公司住所。

(三) 股份有限公司的设立程序

1. 发起设立与募集设立。

股份有限公司采取发起设立方式设立的,注册资本为在公司登记机关登记的全体发起人认购的股本总额。在发起人认购的股份缴足前,不得向他人募集股份。

股份有限公司采取募集方式设立的,注册资本为在公司登记机关登记的实收股本总额。法律、行政法规以及国务院决定对股份有限公司注册资本实缴、注册资本最低限额另有规定的,从其规定。

以发起设立方式设立股份有限公司的,发起人应当书面认足公司章程规定其认购的股份,并按照公司章程规定缴纳出资。以非货币财产出资的,应当依法办理其财产权的转移手续。

发起人不依照前款规定缴纳出资的,应当按照发起人协议承担违约责任。

我国《公司法》目前实行的认缴资本制度,股东间订立的包括章程在内的认缴文件(主要是公司章程和股东间的约定等)具有极强的法律效力。股东按照公司章程的约定缴纳出资,如果股东未依认缴文件的规定实际缴付注册资本,需要依法承担法律责任。

发起人认足公司章程规定的出资后,应当选举董事会和监事会,由董事会向公司登记机关报送公司章程以及法律、行政法规规定的其他文件,申请设立登记。

扩展阅读

股份有限公司章程应当载明的事项

股份有限公司章程应当载明下列事项:(1)公司名称和住所;(2)公司经营范围;(3)公司设立方式;(4)公司股份总数、每股金额和注册资本;(5)发起人的姓名或者名称、认购的股份数、出资方式和出资时间;(6)董事会的组成、职权、任期和议事规则;(7)公司法定代表人;(8)监事会的组成、职权、任期和议事规则;(9)公司利润分配办法;(10)公司的解散事由与清算办法;(11)公司的通知和公告办法;(12)股东大会会议认为需要规定的其他事项。

以募集设立方式设立股份有限公司的,发起人认购的股份不得少于公司股份总数的35%;但是,法律、行政法规另有规定的,从其规定。

以募集设立方式设立股份有限公司,发起人向社会公开募集股份,必须公告招股说明书,并制作认股书。

股份有限公司成立后,发起人未按照公司章程的规定缴足出资的,应当补缴;其他发起人承担连带责任。

招股说明书应当载明事项

《公司法》第86条规定,招股说明书应当附有发起人制订的公司章程,并载明下列事项:(1)发起人认购的股份数;(2)每股的票面金额和发行价格;(3)无记名股票的发行总数;(4)募集资金的用途;(5)认股人的权利、义务;(6)本次募股的起止期限及逾期未募足时认股人可以撤回所认股份的说明。

【案例4-4】

甲、乙、丙、丁作为发起人拟用募集设立的方式设立甲汽车制造股份有限公司,公司拟注册资本初步定为3000万元人民币,各发起人分别以专利技术、货币、实物等出资,共计700万元人民币,其余的部分准备向社会公众公开募集。发起人在认股人缴清股款并经依法设立的验资机构验资完毕并出具证明的两个月后召开了创立大会。

问:该公司设立过程中有什么做法不符合法律规定吗?《公司法》对此是怎样规定的?

【解析】

(1)《公司法》规定,以募集方式设立股份有限公司的,发起人认购的股份不得少于公司股份总数的35%,而本案的全体股东认购的股款不足35%。

(2)发行股份的股款缴足后,必须经依法设立的验资机构验资并出具证明,应当在30日内主持召开创立大会。本案中该股份有限公司在两个月后才召开创立大会,不合法。

2. 创立大会的举行和职权。

采用募集设立方式设立股份有限公司的,发起人应当在发行股份的股款缴足之日起在30日内主持召开公司创立大会。创立大会由认股人组成。发起人应当在创立大会召开15日前将会议日期通知各认股人或者予以公告。创立大会应有代表股份总数过半数的认股人出席,方可举行。

创立大会行使下列职权。

(1)审议发起人关于公司筹办情况的报告。

(2)通过公司章程。

(3)选举董事会成员。

(4) 选举监事会成员。

(5) 对公司的设立费用进行审核。

(6) 对发起人用于抵作股款的财产的作价进行审核。

(7) 发生不可抗力或者经营条件发生重大变化直接影响公司设立的,可以作出不设立公司的决议。

创立大会对以上事项作出决议,必须经出席会议的认股人所持表决权过半数通过。董事会应于创立大会结束后 30 日内,向公司登记机关报送法律要求的文件,申请设立登记。

(四) 发起人应当承担的义务和责任

1. 依法认购应认购的股份。

2. 承担公司筹办事务,如拟订公司章程、召开创立大会等。

3. 公司不能成立时,发起人对设立行为所产生的债务和费用负连带责任。

4. 公司不能成立时,对认股人已缴纳的股款,负退还股款并加算银行同期存款利息的连带责任。

5. 在公司设立过程中,由于发起人的过失致使公司利益受到损害的,应当对公司承担赔偿责任。

三、股份有限公司的组织机构

(一) 股份有限公司的股东大会

1. 股东大会的性质和职权。

股东大会由全体股东组成,是公司的权力机构,决定公司的重大事项,依法行使职权。《公司法》关于有限责任公司股东会职权的规定,适用于股份有限公司股东大会。

2. 股东大会会议。

股东大会分为股东大会年会和临时股东大会。股东大会年会应当每年召开 1 次。

有下列情形之一的,股份有限公司应当在 2 个月内召开临时股东大会:(1)董事人数不足本法规定人数或者公司章程所定人数的 2/3 时;(2)公司未弥补的亏损达实收股本总额 1/3 时;(3)单独或者合计持有公司 10% 以上股份的股东请求时;(4)董事会认为必要时;(5)监事会提议召开时;(6)公司章程规定的其他情形。

股东出席股东大会会议,所持每一股份有一表决权。但是,公司持有的本公司股份没有表决权。股东大会作出决议,必须经出席会议的股东所持表决权过半数通过,股东大会作出修改公司章程、增加或者减少注册资本的决议,以及公司合并、分立、解散或者变更公司形式的决议,必须经出席会议的股东所持表决权的 2/3 以上通过。

股东可以委托代理人出席股东大会,代理人应当向公司提交股东的授权委托书,并在授权的范围内行使表决权。股东大会应当对所议事项作成会议记录,由主持人、出席会议的董事签名。

(二) 股份有限公司的董事会

1. 董事会的性质和职权。

董事会是公司股东大会的执行机构,负责经营决策和管理工作。股份有限公司应当设立董事会,其成员为5~19人。董事会成员中可以有公司职工代表。董事会中的职工代表由公司职工通过职工代表大会、职工大会或者其他形式民主选举产生。

《公司法》关于有限责任公司董事会任期、职权的规定,适用于股份有限公司董事、董事会。董事会设董事长一人,也可以设副董事长。

2. 董事会会议。

董事会每年度至少召开两次会议,每次会议应当于会议召开10日前通知全体董事和监事。代表1/10以上表决权的股东、1/3以上董事或者监事会,可以提议召开董事会临时会议。董事长应当自接到提议后10日内,召集和主持董事会会议。

董事会会议,应由董事本人出席;董事因故不能出席,可以书面委托其他董事代为出席,委托书中应载明授权范围。董事会会议应有过半数的董事出席方可举行。董事会决议的表决,实行一人一票。董事会作出决议,必须经全体董事的过半数通过。

董事会应当对会议所议事项的决定作成会议记录,出席会议的董事应当在会议记录上签名。董事应当对董事会的决议承担责任。董事会的决议违反法律、行政法规或者公司章程、股东大会决议,致使公司遭受严重损失的,参与决议的董事对公司负赔偿责任。

(三) 股份有限公司的经理

股份有限公司设经理,负责公司日常经营管理的活动,经理由董事会聘任或者解聘。经理列席董事会会议,对董事会负责。

《公司法》关于有限责任公司经理职权的规定,适用于股份有限公司经理。

(四) 股份有限公司监事会

股份有限公司设立监事会,其成员不得少于3人。监事会应当包括股东代表和适当比例的公司职工代表,其中职工代表的比例不得低于1/3。监事会中的职工代表由公司职工通过职工代表大会、职工大会或者其他形式民主选举产生。监事会行使职权所必需的费用,由公司承担。

《公司法》关于有限责任公司监事会职权的规定,适用于股份有限公司监事会。

监事会每6个月至少召开一次会议。监事可以提议召开临时监事会会议。监事会应当对所议事项的决定做成会议记录。

董事、高级管理人员不得兼任监事。

(五)董事、监事、高级管理人员的任职资格及义务

1. 董事、监事、高级管理人员的任职资格。

根据《公司法》第146条的规定,有下列情形之一的,不得担任公司的董事、监事、高级管理人员。

(1) 无民事行为能力或者限制民事行为能力。

(2) 因贪污、贿赂、侵占财产、挪用财产或者破坏社会主义市场经济秩序,被判处刑罚,执行期满未逾5年,或者因犯罪被剥夺政治权利,执行期满未逾5年。

(3) 担任破产清算的公司、企业的董事或者厂长、经理,对该公司、企业的破产负有个人责任的,自该公司、企业破产清算完结之日起未逾3年。

(4) 担任因违法被吊销营业执照、责令关闭的公司、企业的法定代表人,并负有个人责任的,自该公司、企业被吊销营业执照之日起未逾3年。

(5) 个人所负数额较大的债务到期未清偿。

公司违反上述规定选举、委派董事、监事或者聘任高级管理人员的,该选举、委派或者聘任无效。

董事、监事、高级管理人员在任职期间出现第(1)项所列情形的,公司应当解除其职务。

2. 董事、监事、高级管理人员的义务。

董事、监事、高级管理人员履行如下义务。

(1) 应当遵守法律、行政法规和公司章程,对公司负有忠实义务和勤勉义务,不得利用职权收受贿赂或者其他非法收入,不得侵占公司的财产。

(2) 不得挪用公司资金或者将公司资金以其个人名义或者以其他个人名义开立账户存储或者违反公司章程的规定,未经股东会、股东大会或者董事会同意,将公司资金借贷给他人或者以公司财产为他人提供担保。

(3) 不得违反公司章程的规定或者未经股东会、股东大会同意,与本公司订立合同或者进行交易或者未经股东会或者股东大会同意,利用职务便利为自己或者他人谋取属于公司的商业机会,自营或者为他人经营与所任职公司同类的业务。

(4) 不得接受他人与公司交易的佣金归为己有。

(5) 不得擅自披露公司秘密。

(6) 不得进行违反忠实义务的其他行为。

董事、高级管理人员违反以上规定所得的收入应当归公司所有。董事、监事、高级管理人员执行公司职务时违反法律、行政法规或者公司章程的规定,给公司造成损失的,应当承担赔偿责任;损害股东利益的,股东可以向人民法院提起诉讼。

【案例 4-5】

古某是甲制冷设备股份有限公司(简称甲公司)的董事,2020 年 9 月又与两个朋友一起开办了乙电器有限公司(以下简称乙公司),乙公司生产的空调在规格、原料、生产工艺等都与甲公司相同,挤占了甲公司的 30%的市场份额。甲公司 2021 年 3 月召开董事会,作出两项决议:(1)免去古某董事职务,增补王某为董事;(2)要求古某将其从乙公司获得的收入上缴甲公司。

问:(1)古某的行为是否合法?(2)甲公司董事会作出的两项决议是否合法?

【解析】

(1)古某与朋友设立乙公司的行为不合法。根据《公司法》规定,公司董事、高级管理人员不得未经股东会或者股东大会同意,利用职务便利为自己或者他人谋取属于公司的商业机会,自营或者为他人经营与所任职公司同类的业务。董事、高级管理人员违反关于自营的规定所得的收入应当归公司所有。

(2)甲公司董事会所做的第一项决议不合法,选举、更换董事属于股东大会的职权,董事会无此权力。第二项决议合法,决议内容属于董事会权力范围。

四、股份有限公司的股份

(一)股份发行的概念

股份有限公司的资本划分为股份,每一股份的金额相等,股份是平均划分公司资本的基本计量单位,体现了股东的权利和义务,公司的股份采取股票的形式。股份有限公司的股票,是公司签发的证明股东所持股份的法律凭证,是股份的表现形式。

股份发行是股份有限公司为设立公司筹集资本或者在生产经营过程为增加资本,依照法律规定发售股份的行为。

股份发行分为两种情况:一种是设立发行,是股份有限公司在设立公司过程中发行股份;一种是新股发行,是股份有限公司在成立以后生产经营过程中再次发行股份。无论是设立发行还是新股发行均须具备法律规定的条件。

(二)股份发行的原则

股份的发行,实行公开、公平、公正的原则,必须同股同权,同股同利。同种类的每一股份应当具有同等权利。同次发行的同种类股票,每股的发行条件和价格应当相同。任何单位或者个人所认购的股份,每股应当支付相同价额。

股票发行价格可以按票面价格,也可以超过票面金额,但不得低于票面金额。

公司发行的股票,可以是记名股票,也可以是不记名股票。公司向发起人、法人发行的股票,应当是记名股票。

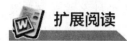
扩展阅读

股票应当载明的事项

我国《公司法》规定,股票采用纸面形式或者国务院证券监督管理机构规定的其他形式。股票应当载明下列主要事项:(1)公司名称;(2)公司登记成立的日期;(3)股票种类、票面金额及代表的股份数;(4)股票的编号。股票由法定代表人签名,公司盖章。

(三)股份发行的条件

公开发行股份、债券等有价证券,必须符合法律、行政法规规定的条件,并依法报经国务院证券监督管理机构或者国务院授权的部门核准;未经依法核准,任何单位和个人不得公开发行证券。

公司发行新股,依照公司章程的规定由股东大会或者董事会对下列事项作出决议。新股种类以及数额;新股发行价格;新股发行的起止日期;向原有股东发行新股的种类及数额。

《中华人民共和国证券法》(以下简称《证券法》)明确规定将公司公开发行新股的条件区分为两类:一类是首次公开发行,即 IPO,另一类是上市公司发行新股。上市公司发行新股不再区分公开与非公开,这是因为按照《证券法》关于"公开发行证券的条件"的规定,股东人数超过 200 人公司的任何发行,都构成了公开发行。

公司首次公开发行新股,应当符合下列条件。

1. 具备健全且运行良好的组织机构。
2. 具有持续经营能力。
3. 最近 3 年财务会计报告被出具无保留意见审计报告。
4. 发行人及其控股股东、实际控制人最近 3 年不存在贪污、贿赂、侵占财产、挪用财产或者破坏社会主义市场经济秩序的刑事犯罪。
5. 经国务院批准的国务院证券监督管理机构规定的其他条件。

上市公司发行新股,应当符合经国务院批准的国务院证券监督管理机构规定的条件,具体管理办法由国务院证券监督管理机构规定。

公开发行存托凭证的,应当符合首次公开发行新股的条件以及国务院证券监督管理机构规定的其他条件。

(四)股份转让

股份有限公司的股东持有的股份可以依法转让。股东转让其股份,应当在依法设立的证券交易场所进行或者按照国务院规定的其他方式进行。记名股票,由股东以背书方式或者法律、行政法规规定的其他方式转让;转让后由公司将受让人的姓名或者名称及住所记载于股东名册。无记名股票的转让,由股东将该股票交付给受让人后即发生转让的效力。

为了维持公司正常运行,维护公司、股东、公众和债权人的利益,《公司法》对公司股份的转让,做了一定限制。

1. 发起人持有的本公司股份,自公司成立之日起1年内不得转让。

2. 公司公开发行股份前已发行的股份,自公司股票在证券交易所上市交易之日起1年内不得转让。

3. 公司董事、监事、高级管理人员应当向公司申报所持有的本公司的股份及其变动情况,在任职期间每年转让的股份不得超过其所持有本公司股份总数的25%;所持本公司股份自公司股票上市交易之日起1年内不得转让。上述人员离职后半年内,不得转让其所持有的本公司股份。公司章程可以对公司董事、监事、高级管理人员转让其所持有的本公司股份作出其他限制性规定。

【案例 4-6】

1. 某食品公司与某农业科学研究所共同设立从事食品生产的甲食品有限责任公司。协议内容为:

(1) 公司注册资本为1000万元,食品公司以货币出资,金额200万元,另外以某食品商标作价300万元,研究所新型食品加工专利技术出资,该技术作价500万元(有评估机构出具的评估证明)。

(2) 公司董事会由5名董事组成,分别由双方按出资比例选派。董事长由食品公司推荐,公司的经理、财务负责人由董事长直接任命。

(3) 双方按5∶5的出资比例分享利润、支付设立费用、分担风险。

甲公司于2021年3月登记成立,并指派丁某作公司董事长。丁某聘任汪某作为公司经理。食品公司方面的某一董事王某称,有证据证明丁某原是研究所下属公司的承包人,承包期因贪污行为曾受到刑事处罚,2009年3月刑满释放,且于1年前向朋友借钱10万元炒股,被套牢,借款仍未还清。

另外汪某原先担任某公司的经理,由于管理水平低下,致使该公司经营困难,该公司于2020年3月宣告破产。据上述两个理由,董事王某认为丁某无权作董事长,汪某无权担任公司经理。

问:(1) 食品公司与研究所的协议中,有关出资方式、比例及董事长的产生方式是否合法? 请说明理由。

(2) 丁某是否有资格作董事长？为什么？

(3) 汪某是否有资格作公司经理？为什么？

【解析】

(1) 食品公司与研究所的协议中，出资方式合法符合《公司法》规定。董事会的组成人数为5人，由双方按出资比例选派合法，但董事长的产生方式不正确，不应由一方股东选派，而应当双方协商产生。经理、财务负责人由董事长任命的做法不正确，应该由董事会聘任。

(2) 丁某不具备作董事长的资格。丁某因贪污行为受到刑事处罚，于2009年3月刑满释放，公司于2021年3月成立，刑满释放已超过5年，任职资格不受法律限制。但是，个人所负到期债务数额较大，未予清偿，不符合董事长的任职资格。丁某向朋友借10万元炒股一直无力偿还，属上述情形。因此丁某不具备作董事长的资格。

(3) 汪某不具备作经理的资格。根据《公司法》规定，担任因经营管理不善而破产清算的公司、企业的董事或者经理、厂长，并对该公司、企业的破产负有个人责任的，自该公司、企业破产清算完结之日起未逾3年者，不得担任有限责任公司的董事、经理。汪某对某公司的破产负有个人责任，自该公司破产清算还没有超过3年，因此不能担任甲公司的经理。

五、上市公司

上市公司是指其股票在证券交易所上市交易的股份有限公司。

（一）上市公司的条件

1. 股份有限公司申请股票上市，应当符合的条件。

(1) 股票经国务院证券监督管理机构核准已公开发行。

(2) 公司股本总额不少于人民币3000万元。

(3) 公开发行的股份达公司股份总数的25%以上；公司股本总额超过人民币4亿元的，公开发行股份的比例为10%以上。

(4) 公司在最近3年内无重大违法行为，财务会计报告无虚假记载。

证券交易所可以规定高于前款规定的上市条件，并报国务院证券监督管理机构批准。

股份有限公司股票上市交易申请经证券交易所审核同意后，签订上市协议的公司应当在规定的期限内公告股票上市的有关文件，并将该文件置备于指定场所供公众查阅。

2. 暂停股票上市。

上市公司有下列情形之一的，由证券交易所决定暂停其股票上市交易。

(1)公司股本总额、股权分布等发生变化不再具备上市条件。

(2)公司不按照规定公开其财务状况,或者对财务会计报告作虚假记载,可能误导投资者。

(3)公司有重大违法行为。

(4)公司最近3年连续亏损。

(5)证券交易所上市规则规定的其他情形。

3.终止股票上市。

上市公司有下列情形之一的,由证券交易所决定终止其股票上市交易。

(1)公司股本总额、股权分布等发生变化不再具备上市条件,在证券交易所规定的期限内仍不能达到上市条件。

(2)公司不按照规定公开其财务状况,或者对财务会计报告作虚假记载,且拒绝纠正。

(3)公司最近3年连续亏损,在其后一个年度内未能恢复盈利。

(4)公司解散或者被宣告破产。

(5)证券交易所上市规则规定的其他情形。

(二)上市公司组织机构的特殊规定

上市公司在一年内购买、出售重大资产或者担保金额超过公司资产总额30%的,应当由股东大会作出决议,并经出席会议的股东所持表决权的2/3以上通过。

上市公司设立独立董事和董事会秘书,负责公司股东大会和董事会会议的筹备、文件保管以及公司股权管理,办理信息披露事务等事宜。

上市公司董事与董事会会议决议事项所涉及的企业有关联关系的,不得对该项决议行使表决权,也不得代理其他董事行使表决权。董事会会议由过半数的无关联关系董事出席即可举行,董事会会议所作决议须经无关联关系董事过半数通过。出席董事会的无关联关系董事人数不足3人的,应将该事项提交上市公司股东大会审议。

第四节 公司债券

一、公司债券的概念

公司债券是指公司依照法定程序发行、约定在一定期限还本付息的有价证券。公司法规定,公司债券,可以为记名债券,也可以为无记名债券。

二、公司债券的发行条件

根据2019年《证券法》修正案规定,公开发行公司债券必须符合以下条件。

1. 具备健全且运行良好的组织机构。
2. 最近3年平均可分配利润足以支付公司债券1年的利息。
3. 国务院规定的其他条件。

公开发行公司债券筹集的资金,必须按照公司债券募集办法所列资金用途使用;改变资金用途,必须经债券持有人会议作出决议。公开发行公司债券筹集的资金,不得用于弥补亏损和非生产性支出。

三、公司债券的转让

公司债券可以转让,转让应当在依法设立的证券交易场所进行。

公司债券的转让价格由转让人与受让人约定。记名公司债券,由债券持有人以背书方式或者法律、行政法规规定的其他方式转让;转让后由公司将受让人的姓名或者名称及住所记载于公司债券存根簿。无记名公司债券的转让,由债券持有人将该债券交付给受让人后即发生转让的效力。

四、可转换债券

可转换债券是上市公司发行的、可以依一定条件转换为股票的债券。

上市公司发行可转换为股票的公司债券,除应当符合上述规定的发行条件外,还应当遵守"上市公司发行新股,应当符合经国务院批准的国务院证券监督管理机构规定的条件,具体管理办法由国务院证券监督管理机构规定"的规定。但是,按照公司债券募集办法,上市公司通过收购本公司股份的方式进行公司债券转换的除外。

发行可转换为股票的公司债券,应当在债券上标明可转换公司债券字样,并在公司债券存根簿上载明可转换公司债券的数额。公司应当按照其转换办法向债券持有人换发股票,但债券持有人对转换股票或者不转换股票有选择权。

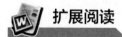
扩展阅读

不得再次公开发行公司债券的情形

有下列情形之一的,不得再次公开发行公司债券:

(1)对已公开发行的公司债券或者其他债务有违约或者延迟支付本息的事实,仍处于继续状态。

（2）违反本法规定，改变公开发行公司债券所募资金的用途。

本章此处有关"公司首次公开发行新股条件""公开发行公司债券条件"以及"不得再次公开发行公司债券的情形"均为《证券法》的规定，为了内容结构的完整，特放在"公司法"一章阐述。

第五节　公司的财务会计

一、公司财务会计工作的一般要求

公司财务会计的一般要求包括。

1. 公司应当依照法律、行政法规和国务院财政部门的规定建立本公司的财务、会计制度。

2. 公司应当在每一会计年度终了时制作财务会计报告，并依法经审查验证。财务会计报告应当包括资产负债表、损益表、财务状况变动表、财务情况说明书、利润分配表等财务会计报表及附属明细表。

3. 有限责任公司应当按照公司章程规定的期限将财务会计报告送交各股东。股份有限公司的财务会计报告应当在召开股东大会年会的 20 日以前置备于本公司，供股东查阅；公开发行股票的股份有限公司必须公告其财务会计报告。

4. 公司除法定的会计账册外，不得另立会计账册；对公司资产，不得以任何个人名义开立账户存储。

二、公司的利润分配

（一）利润分配顺序

公司利润是指公司在一定时期（1 年）内从事经营活动的财务成果，包括营业利润、投资净收益以及营业外收支净额。公司应按如下顺序进行利润分配。

1. 弥补以前年度的亏损。
2. 缴纳所得税。
3. 提取法定公积金。
4. 提取任意公积金。
5. 支付股利。

（二）公积金

公积金又称准备金，是公司根据法律或者公司章程规定提留备用，不作为股利分配的部分所得或收益。

《公司法》规定,公司分配当年税后利润时,应当提取利润的10%列入公司法定公积金。公司法定公积金累计额为公司注册资本的50%以上的,可以不再提取。公司的法定公积金不足以弥补以前年度亏损的,在提取法定公积金之前,应当先用当年利润弥补亏损。

公司在从税后利润中提取法定公积金后,经股东会或者股东大会决议,还可以从税后利润中提取任意公积金。股份公司以超过股票票面金额的发行价格发行股份所得的溢价款以及国务院财政部门列入资本公积金的其他收入,应当列为公司资本公积金。

公司的公积金用于弥补公司的亏损,扩大公司生产经营或者转为增加公司资本。法定公积金转为资本时,留存的该项公积金不得少于注册资本的25%。

(三) 股利的分配

公司弥补亏损和提取公积金后所余税后利润,有限责任公司按照股东出资比例进行分配;股份有限公司按照股东持有的股份比例进行分配,但股份有限公司章程规定不按持股比例分配的除外。

股东会、股东大会或者董事会违反规定,在公司弥补亏损和提取法定公积金之前向股东分配利润的,股东必须将违反规定分配的利润退还公司。公司持有的本公司股份不得分配利润。

第六节 公司的合并、分立、增资、减资、解散和清算

一、公司的合并与分立

(一) 公司的合并

公司的合并是指两个以上的公司依照法定程序变更为一个公司的法律行为。公司的合并,应当由股东会或者股东大会作出决议。

公司合并有吸收合并和新设合并两种形式。吸收合并指一个公司吸收其他公司,被吸收的公司解散。新设合并是指两个以上公司合并设立为一个新的公司,合并各方解散。

公司合并,应当由合并各方依法签订合并协议,编制资产负债表及财产清单。公司应当在作出合并决议之日起10日内通知债权人,并于30日内在报纸上公告。债权人在接到通知书之日起30日内,未接到通知书的自公告之日起45日内,有权要求公司清偿债务或者提供相应的担保。

公司合并后,应当依法向公司登记机关办理有关手续。吸收合并后存续的公司登记

事项变更的,应当依法办理公司变更登记,合并后解散的公司应当依法办理注销登记。合并各方的债权、债务,应当由合并后存续的公司或者新设的公司承继。

(二)公司分立

公司分立是指一个公司依法分为两个以上的公司。公司的分立应当由股东(大)会作出决议。

公司分立,其财产作相应的分割。公司分立,应当编制资产负债表及财产清单。公司应当自作出分立决议之日起10日内通知债权人,并于30日内在报纸上公告。公司分立前的债务由分立后的公司承担连带责任。

二、公司的增资与减资

(一)公司的增资

公司可以增加注册资本。有限责任公司增加注册资本时,股东认缴新增资本的出资,依照设立有限责任公司缴纳出资的有关规定执行。股份有限公司为增加注册资本发行新股时,股东认购新股,也应当依照设立股份有限公司时缴纳股款的有关规定执行。

(二)公司的减资

公司需要减少注册资本的,必须编制资产负债表及财产清单。公司应当自作出减少注册资本决议之日起10日内通知债权人,并于30日内在报纸上公告。债权人自接到通知书之日起30日内,未接到通知书的自公告之日起45日内,有权要求公司清偿债务或者提供相应的担保。

公司增加或者减少注册资本,应当依法向公司登记机关办理变更登记。

【案例 4-7】

A 股份有限公司 2021 年 3 月 5 日召开股东大会,表决通过决议,公司原注册资本 5000 万元,因公司战略方向调整,需要减少注册资本 1000 万元。并写明公司减资后的注册资本不低于法定的最低限额 500 万元。该公司 3 月 16 日开始通知债权人,并于 2021 年 4 月 10 日在报纸上公告。债权人得知后纷纷向该公司董事会秘书处提出异议。认为程序不符合《公司法》规定。

问:A 股份有限公司的做法哪些不符合《公司法》的规定?

【解析】

A 股份有限公司的做法不符合《公司法》的规定。根据《公司法》第 177 条规定,公司需要减少注册资本时,必须编制资产负债表及财产清单。公司应当自作出减少注册资本决议之日起 10 日内通知债权人,并于 30 日内在报纸上公告。债权人自接到通知书之日起 30 日内,未接到通知书的自公告之日起 45 日内,有权要求公司清偿债务或者提供相应的担保。

A 股份有限公司的决议违反《公司法》规定，无须注明公司减资后的注册资本不低于法定的最低限额 500 万元。公司通知债权人的时间晚于法定时间。公司应当自作出减少注册资本决议之日起 10 日内通知债权人，并于 30 日内在报纸上公告。

三、公司的解散与清算

（一）公司的解散

公司因以下原因即可解散。

1. 公司章程规定的营业期限届满或者公司章程规定的其他解散事由出现。
2. 股东会或者股东大会决议解散。
3. 因公司合并或者分立需要解散。
4. 依法被吊销营业执照、责令关闭或者被撤销。
5. 公司经营管理发生严重困难，继续存续会使股东利益受到重大损失，通过其他途径不能解决的，持有公司全部股东表决权 10% 以上的股东，可以请求人民法院解散公司。

（二）公司的清算

1. 清算组的组成。

公司除因合并或者分立而需要解散的意外，应当在解散事由出现事由之日起 15 日内成立清算组，开始清算。

有限责任公司的清算组由股东组成，股份有限公司的清算组由董事或者股东大会确定的人员组成。逾期不成立清算组进行清算的，债权人可以申请人民法院指定有关人员组成清算组进行清算。人民法院应当受理该申请，并及时组织清算组进行清算。

2. 清算组的职权。

清算组在清算期间行使下列职权：(1)清理公司财产，分别编制资产负债表和财产清单；(2)通知、公告债权人；(3)处理与清算有关的公司未了结的业务；(4)清缴所欠税款以及清算过程中产生的税款；(5)清理债权、债务；(6)处理公司清偿债务后的剩余财产；(7)代表公司参与民事诉讼活动。

清算组成员应当忠于职守，依法履行清算义务。因故意或者重大过失给公司或者债权人造成损失的，应当承担赔偿责任。

3. 清算程序。

清算组应当自成立之日起 10 日内通知债权人，并于 60 日内在报纸上公告。债权人应当自接到通知书之日起 30 日内，未接到通知书的自公告之日起 45 日内，向清算组申报其债权。债权人应当说明债权的有关情况，并提供证明材料。清算组应当将债权进行登记。在申报债权期间,清算组不得对债权人进行清偿。

清算组在清理公司财产、编制资产负债表和资产清单后,应当制定清算方案,并报股东会、股东大会或者人民法院确认。清算组在清理公司财产、编制资产负债表和财产清单后,发现公司财产不足清偿债务的,应当依法向人民法院申请宣告破产。公司经人民法院裁定宣告破产后,清算组应当将清算事务移交给人民法院。

公司财产能够清偿公司债务的,在分别支付清算费用、职工的工资、社会保险费用和法定补偿金,缴纳所欠税款,清偿公司债务后的剩余财产,有限责任公司按照股东的出资比例分配,股份有限公司按照股东持有的股份比例分配。清算期间,公司存续,但是不得开展与清算无关的经营活动。公司财产在未按规定清偿前,不得分配给股东。

公司清算结束后,清算组应当制作清算报告,报股东会、股东大会或者人民法院确认,并报送公司登记机关,申请注销公司登记,公告公司终止。

第七节　违反公司法的法律责任

一、公司发起人、股东的法律责任

1. 违反《公司法》规定,虚报注册资本、提交虚假材料或者采取其他欺诈手段隐瞒重要事实取得公司登记的,由公司登记机关责令改正,对虚报注册资本的公司,处以虚报注册资本金额5%以上15%以下的罚款;对提交虚假材料或者采取其他欺诈手段隐瞒重要事实的公司,处以5万元以上50万元以下的罚款;情节严重的,撤销公司登记或者吊销营业执照。

2. 公司的发起人、股东虚假出资,未交付或者未按期交付作为出资的货币或者非货币财产的,由公司登记机关责令改正,处以虚假出资金额5%以上15%以下的罚款。

3. 公司的发起人、股东在公司成立后,抽逃其出资的,由公司登记机关责令改正,处以所抽逃出资金额5%以上15%以下的罚款。

二、公司的法律责任

1. 公司违反《公司法》规定,在法定的会计账簿以外另立会计账簿的,由县级以上人民政府财政部门责令改正,处以5万元以上50万元以下的罚款。

2. 公司在依法向有关主管部门提供的财务会计报告等材料上作虚假记载或者隐瞒重要事实的,由有关主管部门对直接负责的主管人员和其他直接责任人员处以3万元以上30万元以下的罚款。

3. 公司不依照《公司法》规定提取法定公积金的,由县级以上人民政府财政部门责令如数补足应当提取的金额,可以对公司处以 20 万元以下的罚款。

4. 公司在合并、分立、减少注册资本或者进行清算时,不依照《公司法》规定通知或者公告债权人的,由公司登记机关责令改正,对公司处以 1 万元以上 10 万元以下的罚款。

公司在进行清算时,隐匿财产,对资产负债表或者财产清单作虚假记载或者在未清偿债务前分配公司财产的,由公司登记机关责令改正,对公司处以隐匿财产或者未清偿债务前分配公司财产金额 5% 以上 10% 以下的罚款;对直接负责的主管人员和其他直接责任人员处以 1 万元以上 10 万元以下的罚款。

5. 公司在清算期间开展与清算无关的经营活动的,由公司登记机关予以警告,没收违法所得。

6. 未依法登记为有限责任公司或者股份有限公司,而冒用有限责任公司或者股份有限公司名义的,或者未依法登记为有限责任公司或者股份有限公司的分公司,而冒用有限责任公司或者股份有限公司的分公司名义的,由公司登记机关责令改正或者予以取缔,可以并处 10 万元以下的罚款。

三、清算组的法律责任

1. 清算组不依照《公司法》规定向公司登记机关报送清算报告,或者报送清算报告隐瞒重要事实或者有重大遗漏的,由公司登记机关责令改正。

2. 清算组成员利用职权徇私舞弊、谋取非法收入或者侵占公司财产的,由公司登记机关责令退还公司财产,没收违法所得,并可以处以违法所得 1 倍以上 5 倍以下的罚款。

四、中介机构的法律责任

1. 承担资产评估、验资或者验证的机构提供虚假材料的,由公司登记机关没收违法所得,处以违法所得 1 倍以上 5 倍以下的罚款,并可以由有关主管部门依法责令该机构停业、吊销直接责任人员的资格证书,吊销营业执照。

2. 承担资产评估、验资或者验证的机构因过失提供有重大遗漏的报告的,由公司登记机关责令改正,情节较重的,处以所得收入 1 倍以上 5 倍以下的罚款,并可以由有关主管部门依法责令该机构停业、吊销直接责任人员的资格证书,吊销营业执照。

承担资产评估、验资或者验证的机构因其出具的评估结果、验资或者验证证明不实,给公司债权人造成损失的,除能够证明自己没有过错的外,在其评估或者证明不实的金额范围内承担赔偿责任。

公司违反《公司法》规定,应当承担民事赔偿责任和缴纳罚款、罚金的,其财产不足以支付时,先承担民事赔偿责任。

违反《公司法》规定,构成犯罪的,依法追究刑事责任。

引导案例解析

(1) 发起协议中的违法之处有:一是依照《企业名称登记管理实施办法》规定,公司名称不能随便打"中国"字头,该公司应为"天津"字头。企业名称应当由行政区划、字号、行业、组织形式依次组成。应为"天津长洲机械制造有限责任公司"。二是《公司法》第23条规定,设立有限责任公司,应当具备下列条件:……(2)有符合公司章程规定的全体股东认缴的出资额……

《公司法》第26条规定,有限责任公司的注册资本为在公司登记机关登记的全体股东认缴的出资额。法律、行政法规以及国务院决定对有限责任公司注册资本实缴、注册资本最低限额另有规定的,从其规定。《公司法》第27条规定,股东可以用货币出资,也可以用实物、知识产权、土地使用权等可以用货币估价并可以依法转让的非货币财产作价出资;但是,法律、行政法规规定不得作为出资的财产除外。

对作为出资的非货币财产应当评估作价,核实财产,不得高估或者低估作价。法律、行政法规对评估作价有规定的,从其规定。该公司不合法,高估实物、知识产权的出资额,甲、丙应承担法律责任,甲需补缴出资额40万元,丙需补缴出资额50万元。

(2) 符合法律规定。

(3)《公司法》第7条规定,依法设立的公司,由公司登记机关发给公司营业执照。公司营业执照签发日期为公司成立日期。公司营业执照应当载明公司的名称、住所、注册资本、经营范围、法定代表人姓名等事项。该公司的成立日期为公司营业执照签发日期,即2021年1月18日。

(4) 甲提出的公司成立予以公告申请不符合法律规定。我国《公司法》没有规定有限责任公司成立需要公告。

实训练习

一、简答题

1. 简述有限责任公司的设立条件。
2. 我国《公司法》对一人公司和国有独资公司是怎么规定的?
3. 股份有限公司的股东权利有哪些?
4. 董事、监事、高级管理人员的任职资格及义务有哪些?

二、不定项选择题

1. 股份有限公司采取的公司设立方式是(   )。

   A. 只能采取发起设立的方式

B. 只能采取募集设立的方式

C. 即可采取发起设立,也可采取募集设立的方式

D. 不能采取发起设立或募集设立,法律对其另有规定

2. 由证券交易所决定终止其股票上市交易(　　)。

　　A. 公司股本总额、股权分布等发生变化不再具备上市条件,在证券交易所规定的期限内仍不能达到上市条件

　　B. 公司不按照规定公开其财务状况,或者对财务会计报告作虚假记载,且拒绝纠正

　　C. 公司最近3年连续亏损,在其后一个年度内未能恢复盈利

　　D. 公司解散或者被宣告破产

3. 法定公积金转增资本时,所留存的该项公积金不少于注册资本的(　　)。

　　A. 10%　　　　B. 15%　　　　C. 20%　　　　D. 25%

4. 因贪污、贿赂、侵占财产、挪用财产或者破坏社会主义市场经济秩序,被判处刑罚,执行期满未逾(　　),或者因犯罪被剥夺政治权利,执行期满未逾5年不得担任公司的董事、监事、高级管理人员。

　　A. 3年　　　　B. 4年　　　　C. 5年　　　　D. 6年

5. 根据《公司法》规定,规模较小,不设董事会的有限责任公司,其法定代表人为(　　)。

　　A. 董事长　　　B. 执行董事　　C. 监事　　　　D. 财务负责人

三、案例分析题

1. 2021年2月,甲、乙、丙、丁、戊拟共同组建中国某食品有限责任公司,注册资本200万元,其中甲、乙各以货币60万元出资;丙以实物出资20万元,估值为30万元;丁以其专利技术出资,作价30万元,估值为40万元;戊以劳务出资,经全体出资人同意作价10万元。公司拟不设董事会,由甲任执行董事;不设监事会,由丙担任公司的监事。

试分析:

甲、乙、丙、丁、戊在组建公司过程中,有几处违反《公司法》规定?

2. 甲股份有限公司(以下简称甲公司)于2021年2月4日召开董事会会议,该次会议召开情况及讨论决议事项如下。

(1) 甲公司董事会的13名董事中有12名出席该次会议。其中,董事李某因病不能出席会议,电话委托董事吴某代为出席会议并行使表决权。

(2) 甲公司总经理王某于2019年下半年接受与甲公司有交易关系的乙公司的佣金50万元归为己有。故董事会作出如下决定:解聘公司总经理王某,将其所收佣金收归甲公司所有。

(3) 董事会会议通过了关于修改公司章程的决议,并决定自通过之日起执行。

（4）董事会会议决定在甲公司所在地以外的 A 市设立一家有独立法人资格的分公司。

试分析：

（1）董事李某电话委托董事吴某代为出席董事会会议并行使表决权的做法是否符合法律规定？为什么？

（2）董事会作出解聘公司总经理王某并将其所收佣金收归公司的决定是否符合法律规定？为什么？

（3）董事会作出修改公司章程的决议是否符合法律规定？

（4）董事会设立有独立法人资格的分公司的决定是否合法？

第五章 合同法律制度

本章学习目标

1. 掌握合同的概念和特征、合同的成立和生效的概念、合同生效的要件，合同履行中的抗辩权、合同的保全方式。

2. 理解合同订立的方式、合同应当具备的一般条款、缔约过失责任，合同变更、转让和终止等概念，承担违约责任的方式、有关违约责任的具体规定。

3. 熟悉合同的分类、合同法的基本原则、格式条款的法律规定、合同担保方式。

引导案例

甲公司与乙公司签订了供货合同，约定由乙公司在一个月内向甲公司提供一级精铝锭 100 吨，价值 130 万元。双方约定：如果乙公司不能按期供货的，每逾期一天须向甲公司支付货款价值 0.1‰ 的违约金。

由于组织货源的原因，乙公司在两个月后才向甲公司交付了 100 吨精铝锭，甲公司验货时发现不是一级精铝锭，而是二级精铝锭，就以对方违约为由拒绝付款，要求乙公司支付一个月的违约金 39 000 元，并且要求乙公司重新提供 100 吨一级精铝锭。但是乙公司称逾期供货不是自己的过错，而是国家的产业政策调整导致的，自己不应该支付违约金，而且所提供的精铝锭是经过质量检验机构检验合格的产品，目前精铝锭供应比较紧张，根本不可能重新提供精铝锭。

甲公司坚持乙公司应当支付违约金和按照合同约定的质量标准履行合同。双方为此发生争议，甲公司起诉至法院，要求乙公司支付违约金和重新履行合同。

请根据本章所学，回答以下问题：

（1）甲公司与乙公司之间签订的合同是否有效？

(2) 乙公司没有在约定的时间内交付货物是客观原因还是市场原因？
(3) 甲公司要求乙公司支付违约金和重新提供一级品标准的说法有无依据？
(4) 39000元的违约金是否符合法律规定？

第一节 合同与合同法概述

一、合同概述

（一）合同的概念和特征

《中华人民共和国民法典》（以下简称《民法典》）"合同编"所称合同，是民事主体之间设立、变更、终止民事法律关系的协议。

合同具有以下法律特征。

1. 合同是平等主体之间的协议。

合同至少有两方当事人，这里的当事人可以是自然人，也可以是法人或其他组织。合同是双方当事人意思表示一致的民事法律行为。

2. 合同以设立、变更、终止民事权利义务关系为目的。

合同当事人在合同中约定的事项应当具有法律意义，属于法律规范调整的范围。

3. 合同具有法律约束力。

依法成立的合同，受法律保护，对当事人具有法律约束力，当事人应当按照合同约定全面履行自己的义务。

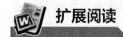
扩展阅读

法律规定"禁止高利放贷"

2019年7月23日，最高人民法院、最高人民检察院、公安部、司法部印发《关于办理非法放贷刑事案件若干问题的意见》的通知，将违反国家规定，未经监管部门批准，或者超越经营范围，以营利为目的，经常性地向社会不特定对象发放贷款（两年内向不特定的人放贷10次以上，并且以超过36%的年利率放贷），扰乱金融市场秩序，情节严重的行为以非法经营罪定罪处罚。

《民法典》第680条规定："禁止高利放贷，借款的利率不得违反国家有关规定。借款合同对支付利息没有约定的，视为没有利息。"《民法典》还明确，"借款合同对支付利息约定不明确，当事人不能达成补充协议的，按照当地或者当事人的交易方式、交易习惯、市场利率等因素确定利息;自然人之间借款的,视为没有利息。"

《民法典》虽然明确"禁止高利放贷",但并没有明确高利贷的利率界限及计算方法,只是提到"借款的利率不得违反国家有关规定"。《民法典》较好地兼顾了各类放贷主体的合法诉求,对各类放贷组织依法展业、有序参与市场竞争发挥了积极的引导作用。

(二) 合同的分类

合同的分类是指根据一定的标准,将合同划分为不同的类型。合同作为商品交易的法律形式,其类型因交易方式的多样化而各不相同。

1. 有名合同与无名合同。

这是根据合同在法律上有无名称和专门规定所进行的分类。

有名合同又称典型合同,是指法律明确规定其名称及规则的合同。《民法典》规定了19种有名合同,它们是:买卖合同,供用电、水、气、热力合同,赠与合同,借款合同,保证合同,租赁合同,融资租赁合同,保理合同,承揽合同,建设工程合同,运输合同,技术合同,保管合同,仓储合同,委托合同,物业服务合同,行纪合同,中介合同,合伙合同。准合同包括:无因管理和不当得利。无名合同,是指法律尚未规定其名称及规则的合同。

2. 诺成合同与实践合同。

这是根据合同的成立是否以交付标的物为必要而进行的分类。

诺成合同是指双方当事人意思表示一致就可以成立的合同,例如买卖合同。实践合同是指除双方当事人意思表示一致外,还需要交付标的物才能成立的合同,例如借款合同。

3. 要式合同与不要式合同。

这是根据法律或当事人对合同的形式是否有特殊要求所进行的分类。

要式合同是指法律规定或当事人约定必须采用特定形式的合同,例如履行核准、登记手续,采用书面、公证形式。不要式合同是指法律规定或当事人约定不需要具备特定形式的合同。合同原则上都是不要式合同,要式合同则是法律规定的特殊情况。

4. 双务合同与单务合同。

这是根据当事人双方权利义务的分担方式所进行的分类。

双务合同是指当事人双方都享有权利并承担义务的合同,例如租赁合同。单务合同是指当事人一方只承担义务不享有权利的合同,例如赠与合同。实践中,合同多为双务合同,单务合同则为例外。

5. 有偿合同与无偿合同。

这是根据当事人取得权益是否需要支付相应代价所进行的分类。

有偿合同是指当事人一方享有权益必须偿付相应代价的合同,例如运输合同。无偿合同是指当事人一方享有权益不必偿付相应代价的合同,例如借用合同。

6. 主合同与从合同。

这是根据合同相互间的主从关系而进行的分类。

主合同是指不需要依附其他合同而能单独存在的合同。从合同是指以主合同的存在为前提的合同,如保证合同。

二、《民法典》"合同编"概述

合同是经济活动的重要依据,在市场经济日益发达的今天,合同的应用范围越来越广泛,《民法典》"合同编"具有十分重要的作用。

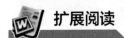
扩展阅读

《民法典》"合同编"的适用

《民法典》"合同编"是调整合同关系的法律规范的总称,是调整市场经济最基本的法律。《民法典》第467条规定,本法或者其他法律没有明文规定的合同,适用本编通则的规定,并可以参照适用本编或者其他法律最相类似合同的规定。在中华人民共和国境内履行的中外合资经营企业合同、中外合作经营企业合同、中外合作勘探开发自然资源合同,适用中华人民共和国法律。

《民法典》第468条规定,非因合同产生的债权债务关系,适用有关该债权债务关系的法律规定;没有规定的,适用本编通则的有关规定,但是根据其性质不能适用的除外。

(一)《民法典》"合同编"的调整范围

1.《民法典》"合同编"调整因合同产生的民事关系。

政府的经济管理活动属于行政管理关系,不是民事关系,不适用《民法典》"合同编";企业、单位内部的管理关系,不是平等主体间的关系,也不适用《民法典》"合同编"。

2.《民法典》"合同编"主要调整法人、其他组织之间的经济贸易合同关系,同时还包括自然人之间的买卖、租赁、借贷、赠与等合同关系。

3. 婚姻、收养、监护等有关身份关系的协议,适用有关该身份关系的法律规定。

4. 没有规定的,可以根据其性质参照适用"合同编"规定。

(二)《民法典》"合同编"的基本原则

《民法典》"合同编"的基本原则是指贯穿于合同法律制度的总的指导思想和根本法律原则,是合同当事人在合同活动中应当遵守的基本准则。《民法典》确定的原则也就是《民法典》"合同编"所要贯彻的基本原则。

1. 意思自治原则。

意思自治原则又叫合同自愿或契约自由原则。《民法典》第 5 条规定,民事主体从事民事活动,应当遵循自愿原则,按照自己的意思设立、变更、终止民事法律关系。合同当事人通过协商,自愿决定和调整相互之间的权利义务关系。

任何单位和个人不得非法干预。意思自治原则贯穿合同活动全过程:当事人可以自主决定是否与他人订立合同;与何人订立合同;合同内容由当事人在不违法的情况下自愿约定;当事人可以协议补充,变更有关内容;双方也可以协议解除合同;在发生争议时,当事人可以自愿选择解决争议的方式等。

2. 公平原则。

《民法典》第 6 条规定,民事主体从事民事活动,应当遵循公平原则,合理确定各方的权利和义务。当事人应当根据公平、正义的观念确定各方的权利与义务,应当在不侵害他人合法权益的基础上实现自己的利益,不得滥用自己的权利。公平原则要求当事人之间的权利与义务要对等、要公平合理、要以利益均衡作为价值判断标准来调整合同主体之间的关系,强调双方负担和风险的合理分配。

3. 诚信原则。

民事主体从事民事活动,应当遵循诚信原则,秉持诚实,恪守承诺。要求当事人在订立合同时,必须遵循公平原则确定双方的权利和义务,不得欺诈,不得假借订立合同恶意进行磋商或有其他违背诚实信用的行为;在履行合同以及合同终止后,依据法律规定或合同约定承担给付义务和与之相联系的附随义务。即在合同的全过程中,当事人都应当诚实守信,相互协作,不得规避法律和合同义务。

4. 不得损害社会公共利益原则。

《民法典》第 8 条规定,民事主体从事民事活动,不得违反法律,不得违背公序良俗。不得损害社会公共利益原则是对意思自治原则的限制和补充。合同的订立和履行,属于合同当事人之间的民事权利义务关系,主要涉及当事人的利益,国家一般不干预,由当事人自主约定,采取自愿的原则。但是,自愿原则也不是绝对的,当事人必须遵守法律、行政法规,尊重社会公德,不得扰乱社会经济秩序,损害社会公共利益。

5. 绿色原则。

《民法典》第 9 条规定,民事主体从事民事活动,应当有利于节约资源、保护生态环境。《民法典》"合同编"作为调整民事交易活动的基本法律,是落实"绿色原则"和建设生态文明制度体系的重要领域,必须反映环境保护的时代要求才有生命力。

"合同编"中明确规定,当事人在履行合同过程中,应当避免浪费资源、污染环境和破坏生态。实现对当事人行为的绿色引导和约束是合同制度绿色化的基本方向,如:在污染治理的社会需求日益旺盛的背景下,污染治理专业技术服务合同逐渐成为一个重要的合同类型。

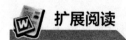

社会主义核心价值观中的"爱国敬业诚信友善"

社会主义核心价值观中的"爱国敬业诚信友善",是公民基本道德规范,是从个人行为层面对社会主义核心价值观基本理念的凝练。爱国是基于每个人对自己祖国依赖关系的深刻情感,也是调节个人与祖国关系的行为准则。

敬业是对公民职业行为准则的价值评价。要求公民忠于职守,克己奉公,服务人民,服务社会,充分体现了社会主义职业精神。诚信即诚实守信,是人类社会千百年传承下来的道德传统,也是社会主义道德建设的重点内容,它强调诚实劳动、信守承诺、诚恳待人。友善是强调公民之间应该相互尊重、互相关心、互相帮助,友好和睦,努力形成社会主义新型的人际关系。

第二节 合同的订立

合同的订立是指两个或两个以上的当事人,依法就合同的主要条款经过协商一致达成协议的法律行为。

一、合同的形式

合同形式是指合同当事人之间明确相互权利义务的方式,是双方当事人意思表示一致的外在表现。《民法典》"合同编"第469条规定,当事人订立合同,可以采用书面形式、口头形式或者其他形式。据此,合同可以有三种形式,书面形式、口头形式和其他形式。

1. 书面形式。

依照《民法典》的规定,书面形式是合同书、信件、电报、电传、传真等可以有形地表现所载内容的形式。以电子数据交换、电子邮件等方式能够有形地表现所载内容,并可以随时调取查用的数据电文,视为书面形式。

书面形式明确肯定,有据可查,对于防止争议和解决纠纷有积极意义。实践中,书面形式是当事人最为普遍采用的一种合同约定形式。

2. 口头形式。

口头形式是指当事人双方就合同内容面对面或以通讯设备交谈达成协议。口头形式直接、简便、迅速,但发生纠纷时难以取证,不易分清责任。所以对于不能即时清结的和较重要的合同不宜采用口头形式。

3. 其他形式。

除了书面形式和口头形式,合同还可以其他形式成立。法律没有列举具体的"其他形式",一般可以根据当事人的行为或者特定情形推定合同已成立。

二、合同的内容

合同的内容是指合同中经双方当事人协商一致,规定双方当事人权利义务的具体条款。由于合同的类型和性质不同,合同的条款会有所不同。

(一)一般合同条款

根据《民法典》"合同编"的规定,合同的内容由当事人约定,一般应当包括以下条款。

1. 当事人的名称或者姓名和住所。

名称是针对法人和其他组织而言,姓名则是针对自然人而言。自然人的住所指其户籍所在地或经常居住地;法人和其他组织的住所则是指其注册登记地。

2. 标的。

标的是合同当事人权利义务共同指向的对象。合同标的的种类因合同种类的不同而表现各异。它可以是有形财产,例如买卖合同、租赁合同的标的物;也可以是无形财产,例如技术合同中的商标、专利等;还可以是某种行为,即人的活动,例如委托、保管、运输等合同的标的是完成某种工作、提供某种服务的行为。

3. 数量。

数量的要求是与合同的标的紧密联系在一起的。数量是指合同标的的多少,它直接决定着民事权利义务的大小。凡以物为标的的,应按度、量、衡予以计算;标的是行为的,可按劳动量或工作量加以计算,并使用统一的计量单位。计量单位要明确、具体,使用统一的解释方法,不能各行其是,否则会导致合同无法履行,发生纠纷也难以分清责任。

4. 质量。

质量是指以成分、含量、纯度、尺寸、精密度、性能等来表示的合同标的的内在素质和外观形态的优劣状况。标的的质量,是合同标的具体化的又一反映。不同的标的,有不同的质量要求。为此,不仅要严格检验制度,而且要明确规定质量标准和具体要求。

5. 价款或报酬。

价款或报酬是合同标的的价值在法律上的表现。价款,是指取得标的物的一方当事人向对方当事人支付的代价;报酬,是一方当事人给予完成某项工作或提供某项服务的对方当事人的报酬。

6. 履行的期限、地点和方式。

履行的期限是指合同中规定的一方当事人向对方当事人履行义务的时间界限。如交付标的物或完成工作的时间界限。履行的地点是指合同规定的当事人履行合同义务和对方当事人接受履行的地点。履行地点关系到合同履行的费用负担、风险承担和确定合同纠纷案件的法院管辖等，应当做到明确、具体。履行的方式是指当事人履行合同义务的方法。

例如按照履行的期次，可分为一次履行和分期分批履行；按标的的交付方式，可分为交易现场直接交付、送货式、邮寄式、代办托运式、购货方自提方式等。

7. 违约责任。

违约责任是指当事人为了保证合同的履行，依照法律或者双方约定，在违反合同的情况发生时，不履行合同一方应当向他方承担法律责任。违约责任是合同具有法律约束力的重要体现，它可以促使当事人履行合同义务，使对方免受或少受损失。

《民法典》"合同编"对于违约责任作了较为详尽的规定，因此，当事人为了保证合同义务严格按照约定履行，及时解决合同纠纷，可以在合同中明确规定违约责任条款。

8. 解决争议的方法。

解决争议的方法是指合同当事人对合同的履行发生争议时解决的途径和方式。可以选择的解决争议的方法主要有：当事人协商和解、第三人调解、仲裁、诉讼。

从争议解决结果是否具有强制性的角度来讲，只有仲裁和诉讼解决才具有法律强制性。如果当事人意图通过诉讼解决争议，可以不进行约定；如果想通过其他途径解决，则要经过事先或事后的约定。如果当事人选择仲裁解决方式，则还要明确选择具体的仲裁机构。

（二）格式条款

1. 格式条款的概念。

格式条款是指当事人为了重复使用而预先拟定，并在订立合同时未与对方协商的条款。

2. 格式条款提供一方的提示或者说明义务。

（1）采用格式条款订立合同的，提供格式条款的一方应当遵循公平原则确定当事人之间的权利和义务，并采取合理的方式提示对方注意免除或者减轻其责任等与对方有重大利害关系的条款，按照对方的要求，对该条款予以说明。

（2）提供格式条款的一方未履行提示或者说明义务，致使对方没有注意或理解与其有重大利害关系的条款的，对方可以主张该条款不成为合同的内容。

3. 格式条款无效的情形。

《民法典》第 497 条明确规定，有下列情形之一的，该格式条款无效。

（1）具有无效民事法律行为和无效合同的情形。（见本章"无效合同"）。

（2）提供格式条款一方不合理地免除或者减轻其责任、加重对方责任、限制对方主要权利。

（3）提供格式条款一方排除对方主要权利。

4. 对格式条款的理解发生争议的处理。

对格式条款的理解发生争议的,应当按照通常理解予以解释。对格式条款有两种以上解释的,应当作出不利于提供格式条款一方的解释。格式条款和非格式条款不一致的,应当采用非格式条款。实践中各类合同的示范文本,可以提示当事人在订立合同时更好地明确各自的权利义务。参照这些文本订立合同,可以减少合同缺少款项、容易引起纠纷的现象,使合同的订立更加规范。

三、合同订立的方式

根据《民法典》第471条的规定,当事人订立合同,可以采取要约、承诺方式或者其他方式。

(一)要约

要约是希望和他人订立合同的意思表示。这是一方当事人向对方提出签订合同的建议和要求。提出要约的一方称为要约人,接受要约的一方称为受要约人。要约在不同情况下,还可以称之为发盘、出盘、发价、出价或报价等。

1. 要约生效的条件。

(1)要约必须明确地表达愿意按照要约的内容与对方订立合同的意思。要约人发出要约的目的在于订立合同,这种订约的意图一定要由要约人通过要约充分表达出来,才能在受要约人承诺的情况下产生合同。

(2)要约的内容必须明确、肯定,应当包括订立合同的主要条件。要约应当包括未来合同的主要条款,否则,受要约人难以作出承诺。根据《民法典》"合同编"的规定,合同主要条款一般包括标的、数量、质量、价款或者报酬、履行期限、地点和方式、违约责任和解决争议方法等。

2. 要约邀请。

要约邀请是希望他人向自己发出要约的意思表示。要约邀请与要约不同,实践中注意区别。要约是以订立合同为目的的法律行为,要约一经承诺,合同即告成立。要约邀请的目的则是邀请他人向自己发出要约,自己如果承诺才成立合同。要约邀请处于合同的准备阶段,没有法律约束力。

《民法典》"合同编"第473条明确规定,拍卖公告、招标公告、招股说明书、债券募集办法、基金招募说明书、商业广告和宣传、寄送的价目表等为要约邀请。商业广告和宣传的内容符合要约条件的,构成要约。

3. 要约生效的时间。

要约到达受要约人时生效。《民法典》"合同编"明确了,有下列情形之一的,要约生效。

（1）以对话方式作出的意思表示，相对人知道其内容时生效。

（2）以非对话方式作出的意思表示，到达相对人时生效。

（3）以非对话方式作出的采用数据电文形式的意思表示，相对人指定特定系统接收数据电文的，该数据电文进入该特定系统时生效；未指定特定系统的，相对人知道或者应当知道该数据电文进入其系统时生效。

当事人对采用数据电文形式的意思表示的生效时间另有约定的，按照其约定。

4. 要约的撤回和撤销。

（1）要约撤回。它是指要约人在发出要约后、要约生效前，使要约不发生法律效力的意思表示。《民法典》第141条规定，行为人可以撤回意思表示。撤回意思表示的通知应当在意思表示到达相对人前或者与意思表示同时到达相对人。

（2）要约撤销。它是指要约人在要约生效后、受要约人承诺前，使要约失去法律效力的意思表示。由于撤销要约可能会给受要约人带来不利的影响，损害受要约人的利益，因此法律规定，撤销要约的通知应当在受要约人发出承诺通知之前到达受要约人。

根据《民法典》第476条的规定，要约可以撤销，但是有下列情形之一的除外：①要约人以确定承诺期限或者其他形式明示要约不可撤销；②受要约人有理由认为要约是不可撤销的，并已经为履行合同做了合理准备工作。

《民法典》规定，撤销要约的意思表示以对话方式作出的，该意思表示的内容应当在受要约人作出承诺之前为受要约人所知道；撤销要约的意思表示以非对话方式作出的，应当在受要约人作出承诺之前到达受要约人。

5. 要约的失效。

要约失效是指要约丧失法律效力，即要约人不再受其约束，受要约人也终止承诺的权利。

《民法典》"合同编"明确了，有下列情形之一的，要约失效。

（1）要约被拒绝。

（2）要约被依法撤销。

（3）承诺期限届满，受要约人未作出承诺。

（4）受要约人对要约的内容作出实质性变更。

实践中，受要约人往往会根据自身的需要，对要约的内容作出带有附加条件的答复，例如增减数量、价格等，这种做法视同对要约的拒绝，在法律上也等于受要约人向要约人发出一项新要约或反要约，必须经原要约人承诺后，合同才能成立。

（二）承诺

承诺是受要约人同意要约的意思表示。承诺生效时合同成立，但是法律另有规定或者当事人另有约定的除外。

1. 承诺生效的条件。
(1) 必须由受要约人或其代理人作出。

受要约人是要约人选择的订约对象,要约到达受要约人之后,受要约人便取得了承诺的权利,只有受要约人或其授权的代理人才有权作出承诺,任何第三人无此权利。

(2) 承诺的内容应当和要约的内容一致。

它是指不能对要约的内容进行实质性的修改。受要约人对要约的内容作出实质性变更的,为新要约。有关合同标的、数量、质量、价款或者报酬、履行期限、履行地点和方式、违约责任和解决争议方法等的变更,是对要约内容的实质性变更。

《民法典》"合同编"规定,承诺对要约的内容作出非实质性变更的,除要约人及时表示反对或者要约表明承诺不得对要约的内容作出任何变更外,该承诺有效,合同的内容以承诺的内容为准。

(3) 必须在规定的期限内作出。

受要约人超过承诺期限发出承诺,或者在承诺期限内发出承诺,按照通常情形不能及时到达要约人的,为新要约;但是,要约人及时通知受要约人该承诺有效的除外。

(4) 受要约人在承诺期限内发出承诺,按照通常情形能够及时到达要约人,但是因其他原因致使承诺到达要约人时超过承诺期限的,除要约人及时通知受要约人因承诺超过期限不接受该承诺外,该承诺有效。

2. 承诺的方式。

承诺方式是指受要约人将其承诺的意思表示传达给要约人所采用的方式。依照《民法典》"合同编"的规定,承诺可以分为两种方式。

(1) 明示方法。当事人既可以用书面形式也可以用口头方式将接受要约的意思表示通知要约人。

(2) 默示方式。当事人通过实施一定的行为表示承诺。包括两种情形:①受要约人根据交易习惯作出履行行为。②要约表明可以通过行为作出承诺。

3. 承诺的期限。

承诺应当在要约确定的期限内到达要约人。《民法典》"合同编"规定,要约没有确定承诺期限的,承诺应当依照下列规定到达。

(1) 要约以对话方式作出的,应当即时作出承诺。

(2) 要约以非对话方式作出的,承诺应当在合理期限内到达。

(3) 要约以信件或者电报作出的,承诺期限自信件载明的日期或者电报交发之日开始计算。信件未载明日期的,自投寄该信件的邮戳日期开始计算。要约以电话、传真、电子邮件等快速通讯方式作出的,承诺期限自要约到达受要约人时开始计算。

4. 承诺生效的时间。

承诺通知到达要约人时生效。

(1) 以通知方式作出的承诺,生效的时间适用本《民法典》第 137 条的规定(见本章"要约")。

(2) 承诺不需要通知的,根据交易习惯或者要约的要求作出承诺的行为时生效。

5. 承诺的撤回。

承诺的撤回是指承诺人阻止承诺发生法律效力的行为。承诺可以撤回。承诺的撤回适用《民法典》第 141 条的规定(见本章"要约")。

关于悬赏广告。《民法典》第 499 条明确规定,悬赏人以公开方式声明对完成特定行为的人支付报酬的,完成该行为的人可以请求其支付。

【案例 5-1】

甲向乙发出要约,乙于 5 月 10 日收到要约,于 6 月 15 日发出承诺,当时已超过了承诺期限。该承诺于 6 月 20 日到达甲处。甲随即通知乙该承诺有效,通知于 6 月 26 日到达乙处,则合同于(   )成立。

A. 6 月 20 日　　　B. 6 月 15 日　　　C. 6 月 26 日　　　D. 5 月 10 日

【解析】　正确答案 C。

根据《民法典》"合同编"的规定,受要约人超过承诺期限发出承诺,或者在承诺期限内发出承诺,按照通常情形不能及时到达要约人的,为新要约;但是,要约人及时通知受要约人该承诺有效的除外。乙于 6 月 15 日发出的承诺为超过承诺期限发出的承诺,通常应视为新要约,但是甲及时通知乙该承诺有效,因此,该承诺是有效的,当通知到达乙处时,合同成立。

四、合同成立的时间和地点

(一) 合同成立的时间

1. 口头订立的合同,自口头承诺时生效。

2. 当事人采用合同书形式订立合同的,自当事人均签名、盖章或者按指印时合同成立。在签名、盖章或者按指印之前,当事人一方已经履行主要义务,对方接受时,该合同成立。

3. 法律、行政法规规定或者当事人约定合同应当采用书面形式订立,当事人未采用书面形式但是一方已经履行主要义务,对方接受时,该合同成立。

4. 当事人采用信件、数据电文等形式订立合同要求签订确认书的,签订确认书时合同成立。

5. 当事人一方通过互联网等信息网络发布的商品或者服务信息符合要约条件的,对方选择该商品或者服务并提交订单成功时合同成立,但是当事人另有约定的除外。

(二) 合同成立的地点

依据《民法典》第492条的规定,承诺生效的地点为合同成立的地点。

1. 口头订立的合同以口头承诺地点为合同生效地点;根据贸易习惯或要约人要求作出承诺行为的地点为合同成立地点。

2. 采用数据电文形式订立合同的,收件人的主营业地为合同成立的地点;没有主营业地的,其住所地为合同成立的地点。当事人另有约定的,按照其约定。

3. 当事人采用合同书形式订立合同的,最后签名、盖章或者按指印的地点为合同成立的地点,但是当事人另有约定的除外。

五、缔约过失责任

缔约过失责任是指合同订立中的损害赔偿责任,即在合同订立的过程中,一方因违背诚实信用原则而给对方造成损失时所应承担的法律责任。《民法典》"合同编"第500条规定,当事人在订立合同过程中有下列情形之一,给对方造成损失的,应当承担损害赔偿责任。

1. 假借订立合同,恶意进行磋商。
2. 故意隐瞒与订立合同有关的重要事实或者提供虚假情况。
3. 有其他违背诚信原则的行为。
4. 未履行保密义务。

当事人对在订立合同过程中知悉的商业秘密或者其他应当保密的信息,应当负有保密的义务。《民法典》第501条规定,当事人在订立合同过程中知悉的商业秘密或者其他应当保密的信息,无论合同是否成立,不得泄露或者不正当地使用;泄露、不正当地使用该商业秘密或者信息,造成对方损失的,应当承担赔偿责任。

第三节 合同的效力

合同的效力,是指合同具有法律约束力,即合同对当事人及第三人有约束力。

(一) 合同生效的要件

根据《民法典》第143条的规定,具备下列条件的民事法律行为有效。

1. 行为人具有相应的民事行为能力。

任何合同都是以当事人的意思表示为基础,行为人必须具备正确理解自己的行为性质和后果的能力,具备独立地表达自己意思的能力,即具备与订立某项合同相应的民事行为能力。

2. 意思表示真实。

合同是当事人之间的合意,这种合意能否依法产生法律约束力,取决于当事人的意思表示是否同其真实意思相符合。

3. 不违反法律和社会公共利益。

当事人订立的合同必须合法,必须符合善良风俗与公共秩序。不违反法律、行政法规的强制性规定,不违背公序良俗。

4. 合同形式必须合法。

当事人可以依法选择订立合同的方式,但是如果法律对合同的形式作出了特殊规定,当事人必须遵守法律规定。

(二) 合同生效的时间

1. 一般合同。

对于多数合同而言,合同成立的同时生效。但是法律、行政法规规定合同经办理批准、登记等手续后才能生效的,其相关手续完成后合同才能生效;没有规定登记后生效的,当事人未办理登记手续不影响合同的效力,但是合同标的物的所有权及其他物权不能转移。

2. 附条件的合同和附期限的合同。

当事人对合同的效力可以约定附条件或附期限。

(1) 附条件的合同。它是指当事人把一定的条件的成就与否作为合同效力是否发生或者消灭的依据的合同。根据条件对合同效力的限制的不同,可以分为附生效条件的合同和附解除条件的合同。附生效条件的合同,自条件成就时生效。附解除条件的合同,自条件成就时失效。

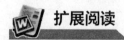
扩展阅读

附条件的民事法律行为

依据《民法典》第159条的规定,附条件的民事法律行为,当事人为自己的利益不正当地阻止条件成就的,视为条件已经成就;不正当地促成条件成就的,视为条件不成就。

所附的条件必须是由双方当事人约定的,并且作为合同的一个条款列入合同中。条件应当是将来可能发生的事实,过去的、现存的、将来必定发生的或必定不能发生的事实都不能作为所附条件,法律规定的事实也不能作为所附条件。所附条件必须是合法的事实。

依据《民法典》第158条规定,民事法律行为可以附条件,但是根据其性质不得附条件的除外。附生效条件的民事法律行为,自条件成就时生效。附解除条件的民事法律行为,自条件成就时失效。

(2) 附期限的合同。它是指当事人约定一定的期限作为合同的效力发生或终止的合同。根据期限对合同效力的限制的不同,可以将合同分为附生效期限的合同和附终止期限的合同。

依据《民法典》第160条的规定,民事法律行为可以附期限,但是根据其性质不得附期限的除外。附生效期限的民事法律行为,自期限届至时生效。附终止期限的民事法律行为,自期限届满时失效。

二、无效合同

(一) 无效合同的定义

无效合同是指已经订立,因违反法律规定的生效条件而不发生法律效力,国家不予承认和保护的合同。无效合同根据其无效程度和范围,分为部分无效合同和全部无效合同两种。

部分无效合同是指合同的某些条款虽然违反法律规定,但并不影响其他条款法律效力的合同。

(二) 无效合同的种类

根据《民法典》的规定,下列合同无效。

1. 无民事行为能力人订立的合同。

依据《民法典》第144条的规定,无民事行为能力人实施的民事法律行为无效。据此,无民事行为能力人订立合同,这种民事法律行为是无效的。

2. 以虚假的意思表示实施的合同。

依据《民法典》第146条的规定,行为人与相对人以虚假的意思表示实施的民事法律行为无效。以虚假的意思表示隐藏的民事法律行为的效力,依照有关法律规定处理。

3. 违反法律、行政法规强制性规定的合同。

强制性规定,又称为强行性规范,是任意性规范的对称。对强行性规范,当事人必须遵守,如果违反则导致合同无效。根据《民法典》第153条的规定,违反法律、行政法规的强制性规定的民事法律行为无效。但是,该强制性规定不导致该民事法律行为无效的除外。

4. 行为人与相对人恶意串通的合同。

恶意串通是指合同当事人在订立合同过程中,为牟取不法利益合谋实施的违法行为。《民法典》规定,行为人与相对人恶意串通,损害他人合法权益的民事法律行为无效。

5. 损害社会公共利益的合同。

《民法典》规定,违背公序良俗的民事法律行为无效。公序良俗是不特定多数人的共同利益。损害社会公共利益的合同涉及的范围很广,包括危害国家公共秩序的合同、危害家庭关系的合同、违反公平竞争的合同等。

【案例 5-2】

刘某是甲企业常驻乙企业的采购人员,因违纪被甲企业开除,但甲企业未就此通知乙企业。刘某被开除后,仍以甲企业名义与乙企业签订一份买卖合同。该合同(　　)。

A. 无效,因为刘某已被甲企业开除　　B. 无效,因为刘某无权代理

C. 有效,因为甲企业未及时通知乙企业 D. 有效,但可以撤销

【解析】 正确答案C。

根据《民法典》第 172 条的规定,行为人没有代理权、超越代理权或者代理权终止后,仍然实施代理行为,相对人有理由相信行为人是有代理权的,代理行为有效。据此,由于刘某是甲企业常驻乙企业的采购人员,后来虽然由于违纪被开除,但是甲企业未及时通知乙企业,所以乙企业有理由相信刘某有代理权,因此这份合同是有效的。

三、可撤销或可变更合同

可撤销或可变更的合同是指当事人在订立合同时意思表示不真实,通过有撤销权的当事人行使撤销权,可使已经生效的合同变更或归于无效的合同。这类合同包括以下几类。

(一) 因重大误解订立的合同

因重大误解订立的合同是指当事人对合同的重要内容发生误解而订立的合同,直接影响到其所应享有的权利和承担的义务。依据《民法典》第 147 条的规定,基于重大误解实施的民事法律行为,行为人有权请求人民法院或者仲裁机构予以撤销。

(二) 以欺诈手段,使对方在违背真实意思的情况下订立的合同

欺诈是指一方当事人故意告知对方虚假情况,或者故意隐瞒真实情况,诱使对方当事人作出错误意思表示而与之订立合同。一方以欺诈手段,使对方在违背真实意思的情况下实施的民事法律行为。

第三人实施欺诈行为,使一方在违背真实意思的情况下实施的民事法律行为,对方知道或者应当知道该欺诈行为的,受欺诈方有权请求人民法院或者仲裁机构予以撤销。

（三）显失公平的合同

显失公平的合同是指一方当事人在紧迫或缺乏经验的情况下订立的明显对自己有重大不利的合同。显失公平的合同使双方当事人权利义务极不对等,在经济利益上严重失衡,违反了公平原则。根据《民法典》第151条的规定,一方利用对方处于危困状态、缺乏判断能力等情形,致使民事法律行为成立时显失公平的,受损害方有权请求人民法院或者仲裁机构予以撤销。

（四）以胁迫手段,订立的合同

以给自然人及其亲友的生命健康、荣誉、名誉、财产等造成损害,或者以给法人的荣誉、名誉、财产等造成损害为要挟,迫使对方作出违背真实的意思表示的,可以认定为胁迫行为。《民法典》第150条规定,一方或者第三人以胁迫手段,使对方在违背真实意思的情况下实施的民事法律行为,受胁迫方有权请求人民法院或者仲裁机构予以撤销。据此,以胁迫手段订立的合同,行为人可以行使撤销权。

四、合同被确认无效或被撤销的后果

（一）合同被确认无效或被撤销的效力

1. 合同自始无效。

《民法典》规定,无效的或者被撤销的民事法律行为自始没有法律约束力。

2. 合同部分无效不影响其他部分的效力。

在内容可分的合同中,如果被确认无效或撤销只涉及合同部分内容,不影响其他部分效力的,合同其他部分内容仍然有效。《民法典》第156条规定,民事法律行为部分无效,不影响其他部分效力的,其他部分仍然有效。

3. 争议解决条款具有相对独立性。

争议解决条款是指当事人约定解决合同争议的方法及适用法律的条款,其效力不受合同无效、被撤销的影响,具有相对独立性。

（二）合同被确认无效或被撤销的法律后果

1. 返还财产。

合同被确认无效或被撤销后,一方当事人应当将因该合同而从对方得到的财产归还给对方。返还财产以恢复原状为原则,应当尽量返还原物。如果财产不能返还,应当折价补偿。

2. 赔偿损失。

合同被确认无效或被撤销后,有过错的当事人应当赔偿对方因此所受到的损失,如果双方都有过错的,应当各自承担相应的责任。

法律另有规定的,依照其规定。

【案例 5-3】

甲从乙处购买一批货物,未支付货款,甲把该批货物卖给丙,同时与丙约定,丙应向乙支付货款。如果丙未向乙支付货款,则(　　)责任。

A. 甲应向乙承担　　　　　　　　B. 丙应向乙承担

C. 甲和丙各承担一半　　　　　　D. 甲承担主要责任,丙承担次要责任

【解析】 正确答案 A。

本例题涉及两个合同,即甲、乙之间的合同及甲、丙之间的合同。其中,甲、丙之间的合同,是由债务人丙向第三人乙履行债务。根据《民法典》第 522 条第 1 款的规定,当事人约定由债务人向第三人履行债务,债务人未向第三人履行债务或者履行债务不符合约定的,应当向债权人承担违约责任。丙未向乙支付货款,应该由甲向乙承担责任。

五、效力待定合同

效力待定的合同是指合同虽然已经成立,但是由于不完全符合合同生效的条件,其效力尚未确定,须经有权人表示承认才能生效。包括主体不合格的合同、欠缺代理权的合同和无处分权的合同。

(一)主体不合格的合同

主体不合格的合同是指缺乏合同能力或者主体资格的人订立的合同。

依据《民法典》第 145 条的规定,限制民事行为能力人实施的纯获利益的民事法律行为或者与其年龄、智力、精神健康状况相适应的民事法律行为有效;实施的其他民事法律行为经法定代理人同意或者追认后有效。相对人可以催告法定代理人自收到通知之日起 30 日内予以追认。法定代理人未作表示的,视为拒绝追认。民事法律行为被追认前,善意相对人有撤销的权利。撤销应当以通知的方式作出。

(二)因无权代理而订立的合同

无权代理是指欠缺代理权的人所作的代理行为。因无权代理而订立的合同为效力待定的合同,非经本人追认,对本人没有约束力。

1. 行为人没有代理权、超越代理权或者代理权终止后,仍然实施代理行为,未经被代理人追认的,对被代理人不发生效力。相对人可以催告被代理人自收到通知之日起 30 日内予以追认。被代理人未作表示的,视为拒绝追认。行为人实施的行为被追认前,善意相对人有撤销的权利。撤销应当以通知的方式作出。行为人实施的行为未被追认的,善意相对人有权请求行为人履行债务或者就其受到的损害请求行为人赔偿。但是,赔偿

的范围不得超过被代理人追认时相对人所能获得的利益。

相对人知道或者应当知道行为人无权代理的,相对人和行为人按照各自的过错承担责任。依据是《民法典》第171条的规定。

2.行为人没有代理权、超越代理权或者代理权终止后,仍然实施代理行为,相对人有理由相信行为人有代理权的,代理行为有效。依据是《民法典》第172条的规定。

(三) 法人的法定代表人或者非法人组织的负责人超越权限订立的合同

法人的法定代表人或者非法人组织的负责人超越权限订立的合同,除相对人知道或者应当知道其超越权限外,该代表行为有效,订立的合同对法人或者非法人组织发生效力。依据是《民法典》第504条的规定。

第四节 合同的履行

合同的履行是指合同生效后,双方当事人按照合同规定的各项条款,完成各自承担的义务和实现各自享受的权利,使双方当事人的合同目的得以实现的行为。

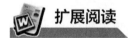
扩展阅读

合同的履行与合同的订立等内容的法律关系

合同的履行是合同法律约束力的首要表现,是合同法律制度的核心内容。合同的订立是合同履行的前提,合同的效力则以合同的履行为内容,又是合同履行的依据。

合同的担保和保全是促使合同履行,保障债权得以实现的法律制度。合同的变更、转让、解除则是为了保护当事人的合法权益,允许当事人根据主客观情况的变化而变更和消灭合同关系,使合同履行适应客观形势需要。违约责任是对当事人不履行合同或不适当履行合同的补救手段,又是促使当事人履行合同的法律措施。

一、合同履行的原则

1.全面履行原则。

全面履行原则又称适当履行原则或正确履行原则,是指当事人应当按照合同约定全面履行自己的义务,要求当事人按照合同规定的标的、质量、数量、履行期限、履行方式、履行地点等内容完成自己应尽的义务。

2.协作履行原则。

协作履行原则是诚实信用原则在合同履行中的要求,是指当事人在履行合同的过程中,应当诚实守信,密切配合,促进合同的顺利履行。

《民法典》"合同编"第509条规定,当事人应当遵循诚实信用原则,根据合同的性质、目的和交易习惯履行通知、协助、保密等义务。当事人在履行合同过程中,应当避免浪费资源、污染环境和破坏生态。这些义务被称为附随义务,当事人也应当履行。

二、合同履行的主要规定

根据《民法典》第511条的规定,当事人就有关合同内容约定不明确,依据前条规定仍不能确定的,适用下列规定。

1. 质量要求不明确的,按照强制性国家标准履行;没有强制性国家标准的,按照推荐性国家标准履行;没有推荐性国家标准的,按照行业标准履行;没有国家标准、行业标准的,按照通常标准或者符合合同目的的特定标准履行。

2. 价款或者报酬不明确的,按照订立合同时履行地的市场价格履行;依法应当执行政府定价或者政府指导价的,依照规定履行。

3. 履行地点不明确,给付货币的,在接受货币一方所在地履行;交付不动产的,在不动产所在地履行;其他标的,在履行义务一方所在地履行。

4. 履行期限不明确的,债务人可以随时履行,债权人也可以随时请求履行,但是应当给对方必要的准备时间。

5. 履行方式不明确的,按照有利于实现合同目的的方式履行。

6. 履行费用的负担不明确的,由履行义务一方负担;因债权人原因增加的履行费用,由债权人负担。

《民法典》还明确规定了,通过互联网等信息网络订立的电子合同的标的为交付商品并采用快递物流方式交付的,收货人的签收时间为交付时间。电子合同的标的为提供服务的,生成的电子凭证或者实物凭证中载明的时间为提供服务时间;前述凭证没有载明时间或者载明时间与实际提供服务时间不一致的,以实际提供服务的时间为准。

电子合同的标的物为采用在线传输方式交付的,合同标的物进入对方当事人指定的特定系统且能够检索识别的时间为交付时间。电子合同当事人对交付商品或者提供服务的方式、时间另有约定的,按照其约定。

三、合同履行中的抗辩权

合同履行中的抗辩权是指在符合法律规定的条件下,合同当事人一方对抗对方当事人的履行请求权,暂时拒绝履行其债务的权利。我国《合同法》具体规定了同时履行抗辩权,顺序履行抗辩权以及不安履行抗辩权。

 扩展阅读

抗 辩 权

抗辩权是对抗他人行使权利的权利,抗辩权的作用在于:"对抗""反对""阻止"他人行使权利,但他人的权利并不因此而消灭。合同履行中的抗辩权为一时的抗辩权,延缓的抗辩权,在产生抗辩权的原因消失后,债务人仍应当履行债务。这种权利对于抗辩人而言是一种保护手段,目的是免去自己履行义务可能带来的风险。

(一)同时履行抗辩权

同时履行抗辩权是指当事人互负债务,没有先后履行顺序的,应当同时履行。一方在对方履行之前有权拒绝其履行请求。一方在对方履行债务不符合约定时,有权拒绝其相应的履行请求。

1. 同时履行抗辩权行使的条件。

(1)当事人基于同一双务合同,互负债务;(2)当事人应当同时履行合同义务;(3)双方债务已届清偿期;(4)一方当事人未履行或未适当履行合同。

2. 同时履行抗辩权的适用。

(1)当一方不能履行或拒绝履行时。应当同时履行合同的一方当事人不履行时,另一方当事人就享有也不履行合同的权利。

(2)当一方部分履行或履行不符合约定时。当事人一方部分履行合同的,对方当事人有权就未履行部分提出抗辩,拒绝相应的给付,只履行对应的部分;当事人一方履行合同不符合约定时,另一方有权拒绝其相应的履行请求。

(二)顺序履行抗辩权

顺序履行抗辩权是指当事人互负债务,有先后履行顺序,应当先履行债务一方未履行的,后履行一方有权拒绝其履行请求。先履行一方履行债务不符合约定的,后履行一方有权拒绝其相应的履行请求。

1. 顺序履行抗辩权行使的条件。

(1)当事人基于同一双务合同,互负债务;(2)当事人的履行有先后顺序;(3)应当先履行的当事人未履行或未适当履行合同。

2. 顺序履行抗辩权的适用。

(1)应当先履行的一方不履行到期债务时。应当先履行的一方不履行到期债务的,后履行的当事人有权不履行合同义务。

(2)应当先履行的一方履行债务不符合约定时。如果先履行的一方履行有瑕疵或部

分履行的,后履行的当事人有权不履行相应的合同义务。

(三) 不安抗辩权

不安抗辩权是指合同当事人互负债务,有先后履行顺序,先履行的一方有确切证据证明对方已经丧失或者有可能丧失履约能力,在对方没有履行或者没有提供担保之前,有中止履行合同义务的权利。

1. 不安抗辩权发生的原因

《民法典》"合同编"规定,应当先履行债务的当事人,有确切证据证明对方存在下列情形之一的,可以中止履行:(1)经营状况严重恶化。(2)转移财产、抽逃资金,以逃避债务。(3)丧失商业信誉。(4)有丧失或者可能丧失履行债务能力的其他情形。

2. 不安抗辩权的效力

根据《民法典》第 528 条的规定,(1)当事人依据规定中止履行的,应当及时通知对方。对方提供适当担保的,应当恢复履行。(2)中止履行后,对方在合理期限内未恢复履行能力且未提供适当担保的,视为以自己的行为表明不履行主要债务,中止履行的一方可以解除合同并可以请求对方承担违约责任。

【案例 5-4】

甲公司与乙公司签订买卖合同。合同约定甲公司先交货。交货前夕,甲公司派人调查乙公司的偿债能力,有确切材料证明乙公司负债累累,根本不能按时支付货款。甲公司遂暂时不向乙公司交货。甲公司行使的是(　　)。

A. 同时履行抗辩权　　B. 不安抗辩权　　C. 顺序履行抗辩权　　D. 违约请求权

【解析】　正确答案 B。

合同当事人互负债务,有先后履行顺序,先履行的一方有确切证据证明对方已经丧失或者有可能丧失履约能力,在对方没有履行或者没有提供担保之前,有中止履行合同义务的权利。甲方履行义务在先,先履行债务的当事人,有确切证据证明对方有丧失或者可能丧失履行债务能力的行为,甲方可以行使抗辩权利。

四、合同的保全

合同的保全是指为防止债务人财产不当减少而损害债权人的债权,法律允许债权人为保全其债权的实现而采取的法律措施。

合同保全是债的对外效力的体现。在合同有效成立期间,如果债务人实施一定的行为致使其财产不当减少,则会危及债权的实现。对此,法律设定了债权人的代位权和撤销权制度。代位权是为了防止债务人财产的不当减少,保持债务人的财产;撤销权则是为了恢复债务人的财产。合同保全制度的设立,对于保障合同债务的履行和债权的实现,从而保障市场秩序和交易安全,具有重要的意义。

(一) 代位权

代位权是指因债务人怠于行使其债权或者与该债权有关的从权利,影响债权人的到期债权实现的,债权人可以向人民法院请求以自己的名义代位行使债务人对相对人的权利,但是该权利专属于债务人自身的除外。《民法典》"合同编"对代位权作出了明确的规定。

1. 代位权的成立要件。

(1) 债务人对第三人享有到期或者与该债权有关的从权利。

(2) 债务人怠于行使其到期或者与该债权有关的从权利。

(3) 债务人不积极行使权利已危及债权人的债权。

(4) 债务人已陷入迟延履行。

2. 代位权的行使。

(1) 代位权的行使方式。代位权必须通过诉讼程序行使。

(2) 代位权的行使范围。代位权的行使范围以债权人的到期债权为限,即债权人因行使代位权而得到的财产价值应当与其债权价值相当。

(3) 代位权的行使费用负担。债权人行使代位权的必要费用,由债务人负担。相对人对债务人的抗辩,可以向债权人主张。

3. 《民法典》"合同编"规定,债权人的债权到期前,债务人的债权或者与该债权有关的从权利存在诉讼时效期间即将届满或者未及时申报破产债权等情形,影响债权人的债权实现的,债权人可以代位向债务人的相对人请求其向债务人履行、向破产管理人申报或者作出其他必要的行为。

4. 人民法院认定代位权成立的,由债务人的相对人向债权人履行义务,债权人接受履行后,债权人与债务人、债务人与相对人之间相应的权利义务终止。债务人对相对人的债权或者与该债权有关的从权利被采取保全、执行措施,或者债务人破产的,依照相关法律的规定处理。

(二) 撤销权

撤销权是指债务人以放弃其债权、放弃债权担保、无偿转让财产等方式无偿处分财产权益,或者恶意延长其到期债权的履行期限,影响债权人的债权实现的,债权人可以请求人民法院撤销债务人的行为。

1. 撤销权的成立要件。

(1) 债务人实施了一定处分财产的行为。债务人实施的处分财产的行为,包括债务人以明显不合理的低价转让财产、以明显不合理的高价受让他人财产或者为他人的债务提供担保等。

(2) 债务人处分财产的行为损害了债权人的利益。

(3) 债务人主观上具有恶意。恶意是指债务人明知自己的行为将造成对债权的损害而仍然实施。对于债务人的无偿处分行为，不论第三人善意、恶意取得，均可撤销；对于债务人的有偿转让行为，以第三人的恶意取得为要件。

2. 撤销权的行使。

(1) 撤销权的行使方式。撤销权必须通过诉讼程序行使。

(2) 撤销权的行使范围。撤销权的行使范围以债权人的债权为限，即债权人因行使撤销权而得到的财产价值应当与其债权价值相当。

(3) 撤销权的行使费用负担。债权人行使撤销权所支付的必要费用由债务人承担，第三人有过错的，应当适当分担。

(4) 撤销权的行使期限。撤销权自债权人知道或者应当知道撤销事由之日起 1 年内行使。自债务人的行为发生之日起 5 年内没有行使撤销权的，该撤销权消灭。

3. 撤销权的效力。

依据《民法典》第 542 条的规定，债务人影响债权人的债权实现的行为被撤销的，自始没有法律约束力。

甲与乙订立买卖合同，合同到期，甲按约定交付了货物，但乙以资金紧张为由迟迟不支付货款。之后，甲了解到，乙借给丙的一笔款项，已到期，但乙一直不向丙催讨欠款，于是，甲向人民法院请求以甲的名义向丙催讨欠款。甲请求人民法院以自己的名义向丙催讨欠款的权利在法律上称为(　　)。

A. 代位权　　　　B. 不安抗辩权　　　C. 撤销权　　　　D. 顺序履行抗辩权

【解析】　正确答案 A。

因债务人怠于行使其对第三人的到期债权，对债权人造成损害，债权人可以向人民法院请求以自己的名义代位行使债务人债权的权利。乙怠于行使其对丙的到期债权，甲向请求人民法院行使代位权。

扩展阅读

代位权与撤销权的区别

1. 构成要件不同。

代位权的构成不但要求债权人与债务人之间要有真实、合法的到期债权存在，而且要求债务人与其债务人之间也要有真实、合法的到期债权存在。撤销权的构成只要求债权人与债务人之间要有真实、合法的债权存在,对债务人与第三人之间有无到期债权存在在所不问。

2. 目的不同。

代位权的行使是为了防止债务人的财产不当减少。撤销权的行使是为了恢复债务人的财产。

3. 主观过错不同。

代位权中的"怠于行使"是从客观上予以判断,债务人主观上有无过错在所不问。撤销权成立的主观要件要求债务人与他人行为时具有恶意,明知自己的行为有害于债权人的债权而仍为之。在债务人无偿或低价转让财产时,债权人要行使撤销权要求受益人受益时知道债务人的行为将有害于债权,即受害人也要有恶意。

4. 诉讼时效不同。

代位权的诉讼时效必须在债权履行期届满后 3 年内行使,并可适用时效中止、中断的规定。(《民法典》第 188 条规定:"向人民法院请求保护民事权利的诉讼时效期间为 3 年。法律另有规定的,依照其规定。")撤销权应自债权人知道或者应当知道撤销事由之日起 1 年内行使,自债务人的行为发生之日起 5 年内没有行使撤销权的,该撤销权消灭。

第五节 合同的担保

一、合同担保的概念

合同的担保是指依照《民法典》的规定,或由当事人双方经过协商一致而约定的,为保障合同债权实现的法律措施。

合同订立后,一方当事人不履行合同或不适当履行合同,就会给对方造成损失,使对方所期望的经济利益无法实现。为了保证合同的切实履行,既保障合同债权人实现其债权,也促使合同债务人履行其债务,可以采取担保的措施。

担保是对被担保合同之债的补充。

二、担保物权的一般要求

担保物权是指担保物权人在债务人不履行到期债务或者发生当事人约定的实现担保物权的情形,依法享有就担保财产优先受偿的权利,但是法律另有规定的除外。

1. 担保物权的设立。

债权人在借贷、买卖等民事活动中,为保障实现其债权,需要担保的,可以依照《民法典》和其他法律的规定设立担保物权。

2. 担保的种类。

设立担保物权,应当依照《民法典》和其他法律的规定订立担保合同。担保合同包括抵押合同、质押合同和其他具有担保功能的合同。担保合同是主债权债务合同的从合同。主债权债务合同无效的,担保合同无效,但是法律另有规定的除外。

3. 担保范围。

担保物权的担保范围包括主债权及其利息、违约金、损害赔偿金、保管担保财产和实现担保物权的费用。当事人另有约定的,按照其约定。

4. 担保责任。

(1) 第三人提供担保,未经其书面同意,债权人允许债务人转移全部或者部分债务的,担保人不再承担相应的担保责任。

(2) 被担保的债权既有物的担保又有人的担保的,债务人不履行到期债务或者发生当事人约定的实现担保物权的情形,债权人应当按照约定实现债权;没有约定或者约定不明确,债务人自己提供物的担保的,债权人应当先就该物的担保实现债权;第三人提供物的担保的,债权人可以就物的担保实现债权,也可以请求保证人承担保证责任。提供担保的第三人承担担保责任后,有权向债务人追偿。

5. 担保物权消灭。

根据《民法典》第393条的规定,有下列情形之一的,担保物权消灭:(1)主债权消灭;(2)担保物权实现;(3)债权人放弃担保物权;(4)法律规定担保物权消灭的其他情形。

根据《民法典》"物权编"第四分编"担保物权""合同编"第二分编"典型合同"的规定,债权人需要以担保方式保障其债权实现的,可以设定保证、抵押、质押、留置和定金五种方式的担保。

三、担保物权的主要方式

(一)抵押权

抵押权是指为担保债务的履行,债务人或者第三人不转移财产的占有,将该财产抵押给债权人的,债务人不履行到期债务或者发生当事人约定的实现抵押权的情形,债权人有权就该财产优先受偿的权利。

1. 抵押物。

抵押人只能以法律规定可以抵押的财产提供担保;法律规定不可以抵押的财产,抵押人不得用于提供担保。

依据《民法典》第395条的规定,债务人或者第三人有权处分的下列财产可以抵押。

(1) 建筑物和其他土地附着物。
(2) 建设用地使用权。
(3) 海域使用权。
(4) 生产设备、原材料、半成品、产品。
(5) 正在建造的建筑物、船舶、航空器。
(6) 交通运输工具。
(7) 法律、行政法规未禁止抵押的其他财产。

抵押人可以将前款所列财产一并抵押。

依据《民法典》第399条的规定,下列财产不得抵押:(1)土地所有权;(2)宅基地、自留地、自留山等集体所有土地的使用权,但是法律规定可以抵押的除外;(3)学校、幼儿园、医疗机构等为公益目的成立的非营利法人的教育设施、医疗卫生设施和其他公益设施;(4)所有权、使用权不明或者有争议的财产;(5)依法被查封、扣押、监管的财产;(6)法律、行政法规规定不得抵押的其他财产。

2. 抵押合同。

抵押合同的内容根据《民法典》第400条的规定,设立抵押权,当事人应当采用书面形式订立抵押合同。抵押合同一般包括下列条款。

(1) 被担保债权的种类和数额。
(2) 债务人履行债务的期限。
(3) 抵押财产的名称、数量等情况。
(4) 担保的范围。

抵押权人在债务履行期限届满前,与抵押人约定债务人不履行到期债务时抵押财产归债权人所有的,只能依法就抵押财产优先受偿。

(2) 抵押合同的生效。

① 抵押合同自登记之日起生效。当事人以法律规定的需要办理抵押物登记的财产作抵押的,应当向有关部门办理抵押物登记,抵押合同自登记之日起生效。

② 抵押合同自签订之日起生效。以上述财产之外的其他财产抵押的,当事人可以自愿办理抵押物登记,抵押合同自签订之日起生效。登记部门为抵押人所在地的公证部门。

3. 抵押担保的范围。

抵押担保的范围包括主债权及利息、违约金、损害赔偿金和实现抵押权的费用。抵押合同另有约定的,按照约定。

债务履行期届满抵押权人未受清偿的,可以与抵押人协商。

(1) 以拍卖、变卖该抵押物的价款受偿。
(2) 以抵押物折价取得抵押物,但因此而损害顺序在后的担保物权人或其他债权人的利益的,其他债权人可以行使代位权或撤销权。

当事人不能就抵押权实现方式达成一致的,抵押权人可以提起诉讼。

(二) 质权

质权是指债务人或第三人将其特定财产移交债权人占有,作为债权的担保。债务人不履行债务时,债权人有权依法将其特定财产折价或以拍卖、变卖的价款优先受偿的权利。在这里,债务人或第三人被称为出质人,债权人被称为质权人,用于作为担保的财产被称为质物。

1. 质权的形式。

质权的形式包括动产质权和权利质权。

(1) 动产质权。是指债务人或第三人将其动产移交债权人占有,将该动产作为债权的担保。原则上,除不动产及法律禁止流通的动产外,其他一切动产都可设定质押。

(2) 权利质权。权利质权的标的为具有财产内容并可以转让的权利,包括:①汇票、本票、支票;②债券、存款单;③仓单、提单;④可以转让的基金份额、股权;⑤可以转让的注册商标专用权、专利权、著作权等知识产权中的财产权;⑥现有的以及将有的应收账款;⑦法律、行政法规规定可以出质的其他财产权利。

2. 质押合同。

(1) 质押合同的内容。

依据《民法典》第 427 条的规定,设立质权,当事人应当采用书面形式订立质押合同。质押合同一般包括下列条款:①被担保债权的种类和数额;②债务人履行债务的期限;③质押财产的名称、数量等情况;④担保的范围;⑤质押财产交付的时间、方式。

质权人在债务履行期限届满前,与出质人约定债务人不履行到期债务时质押财产归债权人所有的,只能依法就质押财产优先受偿。

(2) 质押合同的生效。

① 质押合同自质物移交质权人占有之日起生效。

② 以汇票、本票、支票、债券、存款单、仓单、提单出质的,质权自权利凭证交付质权人时设立;没有权利凭证的,质权自办理出质登记时设立。法律另有规定的,依照其规定。

③ 以基金份额、股权出质的,质权自办理出质登记时设立。

④ 以注册商标专用权、专利权、著作权等知识产权中的财产权出质的,质权自办理出质登记时设立。

⑤ 以应收账款出质的,质权自办理出质登记时设立。

(三) 留置权

留置权是指债权人按照合同约定占有债务人的动产,债务人不按照合同约定的期限履行债务的,债权人有权依照法律规定留置该财产,以该财产折价或以拍卖、变卖该财产的价款优先受偿的权利。根据《民法典》的规定,因保管合同、运输合同、承揽合同发生的债权,债务人不履行债务的,债权人有留置权。

1. 留置权的效力。

留置担保的范围包括主债权及利息、违约金、损害赔偿金、留置物保管费用和实现留置权的费用。为保证留置权人权益,《民法典》对留置的财产的价值做了规定,留置的财产为可分物的,留置物的价值应当相当于债务的金额。

留置权人负有妥善保管留置物的义务。因保管不善致使留置物灭失或者毁损的,留置权人应当承担民事责任。

2. 留置权的实现。

《民法典》规定,留置权人与债务人应当约定留置财产后的债务履行期限;没有约定或者约定不明确的,留置权人应当给债务人 60 日以上履行债务的期限,但是鲜活易腐等不易保管的动产除外。债务人逾期未履行的,留置权人可以与债务人协议以留置财产折价,也可以就拍卖、变卖留置财产所得的价款优先受偿。

债务人可以请求留置权人在债务履行期限届满后行使留置权;留置权人不行使的,债务人可以请求人民法院拍卖、变卖留置财产。

留置财产折价或者拍卖、变卖后,其价款超过债权数额的部分归债务人所有,不足部分由债务人清偿。

(四) 定金

定金是指当事人一方为了担保合同的履行而预先向对方支付的一定数额的金钱。

1. 定金合同。

定金合同的内容包括。

(1) 定金的数额由当事人约定。但是,不得超过主合同标的额的 20%,超过部分不产生定金的效力。

(2) 实际交付的定金数额多于或者少于约定数额的,视为变更约定的定金数额。

(3) 应当明确当事人交付的金钱具有定金性质。

定金合同自实际交付定金时成立。

2. 定金的效力。

债务人履行债务的,定金应当抵作价款或者收回。给付定金的一方不履行债务或者履行债务不符合约定,致使不能实现合同目的的,无权请求返还定金;收受定金的一方不履行债务或者履行债务不符合约定,致使不能实现合同目的的,应当双倍返还定金。

四、保证合同

(一) 保证合同的概念

保证是指第三人为债务人的债务履行作担保,由保证人和债权人约定,当债务人不履行债务时,保证人按照约定履行债务或者承担责任的行为。保证合同是为保障债权的实现,保证人和债权人约定,当债务人不履行到期债务或者发生当事人约定的情形时,保证人履行债务或者承担责任的合同。

(二) 保证人

保证人必须符合法律规定的资格。按照《民法典》的规定,具有代为清偿债务能力的法人、其他组织或者自然人,可以作保证人。

根据《民法典》第683条的规定,下列几种人不能作为保证人。

(1) 机关法人不得为保证人。经国务院批准为使用外国政府或者国际经济组织贷款进行转贷的,机关法人可以作为保证人。

(2) 以公益为目的的非营利法人、非法人组织不得为保证人。

(三) 保证合同的内容

依据《民法典》第684条的规定,合同的主要条款有。

(1) 被保证的主债权的种类、数额。

(2) 债务人履行债务的期限。

(3) 保证的方式、范围和期间等条款。

(四) 保证范围

保证的范围包括主债权及其利息、违约金、损害赔偿金和实现债权的费用。当事人另有约定的,按照其约定。

(五) 保证期间

保证期间是指确定保证人承担保证责任的期间,不发生中止、中断和延长。债权人与保证人可以约定保证期间,但是约定的保证期间早于主债务履行期限或者与主债务履行期限同时届满的,视为没有约定;没有约定或者约定不明确的,保证期间为主债务履行期限届满之日起6个月。

债权人与债务人对主债务履行期限没有约定或者约定不明确的,保证期间自债权人请求债务人履行债务的宽限期届满之日起计算。

(六) 保证方式

保证方式有一般保证和连带责任保证两种。

1. 一般保证。一般保证是指当事人在保证合同中约定,在债务人不能履行债务时,由保证人承担保证责任。

2. 连带责任保证。当事人在保证合同中约定保证人与债务人对债务承担连带责任。债务人在主合同规定的债务履行期届满没有履行债务的,债权人可以要求债务人履行债务,也可以要求保证人在其保证范围内承担保证责任。当事人在保证合同中对保证方式没有约定或者约定不明确的,按照一般保证承担保证责任。

（七）保证责任

1. 债权人和债务人未经保证人书面同意,协商变更主债权债务合同内容,减轻债务的,保证人仍对变更后的债务承担保证责任;加重债务的,保证人对加重的部分不承担保证责任。

2. 债权人和债务人变更主债权债务合同的履行期限,未经保证人书面同意的,保证期间不受影响。

3. 债权人转让全部或者部分债权,未通知保证人的,该转让对保证人不发生效力。保证人与债权人约定禁止债权转让,债权人未经保证人书面同意转让债权的,保证人对受让人不再承担保证责任。

4. 债权人未经保证人书面同意,允许债务人转移全部或者部分债务,保证人对未经其同意转移的债务不再承担保证责任,但是债权人和保证人另有约定的除外。第三人加入债务的,保证人的保证责任不受影响。

5. 债务人对债权人享有抵销权或者撤销权的,保证人可以在相应范围内拒绝承担保证责任。

第六节　合同的变更、转让和终止

一、合同的变更

合同变更是指在合同成立以后,尚未履行或者尚未完全履行前,当事人根据客观情况的变化,依照法律规定的条件和程序,对合同的内容进行修改或者补充。

二、合同的转让

合同转让是指当事人一方依法将合同的权利和义务全部或部分地转让给第三人的法律行为。

（一）合同权利转让

合同权利转让又称为合同债权的让与,是指债权人通过协议将其债权全部或部分转让给第三人的行为。

为维护交易秩序、兼顾当事各方利益,根据《民法典》第 545 条的规定,下列合同权利不得转让:(1)根据债权性质不得转让;(2)按照当事人约定不得转让;(3)依照法律规定不得转让。

当事人约定非金钱债权不得转让的,不得对抗善意第三人。当事人约定金钱债权不得转让的,不得对抗第三人。

(二)合同义务转移

1. 合同义务转移的条件。

合同义务转移又称为合同债务的承担,是指经债权人同意,债务人将债务的全部或部分转移给第三人。依据《民法典》第 551 条第 2 款的规定,债务人或者第三人可以催告债权人在合理期限内予以同意,债权人未作表示的,视为不同意。

2. 合同义务转移对受让人(新债务人)的效力。

(1)第三人与债务人约定加入债务并通知债权人,或者第三人向债权人表示愿意加入债务,债权人未在合理期限内明确拒绝的,债权人可以请求第三人在其愿意承担的债务范围内和债务人承担连带债务。

(2)债务人转移债务的,新债务人可以主张原债务人对债权人的抗辩;原债务人对债权人享有债权的,新债务人不得向债权人主张抵销。

(3)债务人转移债务的,新债务人应当承担与主债务有关的从债务,但是该从债务专属于原债务人自身的除外。

(三)合同权利义务概括转让

合同权利义务的概括转让又称为合同承受,是指当事人一方将其在合同中的权利和义务一并转让给第三人。依据《民法典》第 555 条的规定,当事人一方经对方同意,可以将自己在合同中的权利和义务一并转让给第三人。

合同的概括转让是合同当事人的彻底变更,一方当事人退出合同关系,新的第三人进入合同关系之中。

三、合同的终止

合同的终止又称为合同的消灭,是指由于某种原因而引起合同关系在客观上已不存在,合同债权和合同债务归于消灭。

关于合同终止的原因,主要有清偿、抵销、提存、免除、混同等。合同解除的,该合同的权利义务关系终止。依据《民法典》第 558 条的规定,债权债务终止后,当事人应当遵循诚信等原则,根据交易习惯履行通知、协助、保密、旧物回收等义务。

（一）清偿

清偿是指债务已经履行,债权人的债权得到实现。

清偿是从合同履行效果认定的,债务人履行债务属于清偿,第三人为满足债权人的目的而为给付,也属清偿,即使依强制执行或实行担保权而获满足,也应为清偿。债务已经履行,一方面可以使合同债权得到满足,实现订立合同的目的;另一方面也使得合同义务归于消灭,产生合同权利义务终止的后果。

（二）解除

解除是指合同成立后,在没有履行或者没有完全履行之前,当事人依照法律规定或者当事人约定的条件和程序,解除合同确定的权利义务关系,从而使合同归于消失。

1. 合同解除的方式。

合同的解除分为约定解除和法定解除。

（1）约定解除。是指在合同成立后全部履行前,当事人可以通过协议或者行使约定的解除权而进行的合同解除。①协商解除。依据《民法典》第562条第1款的规定,当事人协商一致,可以解除合同。②约定解除权。当事人可以约定一方解除合同的事由。解除合同的事由发生时,解除权人可以解除合同。

（2）法定解除。是指在合同成立后全部履行前,当事人一方在法律规定的解除条件出现时,行使解除权而使合同关系消灭。

2. 法定解除的条件。

依据《民法典》第563条的规定,有下列情形之一的,当事人可以解除合同。

（1）因不可抗力致使不能实现合同目的。

（2）在履行期限届满前,当事人一方明确表示或者以自己的行为表明不履行主要债务。

（3）当事人一方迟延履行主要债务,经催告后在合理期限内仍未履行。

（4）当事人一方迟延履行债务或者有其他违约行为致使不能实现合同目的。

（5）法律规定的其他情形。

以持续履行的债务为内容的不定期合同,当事人可以随时解除合同,但是应当在合理期限之前通知对方。

3. 合同解除的法律效力。

合同解除后,尚未履行的,终止履行;已经履行的,根据履行情况和合同性质,当事人可以请求恢复原状或者采取其他补救措施,并有权请求赔偿损失。

合同因违约解除的,解除权人可以请求违约方承担违约责任,但是当事人另有约定的除外。

主合同解除后,担保人对债务人应当承担的民事责任仍应当承担担保责任,但是担保合同另有约定的除外。

(三) 抵销

抵销是指当事人互负到期债务,依照法律规定或者当事人约定,各自用其债权来充当债务进行清偿,从而使双方的债务在对等的额度内相互消灭。

根据抵销产生原因的不同,可以分为:

1. 法定抵销。

法定抵销是指法律规定了抵销条件,当条件具备时,依照当事人一方的意思表示即可发生抵销的效力。

依据《民法典》第 568 条的规定,当事人互负债务,该债务的标的物种类、品质相同的,任何一方可以将自己的债务与对方的到期债务抵销。但是,根据债务性质、按照当事人约定或者依照法律规定不得抵销的除外。

当事人主张抵销的,应当通知对方。通知自到达对方时生效。抵销不得附条件或者附期限。

2. 约定抵销。

约定抵销是指当事人双方协商一致,使自己的债务与对方的债务在等额内消灭。

只要当事人互负债务,不论标的物种类、品质是否相同,都可以在协商一致后抵销,但不得违反法律规定。

(四) 提存

提存是指由于债权人的原因致使债务人难以履行债务的,债务人将标的物交给提存机关从而终止合同权利义务关系的行为。债务的履行往往需要债权人的协助,如果债权人无正当理由拒绝受领债务或者不能受领债务,债权人虽应承担受领迟延的法律责任,但债务人的债务却不能消灭。债务人会无限期地等待履行,这对债务人有失公平,为此,《民法典》规定了提存制度。

1. 提存的原因。

(1) 债权人无正当理由拒绝或者迟延受领。

(2) 债权人下落不明。

(3) 债权人死亡未确定继承人、遗产管理人,或者丧失民事行为能力未确定监护人。

(4) 法律规定的其他情形。

2. 提存的标的物。

提存的标的物应当是合同规定给付的标的物,标的物不适于提存或者提存费用过高的,债务人依法可以拍卖或者变卖标的物,提存所得的价款。

3. 提存的效力。

(1) 债务人将标的物或者将标的物依法拍卖、变卖所得价款交付提存部门时,提存成立。提存成立的,视为债务人在其提存范围内已经交付标的物。

(2)标的物提存后,债务人应当及时通知债权人或者债权人的继承人、遗产管理人、监护人、财产代管人。

(3)债务人依法将标的物提存后,视为债务已清偿,当事人的合同关系归于消灭。

(4)标的物提存后,标的物毁损、灭失的风险由债权人承担。

(5)提存期间,标的物的孳息归债权人所有。提存费用由债权人负担。

(五)免除

免除是指债权人抛弃债权而使合同关系归于消灭的行为。

债权人免除债务人部分或者全部债务的,债权债务部分或者全部终止,但是债务人在合理期限内拒绝的除外。依据是《民法典》第575条的规定。

(六)混同

混同是指由于某种客观事实的发生,使得一项合同中,原本由一方当事人享有的债权和另一方当事人承担的债务,同归于一人,从而导致债权债务终止。

混同发生的原因主要有合并、继承等。《民法典》第576条明确规定,债权和债务同归于一人的,债权债务终止,但是损害第三人利益的除外。

【案例5-6】

甲商贸有限公司(以下简称甲公司)3月份欲从乙电器制造有限公司(以下简称乙公司)购进空调50台,每台2800元,共计14万元。双方约定4月份货到后先付4万元,其余待销售后付清余下的10万元货款。后乙公司想在甲公司开设销售专柜,打开销路。双方遂签订租赁场地合同,约定租赁期为1年,自同年4月起至次年4月止,月租金2万元,共计24万元。由乙公司3个月付1次,分4次付清。7月份乙公司通知甲公司,称用应收甲公司的10万元空调货款中的6万元抵销其4月至7月的租金。

问:乙公司的做法是否合法?

【解析】

(1)乙公司的做法符合我国《民法典》"合同编"的有关规定。该案涉及的是合同权利义务终止中债务相互抵销的法律规定。

(2)我国《民法典》第568条的规定:"当事人互负债务,该债务的标的物种类、品质相同的,任何一方可以将自己的债务与对方的到期债务抵销……"

当事人主张抵销的,应当通知对方。通知自到达对方时生效。本案中,甲公司与乙公司互负债务,互享债权,彼此的合同标的物又属于种类和品质相同的货币,也到了履行期,因此,乙公司可以根据我国《民法典》"合同编"的有关同类债务相互抵销的规定,通知甲公司对6万元债务予以抵销。

第七节 违约责任

一、违约责任的概念

合同依法成立后,对双方当事人具有法律约束力,当事人必须按照合同规定全面、适当地履行义务,非经双方协商或者法定事由不得擅自变更或解除合同,否则构成违约,应该对自己的违约行为承担相应的法律责任。违约是指合同一方当事人不履行合同义务或没有完全履行合同义务的行为。

违约责任,又称违反合同的民事责任,是指合同当事人违反合同义务不符合约定时,依照法律规定或者合同约定所应承担的法律责任。

二、承担违约责任的方式

《民法典》"合同编"规定,当事人一方明确表示或者以自己的行为表明不履行合同义务的,对方当事人可以在履行期限届满之前请求其承担违约责任。《民法典》"合同编"赋予当事人可以根据合同履行的不同情况,选择不同的违约救济措施。《民法典》规定,当事人一方未支付价款、报酬、租金、利息,或者不履行其他金钱债务的,对方可以请求其支付。

(一)继续履行

继续履行又称实际履行,是指当事人一方不履行合同义务或者履行合同义务不符合约定时,另一方当事人可以要求其在合同履行期届满后,继续按照原合同的约定履行义务。

在可以履行的条件下,违反合同的当事人无论是否已经承担赔偿金或者违约金责任,对方当事人都有权要求违约方继续按照合同约定履行其尚未履行的义务。

(二)采取补救措施

履行质量不符合约定的,应当按照当事人的约定承担违约责任。受损害方可以根据标的的性质以及损失的大小,合理选择请求对方采取修理、更换、重做、退货、减少价款或者报酬等补救措施。

(三)赔偿损失

赔偿损失是指因合同一方当事人的违约行为而给对方当事人造成财产损失时,违约方给予对方的经济补偿。当事人违约,在继续履行义务或者采取补救措施后,对方还有其他损失的,应当赔偿损失。

1. 完全赔偿原则。

赔偿损失的目的主要是补偿未违约方的财产损失,因此,以实际发生的损害为赔偿标准。当事人一方不履行合同义务或者履行合同义务不符合约定,造成对方损失的,损失赔偿额应当相当于因违约所造成的损失,包括合同履行后可以获得的利益。

2. 合理预见规则。

损失赔偿额不得超过违约一方订立合同时预见到或者应当预见到的因违约可能造成的损失。

3. 减轻损失规则。

当事人一方违约后,对方应当采取适当措施防止损失的扩大;没有采取适当措施致使损失扩大的,不得就扩大的损失要求赔偿。当事人因防止损失扩大而支出的合理费用,由违约方承担。

(四) 支付违约金

违约金是指当事人在合同中预先约定的在一方违约时应当向对方支付的一定数额的金钱。当事人既可以约定违约金的数额,也可以约定违约损失赔偿额的计算方法。

违约金具有补偿性和特定情况下的惩罚性。约定的违约金低于造成的损失的,人民法院或者仲裁机构可以根据当事人的请求予以增加;约定的违约金过分高于造成的损失的,人民法院或者仲裁机构可以根据当事人的请求予以适当减少。

当事人就迟延履行约定违约金的,违约方支付违约金后,还应当履行债务。

(五) 定金

定金具有双重功能。一方面,定金由债务人向债权人预先支付,债务人履行债务后,定金抵作价款或收回,这就表明定金是一种担保方式,起着保证债务履行的作用。另一方面,定金具有惩罚作用。《民法典》第587条规定,债务人履行债务的,定金应当抵作价款或者收回。给付定金的一方不履行债务或者履行债务不符合约定,致使不能实现合同目的的,无权请求返还定金;收受定金的一方不履行债务或者履行债务不符合约定,致使不能实现合同目的的,应当双倍返还定金。

根据《民法典》第588条的规定,当事人既约定违约金,又约定定金的,一方违约时,对方可以选择适用违约金或者定金条款。定金不足以弥补一方违约造成的损失的,对方可以请求赔偿超过定金数额的损失。

【案例 5-7】

甲、乙订立买卖合同约定:甲向乙交付货物,货款为200万元;乙向甲支付定金20万元;如任何一方不履行合同应支付违约金30万元。甲因将货物卖给丙而无法向乙交货。问:在乙向法院起诉时,哪一种诉求能最大限度保护自己的利益?

A. 请求甲双倍返还定金 40 万元
B. 请求甲支付违约金 30 万元
C. 请求甲支付违约金 30 万元，同时请求甲双倍返还定金 40 万元
D. 请求甲支付违约金 30 万元，同时请求返还定金 20 万元

【解析】 正确答案 D。

当事人约定有定金和违约金的，守约方只能选择一种制裁方式。如果选择定金制裁，定金应当双倍返还或不能收回；当定金不足以弥补损失时，应用赔偿金补足。如果选择违约金制裁，单倍定金还是要返还；当违约金低于或过分高于损失的，应比照损失作相应的调整；违约金调整后，赔偿金就不再承担。

四、违约责任的免除

违约责任的免除是指在合同履行过程中，出现法律规定或合同约定的免责事由，从而导致合同不能履行的，可以免除合同当事人的违约责任。

在发生违反合同的事实后，当事人主张免除自己违约责任的事实和理由，被称为免责事由。免责事由包括法定的免责事由和约定的免责事由，法定的免责事由是指法律规定的免除责任的事由，主要是指不可抗力；约定的免责事由是指当事人通过合同约定的免除责任的事由，主要是当事人约定的免责条款。

（一）不可抗力

1. 不可抗力的概念。

依照《民法典》的明确规定，不可抗力是指不能预见、不能避免且不能克服的客观情况。一般而言，不可抗力包括：(1)自然灾害，例如火灾、地震等。(2)政府行为，例如政府征用、发布新政策法规等。(3)社会异常事件，例如罢工、战争等。根据《民法典》第 180 条的规定，因不可抗力不能履行民事义务的，不承担民事责任。法律另有规定的，依照其规定。

2. 当事人的义务 当事人一方因不可抗力不能履行合同的，根据不可抗力的影响，部分或者全部免除责任，但是法律另有规定的除外。

遭遇不可抗力的当事人负有义务。及时通知、提供证明义务。因不可抗力不能履行合同的，应当及时通知对方，以减轻可能给对方造成的损失，并应当在合理期限内提供证明。当事人迟延履行后发生不可抗力的，不免除其违约责任。

3. 防止损失扩大。

当事人一方违约后，对方应当采取适当措施防止损失的扩大；没有采取适当措施致使损失扩大的，不得就扩大的损失请求赔偿。当事人因防止损失扩大而支出的合理费

用,由违约方负担。

(二)免责条款

1. 免责条款的概念。

免责条款是指当事人在合同中约定的排除或限制其未来民事责任的合同条款。

免责条款是合同条款。免责条款已被订入合同,成为合同的组成部分。

2. 免责条款无效的情形。

免责条款是当事人协商的结果,原则上应当是有效的,但《民法典》第506条明确规定,合同中的下列免责条款无效:(1)造成对方人身损害的;(2)因故意或者重大过失造成对方财产损失的。

引导案例解析

(1) 甲公司与乙公司之间签订的合同是有效合同。

(2) 乙公司没有在约定的时间内交付货物的行为违反了合同的义务,应当承担相应的违约责任。

(3) 甲公司要求乙公司支付违约金和重新提供一级品标准的主张是有合同依据的。

(4) 39 000元违约金相当于合同金额的3‰,并不是很高。根据《民法典》"合同编"的规定,当事人对约定过高或者过低的违约金可以请求人民法院或者仲裁机构予以调整,但是本合同争议中的违约金金额仅占合同金额的3‰,符合法律规定。

实训练习

一、简答题

1. 合同成立的要件有哪些?
2. 格式条款的概念是什么?格式条款无效的情形有哪些?
3. 试比较代位权与撤销权。
4. 承担违约责任的方式有哪些?

二、不定项选择题

1.《民法典》"合同编"不适用于(　　)。
　　A. 出版合同　　　B. 收养合同　　　C. 土地使用权转让合同　　　D. 质押合同

2. 在下列哪种情形中,在当事人之间产生合同法律关系(　　)。
　　A. 甲拾得乙遗失的一块手表
　　B. 甲邀请乙看球赛,乙因为有事没有前去赴约
　　C. 甲因放暑假,将一台电脑放入乙家

D. 甲鱼塘之鱼跳入乙鱼塘

3. 下列情形中属于效力待定合同的有(　　)。

　　A. 8周岁的李甲出售劳力士金表给成年人李某

　　B. 5周岁的胡乙因发明创造而接受奖金

　　C. 成年人甲误将本为复制品的油画当成真品购买

　　D. 出租车司机借抢救重病人急需租车之机将车价提高10倍

4. 下列合同中,属于无效合同的有(　　)。

　　A. 无民事行为能力人订立的合同

　　B. 以虚假的意思表示实施的合同

　　C. 违反法律、行政法规强制性规定的合同

　　D. 行为人与相对人恶意串通的合同

5. 某商店橱窗内展示的衣服上标明"正在出售",并且标示了价格,则"正在出售"的标示视为(　　)。

　　A. 要约　　　　B. 承诺　　　　C. 要约邀请　　　D. 既是要约又是承诺

三、案例分析题

1. A省B建筑工程有限公司(以下简称B公司)因施工期紧迫,事先未能与有关厂家订好供货合同,造成施工过程中水泥短缺,急需100吨水泥。B公司同时向C市宏达水泥有限公司(以下简称宏达公司)和D市远威水泥有限公司(以下简称远威公司)发函,函件中称:"如贵厂有矿渣硅酸盐水泥现货(袋装),吨价不超过500元,请求接到信10天内发货100吨,货到付款,运费由供货方自行承担。"

宏达公司接信当天回信,表示愿以吨价1500元的吨价发货100吨,并于第3天发货100吨至A省B公司,B公司于当天验收并接收了货物。远威公司接到要货的信件后,积极准备货源,于接信后第12天,将100吨袋装矿渣硅酸盐水泥装车,直接送至B公司,结果遭到B公司的拒收,造成损失。理由是:本建筑工程仅需要100吨水泥,至于给远威公司发函,只是进行询问协商,不具有法律约束力。远威公司不服,遂向人民法院提起了诉讼,要求依法解决,接受货物,赔偿损失。

试分析:

(1) 远威公司与B公司之间是否存在生效的合同关系?

(2) B公司能否拒收远威公司的100吨水泥?

(3) 宏达公司与B公司的买卖合同是否生效?

(4) 宏达公司与B公司的买卖合同是否成立?

2. 甲公司与乙公司洽商成立一个新公司,双方草签了合同,甲公司要将合同带回本部加盖公章,临行前,甲公司法定代表人提出,乙公司须先征用土地并培训工人后甲公司方能在合同上盖章,乙公司出资1000万元征用土地培训工人,征地和培训工人将近完成

时,甲公司提出因市场行情变化,无力出资设立新公司,要求终止与乙公司的合作。乙公司遂起诉到法院。

试分析:
(1) 甲公司与乙公司之间的合同是否成立,为什么?
(2) 甲公司应承担什么责任,为什么?
(3) 乙公司能否要求甲公司赔偿1000万元的损失?为什么?

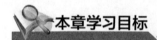

第六章
破产法

本章学习目标

1. 掌握破产申请和受理、债权申报、破产宣告与破产清算的规定。
2. 理解破产的概念和特征。
3. 熟悉债权人会议、管理人的有关规定。

引导案例

甲公司被申请破产，所在地北京市某区人民法院受理了破产申请后，发现该公司有以下行为：(1)乙公司向甲公司购买一批货物，货已交但款未付，管理人要求乙公司支付货款。(2)丙公司借用甲公司一台货车，管理人要求丙公司交还该货车。(3)丁银行直接从甲公司账上扣缴贷款30万元。(4)戊公司与甲公司协商，以一台设备充抵所欠的加工费。

通过本章学习，回答以下问题：上述哪些行为符合破产法律规定？

第一节 破产和破产法概述

一、破产和破产法

(一)破产的概念

破产是指债务人不能清偿到期债务，并且资产不足以清偿全部债务或者明显缺乏清偿能力，由人民法院依照法定程序将债务人的全部财产公平地向各债权人清偿的法律制度。

（二）破产的法律特征

破产具有以下特征。

1. 破产是在特定情况下所运用的偿债程序。
2. 破产是在法院的指挥和监督之下实施的债务清理程序。
3. 破产程序进行的主要目的是公平地清偿债权人的债务。
4. 破产是债权人实现债权的一种特殊形式。

二、破产法的概念

破产法是指在债务人不能清偿到期债务时，由人民法院宣告其破产并主持对其全部财产进行清算分配，公平清偿全体债权人，或者在法院监督下，由债务人与债权人会议达成和解协议、重整以延缓清偿债务，避免破产的法律规范的总称。

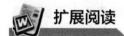

广义的《破产法》

《中华人民共和国企业破产法》（以下简称《破产法》）于 2006 年 8 月 27 日发布，2007 年 6 月 1 日实施。该法的出台为解决企业深层次矛盾，优化资源配置，提升企业质量发挥了重要作用。

《破产法》实施后，为正确适用该法，结合审判实践，最高人民法院又于 2011 年、2013 年和 2019 年发布了三部关于适用《破产法》的司法解释，即 2011 年 9 月 26 日起实施的《最高人民法院关于适用〈中华人民共和国企业破产法〉若干问题的规定（一）》（以下简称《规定（一）》）、2013 年 9 月 16 日实施的《最高人民法院关于适用〈中华人民共和国企业破产法〉若干问题的规定（二）》（以下简称《规定（二）》）、2019 年 3 月 28 日起施行的《最高人民法院关于适用〈中华人民共和国企业破产法〉若干问题的规定（三）》。

第二节　破产申请的提出和受理

一、破产条件

破产条件是人民法院据以宣告债务人破产的法律标准。

《破产法》规定，企业法人不能清偿到期债务，并且资产不足以清偿全部债务或者明显缺乏清偿能力的，依照《破产法》的规定清理债务。

企业法人不能清偿到期债务,是指企业法人债务的清偿期已经届至,债权人要求清偿,但是作为债务人的企业法人无力偿还。

破产原因:暂时的、短期的不能清偿或者仅仅是资产负债表上的资不抵债都不能作为认定一个企业是否已经构成破产的标准。因此,破产法将"资产不足以清偿全部债务"与"不能清偿到期债务"并列为破产原因。

二、破产申请的提出

破产申请是指破产申请人依法向人民法院请求裁定债务人适用破产程序的行为。破产申请是启动破产程序的动因,是人民法院开始破产程序的要件。合法有效的破产申请,必须有合法有效的破产申请人。

(一)破产申请人

破产申请人包括债权人和债务人以及依法负有清算责任的人。当债务人不能清偿到期债务的,债权人、债务人均有权提出破产申请。在企业法人已经解散但是未清算或者未清算完毕,并且资产不足以清偿债务的情况下,负有清算责任的人也有向法院申请破产清算的法律义务。

(二)破产案件的管辖

破产案件的管辖是指人民法院受理破产案件的分工和权限。债权人或者债务人申请破产,必须向有管辖权的人民法院提出。

破产案件由债务人住所地人民法院管辖。债务人所在地,是指企业主要办事机构所在地。企业法人的住所应当按照企业登记机关核准登记的住所地确定。如果债务人没有办事机构,则由其注册地法院管辖。

基层人民法院一般管辖县、县级市或者区的市场监督管理机关核准登记企业的破产案件;中级人民法院一般管辖地区、地级市(含本级)以上的市场监督管理机关核准登记企业的破产案件;纳入国家计划调整的企业破产案件,由中级人民法院管辖。

(三)申请破产应当提交的材料

破产申请应当以书面形式提出,申请人提出破产申请时,应当向人民法院提交破产申请书和有关证据。

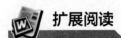
扩展阅读

破产申请书应当载明的事项

破产申请书应当载明下列事项:①申请人、被申请人的基本情况;②申请目的,即和解、重整或者破产清算;③申请的事实和理由,包括证券债务的由来、债权的性质和数额、债权到期债务人不能清偿的事实和理由等;④人民法院认为应当载明的其他事项。

债务人提出申请的,还应当向人民法院提交财产状况说明、债务清册、债权清册、有关财务会计报告、职工安置预案以及职工工资的支付和社会保险费用的缴纳情况。

三、破产案件的受理

(一)受理

债权人提出破产申请的,人民法院应当自收到申请之日起5日内通知债务人。债务人对申请有异议的,应当自收到人民法院的通知之日起7日内向人民法院提出。人民法院应当自异议期满之日起10日内裁定是否受理。除上述规定的情形外,人民法院应当自收到破产申请之日起15日内裁定是否受理。有特殊情况需要延长前两款规定的裁定受理期限的,经上一级人民法院批准,可以延长15日。

人民法院裁定不受理破产申请的,应当自裁定作出之日起5日内送达申请人并说明理由,申请人对裁定不服的,可以自裁定送达之日起10日内向上一级人民法院提起上诉。

【案例6-1】

A公司注册资金2000万元,目前公司已经停产。A公司总欠款5000万元,其中欠申请人B公司3000万元,B公司多次催要,但是A公司无力偿还。于是B公司以被申请人不能清偿债务为由,向法院提出申请,申请依法对A公司进行破产清算。

法院在收到申请后5日内向A公司发出了通知,A公司在收到该通知后15日内提出异议,认为B公司无权提出破产清算申请。

问:B公司是否有权提出破产申请?本案例在破产程序上是否符合法律规定?

【解析】

(1)A公司已经不能清偿到期债务,并且明显缺乏清偿能力,债权人B公司申请债务人A公司破产清算,法院在收到申请后依法通知了A公司。

(2)A公司在法律规定的7日的期限内没有提出异议,人民法院的破产程序已经依法启动。

依据《破产法》第2条、第7条的规定,债权人B公司的申请符合法律规定,法院可以受理B公司的申请,对A公司进行破产清算。

(二)通知和公告

人民法院受理破产申请的,应当自裁定作出之日起5日内送达申请人。债权人提出申请的,人民法院应当自裁定作出之日起5日内送达债务人。债务人应当自裁定送达之日起15日内,向人民法院提交财产状况说明、债务清册、债权清册、有关财务会计报告以及职工工资的支付和社会保险费用的缴纳情况。

人民法院应当自裁定受理破产申请之日起25日内通知已知债权人,并予以公告。

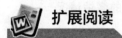
扩展阅读

法院的通知和公告应当载明的事项

法院的通知和公告应当载明的事项:①申请人、被申请人的名称或者姓名;②人民法院受理破产申请的时间;③申报债权的期限、地点和注意事项;④管理人的名称或者姓名及其处理事务的地址;⑤债务人的债务人或者财产持有人应当向管理人清偿债务或者交付财产的要求;⑥第一次债权人会议召开的时间和地点;⑦人民法院认为应当通知和公告的其他事项。

四、债权人申报债权

(一)债权申报的概念

债权申报是指债务人的债权人在接到人民法院的破产申请受理裁定通知或者公告后,在法定期限内向人民法院申请登记债权,以取得破产债权人地位的行为。

债权人在法定期限内申报了债权即成为破产债权人,因而享有破产债权人的权利。破产债权主要有:①参加债权人会议,并享有表决权;②提出对债务人重整申请;③参加破产财产的分配。如果债权人没有在法定期限内申报债权,则视为放弃债权。

(二)债权申报的期限

债权人应当在人民法院发布受理破产案件申请公告之日起,最短不得少于30日,最长不得超过3个月,向管理人申报债权。

(三)债权申报的要求

债权人申报债权时,应当按照以下要求进行。

(1) 未到期的债权,在破产申请受理时视为到期。付利息的债权,自破产申请受理时起停止计息。

(2) 附条件、附期限的债权和诉讼、仲裁未决的债权,债权人可以申报。

(3) 债务人所欠职工的工资和医疗、伤残补助、抚恤费用,所欠的应当划入职工个人账户的基本养老保险、基本医疗保险费用,以及法律、法规规定应当支付给职工的补偿金,不必申报,由管理人调查后解除清单并予以公示。职工对清单记载有异议的,可以要求管理人更正;管理人不予更正的,职工可以向人民法院提起诉讼。

(4) 债权人申报债权时,应当书面说明债权的数额和有无财产担保,并提交有关证明。申报的债权是连带债权的应当说明。因为,在破产程序中,有财产担保的债权与普通债权在清算程序中的清偿顺序不同;在债权人会议的表决程序中,对有些事项,有财产担保的债权人不能行使表决权,只有普通债权人才能行使表决权。

(5) 连带债权人可以由其中一人代表全体连带债权人申报债权,也可以共同申报债权。连带债权人,是指债务人的数个债权人之间具有连带关系,各个连带债权人都有权就该债权向债务人主张权利,债务人向连带债权人之一清偿债务的,即为完全履行了义务。

(6) 债务人的保证人或者其他连带债务人已经代替债务人清偿债务的,以其对债务人的求偿权申报债权。

(7) 连带债务人数人被裁定适用《破产法》规定的程序的,其债权人有权就全部债权分别在各破产案件中申报债权。

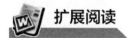
扩展阅读

延展申报期限

为保护债权人的利益,《破产法》规定了延展申报期限。延展申报期限也称为补充申报期限,是指人民法院确定的债权申报期限内,债权人为申报债权的,可以在破产财产最后分配前补充申报。但是,此前已经进行的分配不在对其补充分配。补充申报必须在破产财产最后分配前提出,得到的清偿以补充申报后的破产财产为限。

(四) 受理破产案件的效力

1. 债务人应当承担的义务。

自人民法院受理破产申请的裁定送达债务人之日起到破产程序终结之日,债务人的有关人员应当承担以下义务。

①妥善保管其占有和管理的财产、印章和账簿、文书等资料;②根据人民法院、管理人的要求进行工作,并如实回答询问;③列席债权人会议并如实回答债权人的询问;④未经人民法院许可,不得离开住所地;⑤不得新任其他企业的董事、监事、高级管理人员。

破产法所规定的有关人员,是指企业的法定代表人。经人民法院决定,可以包括企业的财务管理人员和其他经营管理人员。

2. 禁止个别债务清偿。

人民法院受理破产申请后,债务人对个别债权人的债务清偿无效。

3. 管理人了结未清偿的债权债务。

人民法院指定的管理人对破产申请受理前成立而债务人和对方当事人均未履行完毕的合同有权决定解除或者继续履行，并通知对方当事人。管理人自破产申请受理之日起2个月内未通知对方当事人，或者自收到对方当事人催告之日起30日内未答复的，视为解除合同。

4. 解除保全措施，中止执行程序。

人民法院受理破产申请后，有关债务人财产的保全措施应当解除，执行程序应当中止。

5. 破产程序优于民事执行程序。

人民法院已经审结但是未执行完毕的民事案件中止执行；尚未审结的民事案件，中止诉讼。

第三节　管理人和债权人会议

一、管理人

管理人是指破产程序开始后依法成立的、全面接管破产债务人，以自己的名义独立执行破产债务人的财产的保管、清理、估价、变卖和分配等事务的专门机关。

（一）管理人名册的编制

人民法院审理企业破产案件应当指定管理人，管理人一般应当从管理人名册中指定。高级人民法院应当根据本辖区律师事务所、会计师事务所、破产清算事务所等社会中介机构及专职从业人员数量和企业破产案件数量，确定由本院或者所辖中级人民法院编制管理人名册。

人民法院应当分别编制社会中介机构管理人名册和个人管理人名册。

符合《破产法》规定条件的社会中介机关及其具备专业知识并取得执业资格的人员，均可以申请编入管理人名册。已被编入机构管理人名册的社会中介机构中，具备相关专业知识并取得执业资格的人员，可以申请编入个人管理人名册。

编制管理人名册的人民法院应当组成专门的评审委员会，决定编入管理人名册的社会中介机构和个人名单。评审委员会成员不少于7人。法院根据评审委员会评审结果，确定管理人初审名册。

人民法院应当将管理人初审名册通过本辖区有影响的媒体进行公示，公示期为10日。公示期满后，人民法院应当审定管理人名册，并通过全国有影响的媒体公布，同时逐级上报最高人民法院。

（二）管理人的指定

受理企业破产案件的人民法院指定管理人，一般应从本地管理人名册中指定。

对于商业银行、证券公司、保险公司等金融机构以及在全国范围内有重大影响、法律关系复杂、债务人财产分散的企业破产案件，人民法院可以从所在地区高级人民法院编制的管理人名册列明的其他地区管理人或者异地人民法院编制的管理人名册中指定管理人。

企业破产案件有下列情形之一的，人民法院可以指定清算组为管理人。

1. 破产申请受理前，根据有关规定已经成立清算组，人民法院认为符合《破产法》第19条的规定。

2. 审理《企业破产法》第133条规定的案件，即在《破产法》施行前国务院规定的期限和范围内的国有企业实施破产的特殊事宜，按照国务院有关规定办理。

3. 有关法律规定企业破产时成立清算组。

4. 人民法院认为可以指定清算组为管理人的其他情形。

清算组为管理人的，人民法院可以从政府有关部门、编入管理人名册的社会中介机构、金融资产管理公司中指定清算组成员，人民银行及金融监督管理机构可以按照有关法律和行政法规的规定派人参加清算组。

人民法院一般应当按照管理人名册所列名单采取轮候、抽签、摇号等随机方式公开指定管理人。

对于商业银行、证券公司、保险公司等金融机构或者在全国范围有重大影响、法律关系复杂、债务人财产分散的企业破产案件，人民法院可以采取公告的方式，邀请编入各地人民法院管理人名册中的社会中介机构参与竞争，从参与竞争的社会中介机构中指定管理人。参与竞争的社会中介机构不得少于3家。

采取竞争方式指定管理人的，人民法院应当组成专门的评审委员会。评审委员会应当结合案件的特点，综合考量社会中介机构的专业水准、经验、机构规模、初步报价等因素，从参与竞争的社会中介机构中择优指定管理人。

对于经过行政清理、清算的商业银行、证券公司、保险公司等金融机构的破产案件，人民法院除可以按照规定指定管理人外，也可以在金融监督管理机构推荐的已编入管理人名册的社会中介机构中指定管理人。

管理人无正当理由，不得拒绝人民法院的指定。管理人一经指定，不得以任何形式将管理人应当履行的职责全部或者部分转给其他社会中介机构或者个人。

（三）管理人的更换

债权人会议根据企业破产法的规定申请更换管理人的，应由债权人会议作出决议并向人民法院提出书面申请。人民法院在收到债权人会议的申请后，应当通知管理人在2日内作出书面说明。

人民法院认为申请理由不成立的,应当自收到管理人书面说明之日起10日内作出驳回申请的决定。人民法院认为申请更换管理人的理由成立的,应当自收到管理人书面说明之日起10日内作出更换管理人的决定。

1. 更换社会中介机构管理人的情形。

社会中介机构管理人有下列情形之一的,人民法院可以根据债权人会议的申请或者依职权决定更换管理人:①执业许可证或者营业执照被吊销或者注销;②出现解散、破产事由或者丧失承担执业责任风险的能力;③与本案有利害关系;④履行职务时,因故意或者重大过失导致债权人利益受到损害;⑤有法律规定的其他情形。

2. 更换个人管理人的情形。

个人管理人有下列情形之一的,人民法院可以根据债权人会议的申请或者依职权决定更换管理人:①执业资格被取消、吊销;②与本案有利害关系;③履行职务时,因故意或者重大过失导致债权人利益受到损害;④失踪、死亡或者丧失民事行为能力;⑤因健康原因无法履行职务;⑥执业责任保险失效;⑦有法律规定的其他情形。

(四) 管理人的职责

管理人应当履行的职责有。

(1) 接管债务人的财产、印章和账簿、文书等资料。

(2) 调查债务人财产状况,制作财产状况报告。

(3) 决定债务人的内部管理事务。

(4) 决定债务人的日常开支和其他必要开支。

(5) 在第一次债权人会议召开之前,决定继续或者停止债务人的营业。

(6) 管理和处分债务人的财产。

(7) 代表债务人参加诉讼、仲裁或者其他法律程序。

(8) 提议召开债权人会议。

(9) 人民法院认为管理人应当履行的其他职责。

【案例6-2】

下列选项中,属于人民法院可以指定管理人名册中的个人作为管理人的企业破产案件应同时具备的条件有(　　)。

A. 事实清楚　　B. 标的额较小　　C. 债权债务关系简单　　D. 债务人财产相对集中

【解析】

正确答案是A、C、D。对于事实清楚、债权债务关系简单、债务人财产相对集中的企业破产案件,人民法院可以指定管理人名册中的个人为管理人。

二、债权人会议

债权人会议是指全体债权人参加破产程序并集体行使权利,表达债权人意志的自治性组织。

(一) 债权人会议的组成

依法申报债权的债权人为债权人会议的成员,有权参加债权人会议,享有表决权。

债权人会议应当有债务人的职工和工会的代表参加,对有关事项发表意见。

(二) 债权人会议的召开

第一次债权人会议由人民法院召集,自债权申报期限届满之日起15日内召开。以后的债权人会议,在人民法院认为必要时,或者管理人、债权人委员会、占债权总额1/4以上的债权人向债权人会议主席提议时召开。

(三) 债权人会议的职权

债权人会议行使下列职权:①核查债权;②申请人民法院更换管理人,审查管理人的费用和报酬;③监督管理人;④选任和更换债权人委员会成员;⑤决定继续或者停止债务人的营业;⑥通过重整计划;⑦通过和解协议;⑧通过债务人财产的管理方案;⑨通过破产财产的变价方案;⑩通过破产财产的分配方案;⑪人民法院认为应当由债权人会议行使的其他职权。

(四) 债权人会议的决议

1. 一般决议的表决。

债权人会议的决议,由出席会议的有表决权的债权人过半数通过,并且其所代表的债权额占无财产担保债权总额的1/2以上。

2. 特殊情况下表决。

债权人会议通过和解协议的决议,由出席会议的有表决权的债权人过半数同意,并且其所代表的债权额占无财产担保债权总额的2/3以上。

人民法院应当自收到重整计划草案之日起30日内召开债权人会议,对重整计划草案进行表决。出席会议的同一表决组的债权人过半数同意重整计划草案,并且其所代表的债权额占该组债权总额的2/3以上的,即为该组通过重整计划草案。

三、债权人委员会

债权人委员会在破产程序中代表债权人的共同利益监督破产程序的进行。

(一) 债权人委员会的设置和选任

债权人会议可以决定设立债权人委员会。债权人委员会由债权人会议选任的债权人代表和一名债务人的职工代表或者工会代表组成。债权人委员会成员不得超过9人。

债权人委员会成员应当经人民法院书面决定认可。

(二)债权人委员会的职权

债权人委员会依法行使下列职权:

(1)监督债务人财产的管理和处分。

(2)监督破产财产分配。

(3)提议召开债权人会议。

(4)债权人会议委托的其他职权。

债权人委员会执行职务时,有权要求管理人、债务人的有关人员对其职权范围内的事务作出说明或者提供有关文件。

管理人、债务人的有关人员违反本法规定拒绝接受监督的,债权人委员会有权就监督事项请求人民法院作出决定;人民法院应当在5日内作出决定。

依据《规定(三)》第14条,债权人委员会决定所议事项应获得全体成员过半数通过,并作成议事记录。债权人委员会成员对所议事项的决议有不同意见的,应当在记录中载明。债权人委员会行使职权应当接受债权人会议的监督,以适当的方式向债权人会议及时汇报工作,并接受人民法院的指导。

(三)管理人处分债务人重大财产的行为的及时报告制度

管理人实施下列行为,应当及时报告债权人委员会:(1)涉及土地、房屋等不动产权益的转让;(2)探矿权、采矿权、知识产权等财产权的转让;(3)全部库存或者营业的转让;(4)借款;(5)设定财产担保;(6)债权和有价证券的转让;(7)履行债务人和对方当事人均未履行完毕的合同;(8)放弃权利;(9)担保物的取回;(10)对债权人利益有重大影响的其他财产处分行为。

未设立债权人委员会的,管理人实施上述规定的行为应当及时报告人民法院。

依据《规定(三)》,管理人处分债务人重大财产的,应当事先制作财产管理或者变价方案并提交债权人会议进行表决,债权人会议表决未通过的,管理人不得处分。

管理人实施处分前,必须提前10日书面报告债权人委员会或者人民法院。债权人委员会认为管理人实施的处分行为不符合债权人会议通过的财产管理或变价方案的,有权要求管理人纠正。管理人拒绝纠正的,债权人委员会可以请求人民法院作出决定。

人民法院认为管理人实施的处分行为不符合债权人会议通过的财产管理或变价方案的,应当责令管理人停止处分行为。管理人应当予以纠正,或者提交债权人会议重新表决通过后实施。

第四节 债务人财产

一、债务人财产

债务人财产是指破产案件受理时属于债务人的全部财产与财产权利,以及破产案件受理后至破产案件程序终结前,债务人取得的财产及财产权利。

债务人财产由以下财产组成。

1. 破产申请受理时属于债务人的全部财产,包括动产、不动产、财产权利。

2. 破产申请受理后至破产程序终结前,债务人取得的财产,包括动产、不动产、财产权利。

人民法院受理破产申请后,债务人的财产即由管理人接管,在此期间取得的财产也属于债务人的财产。

二、撤销权

撤销权是指破产管理人请求人民法院对破产债务人在受理破产案件前法定期限内实施的损害破产关系人利益的行为予以撤销的权利。撤销权只能由破产管理人以诉讼的方式向人民法院提出。

《破产法》规定的可以行使撤销权的行为包括。

(1) 人民法院受理破产申请前1年内,涉及债务人财产的下列行为,管理人有权请求人民法院予以撤销:①无偿转让财产的;②以明显不合理的价格进行交易的;③对没有财产担保的债务提供财产担保的;④对未到期的债务提前清偿的;⑤放弃债权的。

(2) 人民法院受理破产申请前6个月内,债务人已知其不能清偿到期债务,仍对个别债权人进行清偿,损害其他债权人利益的,破产管理人有权请求人民法院予以撤销。但是,个别清偿使债务人财产受益的除外。

经管理人的请求被人民法院撤销的行为归于消灭。据被撤销的行为取得的财产,管理人有权追回。

三、债务人的无效行为

无效行为是指行为人的行为不具备法律规定的有效条件而没有法律效力。《破产法》规定,涉及债务人财产的下列行为无效:①为逃避债务而隐匿、转移财产的;②虚构债务或者承认不真实的债务的。无效行为自实施之日起就没有法律效力,据无效行为取得的财产,管理人有权予以追回。

四、追回权

追回权是指根据法律的规定,破产管理人行使撤销权后取得的追回被撤销行为所处分财产的权利。

《破产法》除规定了破产管理人追回因无效、须撤销的行为而取得的财产或者财产权利外,还有权追回以下财产:①法院受理破产案件后,企业的出资人尚未履行出资义务的,管理人员应当不问出资期限而请求出资人缴纳所认缴的出资。②债务人的董事、经理及其他负责人利用职权获取的非正常收入和侵占的企业财产,管理人应当追回。③人民法院受理破产申请后,管理人可以通过清偿债务或者提供为债权人接受的担保,取回质物、留置物。

上述规定的债务清偿或者替代担保,在质物或者留置物的价值低于被担保的债权额时,以该质物或者留置物当时的市场价值为限。

五、取回权

取回权是指破产程序中,对于不属于债务人的财产,其所有人或者其他权利人不依照破产程序,通过管理人将该财产予以取回的权利。人民法院受理破产申请后,债务人占有的不属于债务人的财产,该财产的权利人可以通过管理人取回。

六、抵销权

抵销权是指破产宣告时,与破产人互负债务的债权人享有的不依破产程序,而以其对破产人的债权抵销其对破产人所负债务的权利。行使抵销权应当符合一定的要求:①债权人对债务人负有债务,并且债权人对债务人所负债务产生于破产申请受理之前。②抵销权只能由债权人行使,并且债权人必须向管理人提出。

扩展阅读

不得抵销的情形

债权人在破产申请受理前对债务人负有债务的,可以向管理人主张抵销。但是,有下列情形之一的,不得抵销:

(1) 债务人的债务人在破产申请受理后取得他人对债务人的债权的。

(2) 债权人已知债务人有不能清偿到期债务或者破产申请的事实,对债务人负担债务的。但是,债权人因为法律规定或者有破产申请一年前所发生的原因而负担债务的除外。

(3) 债务人的债务人已知债务人有不能清偿到期债务或者破产申请的事实,对债务人取得债权的。但是,债务人的债务人因为法律规定或者有破产申请一年前所发生的原因而取得债权的除外。

七、别除权

别除权是指债权人因对破产人的特定财产享有物权担保,而可以不依破产程序而就该担保标的物优先受偿的权利。

【案例 6-3】

2021年3月19日,因A公司出现无法清偿到期债务的事实,人民法院受理了由债权人提出的对A公司进行破产清算的申请。管理人接管A公司后,对其债权债务进行了清理。其中,包括以下事实。

(1) 2020年1月7日,鉴于与B公司之间的长期业务合作关系,A公司向B公司赠送一体机一台,价值2.5万元。

(2) 2020年1月15日,A公司以其部分设备作抵押,为B公司所欠C公司80万元货款提供了担保,并办理了抵押登记。后B公司未能在约定期限内清偿所欠C公司货款。2020年3月30日,经A、B、C三方协商,A公司将抵押设备依法变现70万元,价款全部用于偿还C公司后,C公司仍有10万元货款未得到清偿。

(3) 2020年5月7日,A公司与D公司订立合同,从D公司处租赁机床一台,双方约定:租期1年;租金5万元。当日,A公司向D公司支付5万元租金,D公司向A公司交付机床。2020年3月8日,A公司故意隐瞒事实,以机床所有人的身份将该机床以20万元的市场价格卖给E公司,双方约定,E公司应于2019年5月1日前付清全部价款。当日,A公司向E公司交付了机床。人民法院受理A公司破产清算申请后,D公司向管理人要求返还其出租给A公司的机床时,得知机床已被A公司卖给E公司而E公司尚未支付20万元价款的事实。

问:(1)管理人是否有权请求人民法院撤销A公司向B公司赠送一体机的行为?(2)C公司是否有权就其未获清偿的10万元货款向管理人申报债权,要求A公司继续偿还?(3)D公司是否有权要求E公司返还机床?(4)D公司是否有权要求管理人请求人民法院撤销A公司与E公司之间的机床买卖行为?(5)D公司是否有权要求E公司将20万元机床价款直接支付给自己?

【解析】

(1) 管理人无权撤销A公司向B公司赠送一体机的行为。根据规定,人民法院受理破产申请前1年内,债务人无偿转让财产的,管理人有权请求人民法院予以撤销。A公司向 B 公司赠送一体机的行为发生于破产受理 1 年之前,管理人无权撤销。

(2) C 公司无权就其未获清偿的 10 万元货款向管理人申报债权。根据规定,破产人仅作为担保人为他人债务提供物权担保,担保债权人的债权虽然在破产程序中可以构成别除权,但因破产人不是主债务人,在担保物价款不足以清偿担保债额时,余债不得作为破产债权向破产人要求清偿,只能向原主债务人求偿。

(3) D 公司无权要求 E 公司返还机床。因为 E 公司受让财产时主观上为善意、以合理价格有偿受让,且机床已经交付,E 公司有权主张善意取得该机床的所有权。

(4) D 公司无权要求管理人请求人民法院撤销 A 公司与 E 公司之间的机床买卖行为。根据规定,人民法院受理破产申请前 1 年内,以明显不合理价格进行交易的,管理人有权请求人民法院予以撤销。E 公司受让 D 公司机床的价格合理,D 公司无权要求撤销该行为。

(5) D 公司有权要求 E 公司将 20 万元机床价款直接支付给自己。根据规定,如果转让其财产的对待给付财产尚未支付(如购买价款)或存在补偿金等,该财产的权利人有权取回代偿物。E 公司购买机床的价款尚未支付,D 公司有权行使代偿取回权。

第五节 重整与和解

一、重整的申请与重整保护期

重整是指经利害关系人申请,对可能或者已经具备破产原因但又有希望挽救的债务人,通过各方利害关系人的协商,并借助法律强制性地调整他们的利益,对债务人进行生产经营上的整顿和债权债务关系上的清理,以使其摆脱困境、恢复生机的法律制度。

1. 重整的申请。

债务人或者债权人均可以依照法律规定,直接向人民法院申请对债务人进行重整。

2. 重整期间。

自人民法院裁定债务人重整之日起至重整程序终止,为重整期间。

重整保护期不超过 6 个月。

3. 重整程序的终止。

在重整期间,有下列情形之一的,经管理人或者利害关系人请求,人民法院应当裁定终止重整程序,并宣告债务人破产:①债务人的经营状况和财产状况继续恶化,缺乏挽救的可能性;②债务人有欺诈、恶意减少债务人财产或者其他显著不利于债权人的行为;③由于债务人的行为致使管理人无法执行职务。

二、重整计划的制订与批准

(一) 重整计划的制订

债务人或者管理人应当自人民法院裁定债务人重整之日起 6 个月内,同时向人民法院和债权人会议提交重整计划草案。债务人或者管理人未按期提出重整计划草案的,人民法院应当裁定终止重整程序,并宣告债务人破产。

债务人自行管理财产和营业事务的,由债务人制作重整计划草案。管理人负责管理财产和营业事务的,由管理人制作重整计划草案。

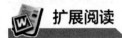

重整计划草案应当包括的内容

重整计划草案应当包括的内容:①债务人的经营方案;②债权分类;③债权调整方案;④债权受偿方案;⑤重整计划的执行期限;⑥重整计划执行的监督期限;⑦有利于债务人重整的其他方案。

(二) 重整计划的批准

自重整计划通过之日起 10 日内,债务人或者管理人应当向人民法院提出批准重整计划的申请。人民法院经审查认为符合本法规定的,应当自收到申请之日起 30 日内裁定批准,终止重整程序,并予以公告。

三、重整计划的执行

经人民法院裁定批准的重整计划,对债务人和全体债权人均有约束力。

重整计划由债务人负责执行。人民法院裁定批准重整计划后,已接管财产和营业事务的管理人应当向债务人移交财产和营业事务。自人民法院裁定批准重整计划之日起,在重整计划规定的监督期内,由管理人监督重整计划的执行。在监督期内,债务人应当向管理人报告重整计划执行情况和债务人财务状况。

监督期届满时,管理人应当向人民法院提交监督报告。自监督报告提交之日起,管理人的监督职责终止。管理人向人民法院提交的监督报告,重整计划的利害关系人有权查阅。

四、和解

和解是债务人和债权人会议就企业延期或者减免清偿债务、企业进行重整的计划等问题达成协议的协议,经人民法院认可后予以公告,并裁定中止破产程序。

(一) 和解申请

和解申请只能由债务人向人民法院提出,申请和解时必须提交和解协议草案。人民法院经审查认为和解申请符合法律规定的,应当裁定和解,予以公告,并召集债权人会议讨论和解协议草案。

(二) 和解协议的通过

和解协议草案与各债权人的切身利益密切相关,因此属于债权人会议特别决议的事项,应当由出席会议的有表决权的债权人的过半数通过,并且其所代表的债权额,必须占无财产担保债权总额的 2/3 以上。

(三) 和解协议的生效

和解协议应当由人民法院从裁定认可才能生效。

(四) 和解协议的法律效力

和解协议生效的法律效果表现在:

1. 破产程序中止。

2. 对债务人发生法律约束力。

管理人应当向债务人移交财产和营业事务,债务人重新取得对其财产的支配权。债务人应当按照和解协议规定的条件清偿债务,并向人民法院提交执行职务的报告。按照和解协议减免的债务,自和解协议执行完毕时起,债务人不再承担清偿责任。债务人不能执行或者不执行和解协议的,人民法院经和解债权人请求,应当从裁定终止和解协议的执行,并宣告债务人破产。

3. 对债权人发生法律约束力。

债权人应当按照和解协议的规定接受清偿,不得向债务人要求和解协议规定以外的任何利益。和解债权人对债务人的保证人和其他连带债务人所享有的权利,不受和解协议的影响。只要债务人没有出现法律规定的、应当予以终结和解程序、宣告破产的事由,任何债权人均不得超越和解协议的约定实施干扰债务人正常生产经营和清偿活动的行为。

扩展阅读

淄博兰雁集团有限责任公司破产重整转清算案件

淄博兰雁集团是全国百家大型纺织企业之一,因历史背景复杂、企业包袱庞大,彻底解困的关键是引进有实力的战略投资人。进入破产程序后,管理人积极开展招商引资工作,经过多轮谈判,最终引入适格的战略投资人,确定了"分段招募、先租后购、以购代投"模式。

为解决职工问题,法院在案件推进过程中,与政府、管理人、投资人反复协商,最终实现了大部分企业职工再就业。同时,通过人员、设备转换,顺利完成了我国牛仔布及服装行业首个"国家级企业技术中心"这一科技创新平台的平移,为后续发展保持了强大研发实力,公司生产管理及运营逐步进入了良性发展轨道。

(资料来源:https://www.sohu.com/a/349403111_100023701)

第六节 破 产 清 算

债务人一旦被宣告破产,破产程序便进入了破产清算阶段。在清算阶段,需要确定破产债权的范围、分配破产财产等。

一、破产宣告

破产宣告是指人民法院对于具备破产条件的债务人的破产事实予以判定,并使债务人进入破产清算程序的一种司法裁定行为。

(一)破产宣告的条件

人民法院宣告破产,必须符合规定的条件:①必须由法院已裁定的形式作出;②宣告债务人破产的裁定应当在法定时间内依照法定的方式告知相关人员。

破产裁定作出之日起5日内送达债务人和管理人,自裁定作出之日起10日内通知已知债权人,对未知的债权人以并公告的方式作出。

债务人被宣告破产后,债务人称为破产人,债务人财产称为破产财产,人民法院受理破产申请时对债务人享有的债权称为破产债权。

(二)破产宣告的情形

法院宣告债务人破产的能具体情形大致分为三类:①债务人不能清偿到期债务;②债务人请求和解不成立或和解协议依法被废止;③人民法院依法裁定终止重整计划的执行,同时宣告破产。

破产宣告前,有下列情形之一的,人民法院应当裁定终结破产程序并予以公告:①第三人为债务人提供足额担保或者为债务人清偿全部到期债务的;②债务人已经清偿全部到期债务的。

（三）破产宣告的法律效力

破产宣告之日起发生法律效力。其法律效力主要表现在。

1. 企业由债务人变成了破产人，应当向原登记机关进行破产登记，其法律人格仅在清算意义上继续存在。

2. 债务人的财产成为破产财产，企业丧失了对其财产的管理权和处分权，而由管理人接管破产企业。

3. 有财产担保的债权人享有就该项担保物有限受偿的权利，当优先受偿权利未能完全满足时，其未受偿的债权作为普通债权；放弃优先受偿权利的，其债权作为普通债权。无财产担保的债权只能按照清偿顺序，通过法定程序、依据破产财产分配方案，由破产财产获得清偿。

4. 破产企业自即日起应当停止生产经营活动，但是人民法院或者管理人认为确有必要继续生产经营的情况除外。

二、破产财产

债务人的财产在破产宣告后，成为破产财产。

破产财产包括：①宣告破产时，破产企业经营管理的全部财产；②破产企业在破产宣告后破产程序终结前所取得的财产；③应当由破产企业行使的其他财产权利。已经作为担保物的财产不属于破产财产，但是如果担保物的价值超过其所担保的债务数额的，超过的部分用于破产清算，属于破产财产。

三、破产费用和共益债务

（一）破产费用

破产费用是指人民法院受理破产申请后，为破产程序的顺利进行及对债务人财产的管理、变价、分配过程中，必须支付的且用债务人财产优先支付的费用。

破产财产的范围包括：①破产案件的诉讼费用；②管理、变价和分配债务人财产的费用；③管理人执行职务的费用、报酬和聘用工作人员的费用。

（二）共益债务

共益债务是指人民法院受理破产申请后，管理人为全体债权人的共同利益，管理债务人财产时所负担的或产生的债务，以及因债务人财产而产生的，以债务人财产优先支付的债务。

人民法院受理破产申请后发生的下列债务，为共益债务：①因管理人或者债务人请求对方当事人履行双方均未履行完毕的合同所产生的债务；②债务人财产受无因管理所产生的债务；③因债务人不当得利所产生的债务；④为债务人继续营业而应支付的劳动报酬和社会保险费用,以及由此产生的其他债务;⑤管理人或者相关人员执行职务致人损害所产生的债务;⑥债务人财产致人损害所产生的债务。

【案例 6-4】

下列关于破产费用与共益债务清偿的表述中,符合《破产法》规定的有(   )。

A. 破产费用和共益债务由债务人财产随时清偿

B. 债务人财产不足以清偿所有破产费用和共益债务的,先行清偿共益债务

C. 债务人财产不足以清偿所有共益债务的,按照比例清偿

D. 债务人财产不足以清偿所有破产费用的,在按照比例清偿后,管理人应当提请人民法院终结破产程序

【解析】

正确答案是 A、C、D。符合法律规定的破产费用和共益债务偿付的规则。选项 B 是错误的。债务人财产不足以清偿所有破产费用和共益债务的,先行清偿破产费用。

四、破产债权

破产债权是指在破产宣告前对债务人成立的,并通过破产程序从破产财产中获得公平清偿的债权。

破产债权包括:①破产宣告前成立的无财产担保债权和放弃优先受偿的有财产担保的债权;②破产宣告时未到期的债权,视为已经到期债权,但是应当减去未到期的利息;③有财产担保的,其数额超过担保物价款而未足额清偿部分的债权;④债权人对破产企业负有债务的,在破产清算前抵销后的余额债权。

扩展阅读

A 省南方石化工业有限公司(以下简称南方石化)、A 省南方控股集团有限公司、A 省中波实业股份有限公司系 B 地区最早一批集化纤、纺织、经贸为一体的民营企业,三家公司受同一实际控制人控制。其中南方石化年产值 20 亿余元,纳税近 2 亿元,曾入选中国民营企业 500 强。由于受行业周期性低谷及互保等影响,2016 年上述三家公司出现债务危机。2016 年 11 月 1 日,A 省 B 市柯桥区人民法院(以下简称柯桥法院)裁定分别受理上述三家公司的破产清算申请,并通过竞争方式指定联合管理人。

三家企业共接受债权申报 54.96 亿元,裁定确认 30.55 亿元,临时确认 24.41 亿元。其中南方石化接受债权申报 18.58 亿元,裁定确认 9.24 亿元,临时确认 9.34 亿元。鉴于三家企业存在关联关系、主要债权人高度重合、资产独立、分散以及南方石化"破产不停

产"等实际情况,柯桥法院指导管理人在充分尊重债权人权利的基础上,积极扩展债权人会议职能,并确定三家企业"合并开会、分别表决"的方案。

2017年1月14日,柯桥法院召开南方石化等三家企业第一次债权人会议,高票通过了各项方案。2017年2月23日,柯桥法院宣告南方石化等三家企业破产。

2017年3月10日,破产财产进行网络司法拍卖,三家企业550亩土地、26万平方米厂房及相关石化设备等破产财产以6.88亿余元一次拍卖成交。根据通过的《破产财产分配方案》,职工债权获全额清偿,普通债权的清偿率达14.74%。破产财产买受人以不低于原工作待遇的方式接受员工,1310余名员工中1100余人留任,一线员工全部安置。本案从宣告破产到拍卖成交仅用时54天;从立案受理到完成财产分配仅用时10个半月。

审理中,通过运用政府的产业和招商政策,利用闲置土地70余亩,增加数亿投入上马年产50万吨FDY差别化纤维项目,并通过托管和委托加工方式,确保"破产不停产",维持职工就业;资产处置中,通过债权人会议授权管理人将三家企业资产可单独或合并打包,实现资产快速市场化处置和实质性的重整效果。对于尚未达到法人格高度混同的关联企业破产案件,采取联合管理人履职模式,探索对重大程序性事项尤其是债权人会议进行合并,提高审理效率。

(资料来源:https://www.chinacourt.org/article/detail/2018/03/id/3219334.shtml)

五、破产财产的分配

管理人应当及时拟订破产财产分配方案,提交债权人会议讨论,债权人会议通过破产财产分配方案后,由管理人将该方案提请人民法院裁定认可。破产财产分派方案经人民法院裁定认可后,由管理人执行。

破产财产的分配应当以货币分配方式进行。但是,债权人会议另有决议的除外。

破产财产在优先清偿破产费用和共益债务后,依照下列顺序清偿:①破产人所欠职工的工资和医疗、伤残补助、抚恤费用,所欠的应当划入职工个人账户的基本养老保险、基本医疗保险费用,以及法律、行政法规规定应当支付给职工的补偿金;②破产人欠缴的除前项规定以外的社会保险费用和破产人所欠税款;③普通破产债权。破产财产不足以清偿同一顺序的清偿要求的,按照比例分配。

六、破产程序的终结

破产程序的终结是指造破产程序进行过程中发生法律规定的应当终止破产程序的原因时,由法院裁定结束破产程序。

《破产法》规定下列情况下终结破产程序。

(1)债务人财产不足以清偿破产费用的管理人应当提请人民法院终结破产程序。

(2)人民法院受理破产申请后,债务人与全体债权人就债权债务的处理自行达成协议的,可以请求人民法院裁定认可,并终结破产程序。

(3)破产人无财产可供分配的,管理人应当请求人民法院裁定终结破产程序。

(4)破产财产分配完毕。

破产人无财产可供分配的,管理人应当请求人民法院裁定终结破产程序。

管理人在最后分配完结后,应当及时向人民法院提交破产财产分配报告,并提请人民法院裁定终结破产程序。人民法院应当自收到管理人终结破产程序的请求之日起15日内作出是否终结破产程序的裁定。裁定终结的,应当予以公告。

管理人应当自破产程序终结之日起10日内,持人民法院终结破产程序的裁定,向破产人的原登记机关办理注销登记。

引导案例解析

(1)乙公司向甲公司购买一批货物,货已交但款未付,管理人要求乙公司支付货款的行为符合法律规定。

(2)丙公司借用甲公司一台货车,管理人要求丙公司交还该货车的行为符合法律规定。

(3)丁银行直接从甲公司账上扣缴贷款30万元的行为属于对个别债权人的债务清偿,不符合法律规定。

(4)戊公司与甲公司协商,以一台设备充抵所欠的加工费的行为属于对个别债权人的债务清偿,不符合法律规定。

实训练习

一、简答题

1. 企业破产的原因有哪些?
2. 如何理解和解和重整制度?
3. 破产宣告的效果有哪些?
4. 简述破产财产的分配顺序。

二、不定项选择题

1. 下列各项中,根据企业破产法律制度的规定,对企业破产有管辖权的是(   )。

    A. 债务人住所地人民法院   B. 债权人所在地人民法院

    C. 破产财产所在地人民法院   D. 债务合同履行地人民法院

2. 甲公司被乙公司申请破产，人民法院受理了甲公司的破产案件。以下相应的机关和当事人实施的行为中，不符合法律规定的是(　　)。

　　A. 法院批准甲公司为维持经营向乙公司支付货款 10 万元

　　B. 开户银行直接从甲公司账上扣划 5 万元抵还所欠本银行的贷款

　　C. 乙公司以欠甲公司的 8 万元债务抵销了甲公司欠乙公司的 8 万元债务

　　D. 清算组决定由甲公司继续履行与丙公司的合同

3. 根据企业破产法的规定，下列关于债权人委员会的表述中，正确的是(　　)。

　　A. 在债权人会议中应当设置债权人委员

　　B. 债权人委员会的成员人数最多不得超过 7 人

　　C. 债权人委员会中的债权人代表由人民法院指定

　　D. 债权人委员会中应当有 1 名债务人企业的职工代表或者工会代表

4. 某公司长期不能清偿到期债务，并且资产不足以清偿全部债务，对此下列说法正确的有(　　)。

　　A. 该公司可以向人民法院提出重整

　　B. 该公司可以向人民法院提出破产清算申请

　　C. 该公司的债权人可以向人民法院提出和解

　　D. 该公司的债权人可以向人民法院提出破产清算申请

5. 甲企业因不能清偿到期债务被申请重整，其中欠乙公司无担保货款 50 万元。在重整期间，乙公司得到 10% 的货款即 5 万元，当人民法院裁定终止重整计划执行，并宣告债务人破产时，乙公司可以继续得到清偿的情形是(　　)。

　　A. 全体债权人都得到 5 万元清偿后

　　B. 全体无财产担保的债权人都得到 5 万元清偿后

　　C. 全体债权人都得到 10% 的清偿后

　　D. 全体无财产担保的债权人都得到 10% 的清偿后

三、案例分析题

1. 人民法院受理债务人甲公司破产申请时，乙公司依照其与甲公司之间的买卖合同已向买受人甲公司发运了该合同项下的货物，但甲公司尚未支付价款。乙公司得知甲公司破产申请被受理后，立即通过传真向甲公司的管理人要求取回在运途中的货物。管理人收到乙公司传真后不久，即收到了乙公司发运的货物。

试分析：

乙公司是否有权取回该批货物？

2. 2020 年 7 月，甲、乙两公司签订一份买卖合同。按照合同约定，双方已于 2020 年

8月底前各自履行了合同义务的50%,并应于2020年年底将各自剩余的50%的合同义务履行完毕。2021年2月,人民法院受理了债务人甲公司的破产申请。2021年3月31日,甲公司管理人收到了乙公司关于是否继续履行该买卖合同的催告,但直至2021年5月初,管理人尚未对乙公司的催告做出答复。

试分析:

该买卖合同,乙公司是否还需继续履行合同?

第七章 证券法

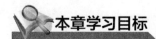

本章学习目标

1. 掌握证券的概念和种类、证券法的概念、证券发行、证券交易的一般规则、信息披露制度、禁止的交易行为。

2. 理解证券市场的概念和主体、证券管理的原则、证券的承销、上市公司的收购。

3. 熟悉投资者保护、违反《证券法》的法律责任。

引导案例

2014年10月，獐子岛集团股份有限公司（下称獐子岛）发布公告，称受冷水团影响公司播撒的100多万亩虾夷扇贝绝收。逃跑的不光是扇贝，公司业绩也随之直降，2014年前三季度公司由上半年的盈利4845万元转而变为亏损约8.12亿元。

2018年1月獐子岛又发布公告称，降水减少导致扇贝的饵料生物数量下降，再加上海水温度的异常，长时间处于饥饿状态的扇贝没有得到恢复，最后诱发死亡。

这次的扇贝饿死事件，引来了证监会立案调查。而在2019年一季报中，獐子岛称集团净利润亏损4314万元，理由依然是"底播虾夷扇贝受灾"。獐子岛公告刚出，深交所即发出关注函，要求獐子岛对虾夷扇贝出现较大面积死亡的原因、发现减值迹象的时间，以及此前信息披露是否真实、准确、完整，公司是否存在隐瞒减值迹象的情况作出说明。

通过本章学习，回答以下问题：獐子岛是否存在违规行为？

第一节 证券法概述

一、证券的概述

(一)证券的概念及种类

1. 证券的概念。

证券是证明持券人有权取得相应权益的书面证明。

2. 证券的种类。

《中华人民共和国证券法》(以下简称《证券法》)中规定的证券包括:常规证券、特殊证券、境外证券和特殊产品。

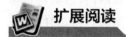

《证券法》的法律适用

2019年12月28日第十三届全国人民代表大会常务委员会通过颁布的《证券法》修正案明确规定,在中华人民共和国境内,股票、公司债券、存托凭证和国务院依法认定的其他证券的发行和交易,适用本法;本法未规定的,适用《公司法》和其他法律、行政法规的规定。

政府债券、证券投资基金份额的上市交易,适用本法;其他法律、行政法规另有规定的,适用其规定。资产支持证券、资产管理产品发行、交易的管理办法,由国务院依照本法的原则规定。

在中华人民共和国境外的证券发行和交易活动,扰乱中华人民共和国境内市场秩序,损害境内投资者合法权益的,依照本法有关规定处理并追究法律责任。

(1)股票。

股票是股份有限责任公司发行的,证明股东持有股份的凭证。股票按照投资主体不同,分为国家股、法人股和社会公众股;按照上市地点及对投资者的限定不同,分为A股、B股、H股、N股和S股。

(2)债券。

债券是政府或公司为筹集资金,依照法定程序发行,约定一定期限还本付息的借款凭证。债券按照发行主体不同,分为公司债券、金融债券和政府债券。

(3)存托凭证。

存托凭证是在一国证券市场流通的代表外国公司有价证券的可转让凭证。

（4）证券投资基金。

证券投资基金是利益共享、风险共担的集合证券投资方式，是通过发售基金份额，集中投资人的资金，由基金管理人管理，基金托管人管理，从事股票、债券和外汇等金融投资，将投资收益按投资人的投资比例进行分配的间接投资方式。证券投资基金按照运作方式不同，分为封闭式基金和开放式基金。

（5）衍生证券。

衍生证券是从股票、债券等传统投资工具中衍生出来的各种金融投资工具的总称。衍生证券是金融合约，包括远期合约、期货合约、期换合约和期权合约，其价值取决于作为基础标的物的资产或者指数。

（6）认股权证。

认股权证是股份有限责任公司给予持证人的无限期或者在一定期限内，以确定价格购买一定数量普通股份的权利凭证。认股权证是持证人认购公司股票的长期选择权，本身不是权利证明书，持证人不具备股东资格，但是认股权证能够依法转让，给持有人带来收益，因而也是有价证券。

2019年修订的《证券法》对于纳入证券法律调整范畴内的证券种类作了进一步的明确，基本涵盖了证券定义范畴内的全部种类。

我国证券市场的历史

证券市场是商品经济发展到一定阶段的产物，从1726年世界上第一个证券交易所在巴黎成立以来，至今已有200多年的历史。我国证券市场的发展则可追溯到19世纪末、20世纪初。1873年，清政府督办了轮船招商局，发行了中国最早的股票。1918年，我国第一家证券交易所在北京成立。1920年，经孙中山先生倡议，我国成立了上海证券物品交易所。新中国成立后，我国一度取消了证券交易市场。

党的十一届三中全会以后，我国开始实行改革开放政策，证券市场也得以恢复发展。1981年，我国恢复发行国债；1984年前后，一些企业开始发行股票和企业债券；1986年，我国开始试办证券转让的柜台交易；1987年，国务院发布了《国务院关于加强股票、债券管理的通知》，我国股票、债券的发行管理开始走上了规范化发展的轨道；1988年，我国建立起国债流通市场；1990年11月26日，上海证券交易所成立；1991年4月11日，深圳证券交易所成立。

二、证券市场的概念和主体

(一)证券市场

证券市场是指证券发行与交易的场所。证券市场分为发行市场和流通市场。发行市场又称一级市场,是发行新证券的市场,证券发行人通过证券发行市场将已获准公开发行的证券第一次销售给投资者,以获取资金。

证券流通市场又称二级市场,是对已发行的证券进行买卖、转让交易的场所。通过一级市场取得的证券可以到二级市场进行买卖,投资者可以在二级市场对证券进行不间断的交易。

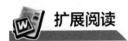

中国的证券交易所

深圳证券交易所(以下简称"深交所")是为证券集中交易提供场所和设施,组织和监督证券交易,履行国家有关法律、法规、规章、政策规定的职责,实行自律管理的法人。深交所的主要职能包括:提供证券交易的场所和设施;制定业务规则;审核证券上市申请;安排证券上市;组织、监督证券交易;对会员进行监管;对上市公司进行监管;管理和公布市场信息;中国证监会许可的其他职能。

上海证券交易所(英文:Shanghai Stock Exchange)是中国大陆两所证券交易所之一,位于上海浦东新区。

经国务院批准,全国性场外交易市场——"北京证券交易所(全国中小企业股份转让系统有限公司)"于2012年9月20日在国家工商总局注册成立。2013年1月16日"北京证券交易所(全国中小企业股份转让系统)"正式挂牌成立。至此中国证券交易所"三足鼎立"的格局已经形成——上海证券交易所、深圳证券交易所、北京(场外)证券交易所。

北京(场外)证券交易所与深圳证券交易所、上海证券交易所的区别:北交所与深交所、上交所的功能是一样的,都是服务实体经济的发展。但是在深交所、上交所交易股票的公司叫上市,上市要求条件较严格;在北交所交易的公司不叫上市,叫挂牌,挂牌要求条件较宽松,挂牌企业主要是广大的中小企业。

(二)证券市场的主体

证券市场的主体包括证券发行人、投资者、交易场所,以及自律性组织和监管机构。

1. 证券发行人。

证券发行人是在证券市场上发行证券的单位,一般包括企业、金融机构和政府部门。

证券发行人是为筹措资金而发行证券的社会经济组织。

证券发行人的种类。

(1) 政府。中央政府为弥补财政赤字或者筹措经济建设所需资金,由财政部代表中央政府发行国库券、财政债券、国家重点建设债券等国债。地方政府不得发行地方政府债券,但是为支持经济建设,1998年以来,中央财政将部分新增国债项目资金转贷地方,用于国家确定的国债资金建设项目,由地方政府还本付息。

(2) 金融机构。专业银行、政策性银行和非银行金融机构为筹措资金,经批准可以公开发行金融债券。

(3) 股份有限责任公司。股份有限责任公司,发行股票和债券的目的是为了扩大资金来源,满足生产经营发展的需要。

2. 证券投资者。

证券投资者是证券市场上证券的购买者,也是资金的供给者。证券投资者一般包括个人投资者和机构投资者,个人投资者可以直接参与证券的买卖,也可以通过证券经纪人买卖证券。机构投资者是指有资格进行证券投资的法人单位。投资者的目的各不相同,有的意在长期投资,获取高于银行利息的收益,有的意在参与股份有限责任公司的经营管理,有时通过买卖证券时机的选择,赚取市场价差。

(1) 机构投资者。机构投资者是金融市场中从事证券投资的法人,主要是具有证券自营业务资格的证券经营机构,符合国家有关政策法规的投资管理基金等,包括保险公司、养老基金、投资基金、证券公司和银行等。

(2) 个人投资者。个人投资者是出资购买股票、债券等有价证券的个人投资者。相对于机构投资者,其数量众多,常常被称为散户。

3. 证券交易所。

(1) 证券交易所的法律地位。

证券交易所、国务院批准的其他全国性证券交易场所为证券集中交易提供场所和设施,组织和监督证券交易,实行自律管理,依法登记,取得法人资格。证券交易所、国务院批准的其他全国性证券交易场所的设立、变更和解散由国务院决定。

(2) 证券交易所的种类和运行。

我国现有上海证券交易所、深圳证券交易所和北京(场外)证券交易所。此外还有香港交易所和台湾证券交易所。

证券交易所、国务院批准的其他全国性证券交易场所的设立、变更和解散由国务院决定。国务院批准的其他全国性证券交易场所的组织机构、管理办法等,由国务院规定。证券交易所、国务院批准的其他全国性证券交易场所可以根据证券品种、行业特点、公司规模等因素设立不同的市场层次。实行会员制的证券交易所设理事会、监事会。

(3) 证券交易所的职责。

证券交易所履行自律管理职能,应当遵守社会公共利益优先原则,维护市场的公平、有序、透明。

设立证券交易所必须制定章程。证券交易所章程的制定和修改,必须经国务院证券监督管理机构批准。

证券交易所的职责:提供股票交易的场所和设施;制定证券交易所的业务规则;接受上市申请、安排证券上市;组织和监督证券交易;对会员进行监管;对上市公司进行监管;设立证券登记结算机构;管理和公布市场信息;证监会许可的其他职能。

4. 证券公司。

证券公司是依照《公司法》和《证券法》设立,经国务院证券监督管理机构审查批准成立从事证券经营证券业务,具有独立法人地位的有限责任公司或者股份有限公司。

证券公司的分类。

(1) 证券经纪商。

证券经纪商即证券经纪公司,是代理买卖证券的证券机构,接受投资人委托、代为买卖证券,并收取一定手续费即佣金,如天勤证券经纪有限公司、东吴证券苏州营业部。

(2) 证券自营商。

证券自营商即综合型证券公司,除了证券经纪公司的权限外,还可以自行买卖证券的证券机构,它们资金雄厚,可直接进入交易所为自己买卖股票,如国泰君安证券。

(3) 证券承销商。

证券承销商是以包销或者代销形式帮助发行人发售证券的机构。

实际上,许多证券公司是兼营这三种业务的。按照各国现行的做法,证券交易所的会员公司均可在交易市场进行自营买卖,但专门以自营买卖为主的证券公司为数极少。

另外,一些经过认证的创新型证券公司,还具有创设权证的权限,如中信证券。

设立证券公司,应当具备下列条件,并经国务院证券监督管理机构批准。

(1) 有符合法律、行政法规规定的公司章程。

(2) 主要股东及公司的实际控制人具有良好的财务状况和诚信记录,最近3年无重大违法违规记录。

(3) 有符合本法规定的公司注册资本。

(4) 董事、监事、高级管理人员、从业人员符合本法规定的条件。

(5) 有完善的风险管理与内部控制制度。

(6) 有合格的经营场所、业务设施和信息技术系统。

(7) 法律、行政法规和经国务院批准的国务院证券监督管理机构规定的其他条件。

未经国务院证券监督管理机构批准,任何单位和个人不得以证券公司名义开展证券业务活动。

证券公司的经营范围。经国务院证券监督管理机构核准,取得经营证券业务许可证,证券公司可以经营下列部分或者全部证券业务。

(1) 证券经纪。

(2) 证券投资咨询。

(3) 与证券交易、证券投资活动有关的财务顾问。

(4) 证券承销与保荐。

(5) 证券融资融券。

(6) 证券做市交易。

(7) 证券自营。

(8) 其他证券业务。

国务院证券监督管理机构应当自受理前款规定事项申请之日起3个月内,依照法定条件和程序进行审查,作出核准或者不予核准的决定,并通知申请人;不予核准的,应当说明理由。

证券公司经营证券资产管理业务的,应当符合《中华人民共和国证券投资基金法》等法律、行政法规的规定。除证券公司外,任何单位和个人不得从事证券承销、证券保荐、证券经纪和证券融资融券业务。证券公司从事证券融资融券业务,应当采取措施,严格防范和控制风险,不得违反规定向客户出借资金或者证券。

5. 证券登记结算机构。

证券登记结算机构为证券交易提供集中登记、存管与结算服务,不以营利为目的,依法登记,取得法人资格。设立证券登记结算机构必须经国务院证券监督管理机构批准。2001年3月30日,中国证券登记结算有限责任公司成立,总部设在北京,上海、深圳设有分公司。

证券登记结算机构的设立条件。

(1) 自有资金不少于人民币2亿元。

(2) 有证券登记、托管和结算服务必需的场所和设施。

(3) 主要管理人员和业务人员有证券从业资格。

(4) 国务院证券监督管理机构规定的其他条件。

证券登记结算机构的职能。

(1) 证券账户、结算账户的设立。

(2) 证券的存管和过户。

(3) 证券持有人名册登记。

(4) 证券交易的清算和交收。

(5) 受发行人的委托派发证券权益。

(6) 办理与上述业务有关的查询、信息服务。

(7) 国务院证券监督管理机构批准的其他业务。

《证券法》的规定是为了保障证券市场的安全运行,防范结算风险,明确规定结算业务的基本要求和保证交收的基本原则、措施和手段。在证券交易所和国务院批准的其他全国性证券交易场所交易的证券的登记结算,应当采取全国集中统一的运营方式。

6. 证券交易服务机构。

(1) 证券交易服务机构的法律地位。

证券交易服务机构是依法设立的,从事证券服务业务的法人。证券登记结算机构为证券交易提供集中登记、存管与结算服务,不以营利为目的,依法登记,取得法人资格。设立证券登记结算机构必须经国务院证券监督管理机构批准。

(2) 证券交易服务机构的分类。

证券交易服务机构包括会计师事务所、律师事务所、证券投资咨询机构、资产评估机构、资信评级机构、财务顾问机构、信息技术系统服务机构等。

(3) 证券交易服务机构的职责。

① 证券交易服务机构应当勤勉尽责、恪尽职守,按照相关业务规则为证券的交易及相关活动提供服务。

② 从事证券投资咨询服务业务,应当经国务院证券监督管理机构核准;未经核准,不得为证券的交易及相关活动提供服务。

③ 证券服务机构为证券的发行、上市、交易等证券业务活动制作、出具审计报告及其他鉴证报告、资产评估报告、财务顾问报告、资信评级报告或者法律意见书等文件,应当勤勉尽责,对所依据的文件资料内容的真实性、准确性、完整性进行核查和验证。

其制作、出具的文件有虚假记载、误导性陈述或者重大遗漏,给他人造成损失的,应当与委托人承担连带赔偿责任,但是能够证明自己没有过错的除外。

(4) 证券投资咨询机构及其从业人员的禁止性行为。

证券投资咨询机构及其从业人员从事证券服务业务不得有下列行为:代理委托人从事证券投资;与委托人约定分享证券投资收益或者分担证券投资损失;买卖本证券投资咨询机构提供服务的证券;法律、行政法规禁止的其他行为。

有上述所列行为之一,给投资者造成损失的,应当依法承担赔偿责任。

7. 证券业协会。

证券业协会是依法成立的证券业自律组织,属非营利性社会团体法人。中国证券业协会成立于1991年8月。

证券业协会的内部组织机构。证券业协会的权力机构是全体会员组成的会员大会。证券业协会章程由会员大会制定,报国务院证券监督管理机构备案。会员大会每两年举行一次会议,必要时经常务理事会决定可以召开临时会议。

证券业协会设会长、副会长。理事会为其执行机构,理事会成员依章程规定选举产生,每届任期两年,可连选连任。证券业协会的会员包括团体会员和个人会员。团体会员是证券公司,个人会员只限于证券市场管理部门有关领导及从事证券研究及业务工作的专家,由协会根据需要吸收。

证券业协会履行下列职责。

(1)教育和组织会员及其从业人员遵守证券法律、行政法规,组织开展证券行业诚信建设,督促证券行业履行社会责任。

(2)依法维护会员的合法权益,向证券监督管理机构反映会员的建议和要求。

(3)督促会员开展投资者教育和保护活动,维护投资者合法权益。

(4)制定和实施证券行业自律规则,监督、检查会员及其从业人员行为,对违反法律、行政法规、自律规则或者协会章程的,按照规定给予纪律处分或者实施其他自律管理措施。

(5)制定证券行业业务规范,组织从业人员的业务培训。

(6)组织会员就证券行业的发展、运作及有关内容进行研究,收集整理、发布证券相关信息,提供会员服务,组织行业交流,引导行业创新发展。

(7)对会员之间、会员与客户之间发生的证券业务纠纷进行调解。

(8)证券业协会章程规定的其他职责。

三、证券法概述

(一)证券法的概念

证券法有广义和狭义之分。广义的证券法是指一切与证券有关的法律规范的总称。狭义的证券法专指《证券法》,它是规范证券发行、交易及监管过程中产生的各种法律关系的基本法,是证券市场各类行为主体必须遵守的行为规范,由国家权力机关制定,以国家强制力保障实施。

证券法调整的法律关系,包括证券发行人、投资者、证券经营机构和证券服务机构之间平等的证券发行关系、交易关系和服务关系,也包括证券监督管理机构对证券市场参与者进行领导、组织、协调和监督的监管关系。

(二)证券管理的原则

1. 公开、公平和公正原则。

《证券法》规定,证券的发行、交易活动,必须遵循公开、公平、公正的原则。公开是证券发行人必须向公众披露与证券有关的信息,使投资者充分了解情况后作出投资选择。公平是证券活动所有参与者的法律地位平等,每个投资者都有机会进入市场,按照相同规则交易。公正是证券管理部门适用法律一视同仁,平等保护当事人的利益。

2. 自愿有偿和诚实信用原则。

自愿有偿是证券活动主体有权按照自己的意愿参与证券活动,按照价值规律的要求进行等价交换。诚实信用是证券活动当事人应当履行自己承担的义务,不得从事证券欺诈活动。

3. 依法进行证券活动原则。

证券的发行、交易活动,必须遵守法律、行政法规;禁止欺诈、内幕交易和操纵证券市场的行为。

4. 分业经营和分业管理原则。

证券业和银行业、信托业、保险业分业经营、分业管理。证券公司与银行、信托、保险业务机构分别设立。国家另有规定的除外。

随着金融改革不断深化,严格分业经营的做法在实践中已经开始被突破,出现了在集团控股下分设银行、证券、保险机构的模式,特别是商业银行已经设立了基金公司,保险资金按一定比例直接进入资本市场。《证券法》增加了"国家另有规定的除外"的规定,将既成事实合法化,并为以后金融改革留下空间。

5. 保护投资者合法权益原则。

《证券法》规定了信息披露、禁止证券欺诈等制度和规范,体现了对投资者合法权益的保护。

6. 政府监管与行业自律相结合原则。

国务院证券监督管理机构依法对全国证券市场实行集中统一监督管理。在国家对证券发行、交易活动实行集中统一监督管理的前提下,依法设立证券业协会,实行自律性管理。

7. 国家审计监督原则。

证券交易所、证券公司、证券登记结算机构、证券监督管理机构在证券发行、交易及监管活动中扮演重要角色,他们的财务收支有无违法违规情况,对投资者的权益保护和证券市场的安全及健康发展影响很大。因此,《证券法》规定,国家审计机关依法对证券交易所、证券公司、证券登记结算机构、证券监督管理机构进行审计监督。

扩展阅读

分业经营、分业管理

证券业、银行业、信托业和保险业分业经营、分业管理。都属金融行业,但又都有各自的业务领域,证券业是以发行和交易证券为主要业务的行业;银行业是以经营存、放款,办理转账结算为主要业务的行业;信托业是一种受人之托,代人理财的行业;保险业是集聚资金、补偿损失、分担风险的行业。改革开放之初,我国的证券业、银行业、信托业、保险业实行的是混业经营、混业管理,但在实践中也出现了不少问题。

鉴于我国现阶段整个金融行业都还处于市场化改革的发展过程之中，分业经营、分业管理有利于提高经营水平，加强监督管理，化解金融风险，国家分别制定了《中国人民银行法》《商业银行法》《银行业监督管理法》《证券法》《信托法》《保险法》，并分别设立了证监会、银监会和保监会，依法加强对证券业、银行业、信托业、保险业的监管。因此，分业经营、分业管理，仍是目前的基本格局。

第二节　证券发行与承销

一、证券发行

（一）证券发行的概念

证券发行是发行人为筹集资金，依照法定条件和程序，将证券销售给投资者的行为。证券发行所形成的市场称为证券的发行市场，也称为证券的初级市场或证券一级市场。

（二）证券发行的方式

1. 直接发行和间接发行。

直接发行是发行人直接与购买人签订证券购销合同，销售证券的行为。间接发行是通过证券承销机构发行证券。按照我国法律规定，股票必须间接发行，债券既可以直接发行，也可以间接发行。

2. 初次发行和再次发行。

初次发行是发行人第一次发行证券。再次发行是在初次发行基础上再次发行同种证券。

3. 股票发行、债券发行和证券投资基金发行。

股票发行是股份有限公司为筹集资金，依照法定程序向投资者出售股票。债券发行是发行人以借贷资金为目的，依照法定程序向投资者出售债券。证券投资基金发行是符合条件的证券投资基金发起人以筹集受托资金为目的，依照法定程序向投资者发售证券投资基金。

扩展阅读

保 荐 制 度

发行人申请公开发行股票、可转换为股票的公司债券，依法采取承销方式的，或者公开发行法律、行政法规规定实行保荐制度的其他证券的,应当聘请证券公司担任保荐人。

保荐人应当遵守业务规则和行业规范,诚实守信,勤勉尽责,对发行人的申请文件和信息披露资料进行审慎核查,督导发行人规范运作。

2003年12月,中国证监会发布第18号令,颁布《证券发行上市保荐制度暂行办法》(以下简称《办法》),于2004年2月1日起正式施行。

(三) 证券发行的注册制度

2019年修订的《证券法》将注册制全面推广到了所有证券公开发行行为。按照全面推行注册制的基本定位,对于证券发行注册制作了系统完备的规定。"公开发行证券,必须符合法律、行政法规规定的条件,并依法报经国务院证券监督管理机构或者国务院授权的部门注册。未经依法注册,任何单位和个人不得公开发行证券。证券发行注册制的具体范围、实施步骤,由国务院规定。"

有下列情形之一的,为公开发行。

(1) 向不特定对象发行证券。

(2) 向特定对象发行证券累计超过200人,但依法实施员工持股计划的员工人数不计算在内。

(3) 法律、行政法规规定的其他发行行为。

非公开发行证券,不得采用广告、公开劝诱和变相公开方式。

(四) 公司首次公开发行新股的条件

1. 具备健全且运行良好的组织机构。
2. 具有持续经营能力。
3. 最近3年财务会计报告被出具无保留意见审计报告。
4. 发行人及其控股股东、实际控制人最近3年不存在贪污、贿赂、侵占财产、挪用财产或者破坏社会主义市场经济秩序的刑事犯罪。
5. 经国务院批准的国务院证券监督管理机构规定的其他条件。

上市公司发行新股,应当符合经国务院批准的国务院证券监督管理机构规定的条件,具体管理办法由国务院证券监督管理机构规定。

公开发行存托凭证的,应当符合首次公开发行新股的条件以及国务院证券监督管理机构规定的其他条件。

(五) 公开发行公司债券的条件

1. 具备健全且运行良好的组织机构。
2. 最近3年平均可分配利润足以支付公司债券一年的利息。
3. 国务院规定的其他条件。

公开发行公司债券筹集的资金,必须按照公司债券募集办法所列资金用途使用;改变资金用途,必须经债券持有人会议作出决议。公开发行公司债券筹集的资金,不得用于弥补亏损和非生产性支出。

(六) 证券发行的信息公开制度

证券发行的信息公开的具体要求包括。

1. 发行人报送的证券发行申请文件,应当充分披露投资者作出价值判断和投资决策所必需的信息,内容应当真实、准确、完整。

2. 证券发行申请经注册后,发行人应当依照法律、行政法规的规定,在证券公开发行前公告公开发行募集文件,并将该文件置备于指定场所供公众查阅。

3. 发行证券的信息依法公开前,任何知情人不得公开或者泄露信息。

4. 发行人不得在公告公开募集文件之前发行证券。为证券发行出具有关文件的证券服务机构和人员,必须严格履行法定职责,保证所出具文件的真实性、准确性和完整性。

【案例 7-1】

上市公司 A 股份有限公司,2021 年 2 月拟首次公开发行新股 8000 万元,但是被揭露出 2019 年财务会计报告被出具有保留意见审计报告;控股股东胡某 2019 年因贪污罪被判处有期徒刑 5 年。该公司未进行任何披露。

问:A 股份有限公司能发行新股吗?

【解析】

A 股份有限公司不能发行新股。A 股份有限公司违反了公司首次公开发行新股的条件,即最近 3 年财务会计报告被出具有保留意见审计报告,发行人及其控股股东、实际控制人最近 3 年不存在贪污、贿赂、侵占财产、挪用财产或者破坏社会主义市场经济秩序的刑事犯罪。A 股份有限公司不具备上述两个条件,因此,该上市公司不能发行新股。

二、证券承销

1. 证券承销的概念。

证券承销是有证券承销业务资格的证券公司,接受证券发行人委托,在法律规定或者约定时间内,利用自己良好信誉和销售渠道将拟发行的证券发售出去,并收取一定比例承销费用的活动。

2. 证券承销的方式。

发行人向不特定对象发行的证券,法律、行政法规规定应当由证券公司承销的,发行人应当同证券公司签订承销协议。证券承销业务采取代销或者包销方式。

(1) 证券代销。

证券代销是指证券公司代发行人发售证券,在承销期结束时,将未售出的证券全部退还给发行人的承销方式。

(2) 证券包销。

证券包销是指证券公司将发行人的证券按照协议全部购入或者在承销期结束时将售后剩余证券全部自行购入的承销方式。

3. 代销或者包销协议的内容。

证券公司承销证券,应当同发行人签订代销或者包销协议,载明下列事项。

(1) 当事人的名称、住所及法定代表人姓名。

(2) 代销、包销证券的种类、数量、金额及发行价格。

(3) 代销、包销的期限及起止日期。

(4) 代销、包销的付款方式及日期。

(5) 代销、包销的费用和结算办法。

(6) 违约责任。

(7) 国务院证券监督管理机构规定的其他事项。

4. 证券公司承销证券的禁止性规定。

证券公司承销证券,应当对公开发行募集文件的真实性、准确性、完整性进行核查。发现有虚假记载、误导性陈述或者重大遗漏的,不得进行销售活动;已经销售的,必须立即停止销售活动,并采取纠正措施。

证券公司承销证券,不得有下列行为。

(1) 进行虚假的或者误导投资者的广告宣传或者其他宣传推介活动。

(2) 以不正当竞争手段招揽承销业务。

(3) 其他违反证券承销业务规定的行为。

证券公司有上述所列行为,给其他证券承销机构或者投资者造成损失的,应当依法承担赔偿责任。

5. 证券的代销、包销期限。

证券的代销、包销期限最长不得超过 90 日。证券公司在代销、包销期内,对所代销、包销的证券应当保证先行出售给认购人,证券公司不得为本公司预留所代销的证券和预先购入并留存所包销的证券。

公开发行股票,代销、包销期限届满,发行人应当在规定的期限内将股票发行情况报国务院证券监督管理机构备案。

【案例 7-2】

2020 年 9 月，A 股份有限公司欲公开发行股票，在申请发行过程中，A 公司得知本公司的股票发行申请已通过上海证券交易所的审核，予以发行注册。A 公司随即在公告公开发行募集文件之前，将拟发行股票总额的 15% 自行卖给当地投资者，其余部分委托 B 证券公司代销，并确定代销期限为 4 个月。

问：A 公司的上述做法有哪些违反规定？

【解析】

违反《证券法》之处主要有：(1) A 公司不应在公告公开发行募集文件之前发行股票；(2) A 公司不应私自将拟发行股票总额的 15% 卖给投资者，而应通过证券公司承销；(3) 代销证券的期限最长不应超过 90 天。

第三节　证券交易

一、证券交易概述

1. 证券交易的概念。

证券交易是对已发行并经投资者认购的证券进行买卖的活动，指证券持有人依据交易规则在法定的证券交易市场上进行买卖已经依法发行的证券的行为。证券交易是一种标准化合同的买卖，买卖双方只能选择品种的数量和价格，其他均按统一的规则进行。

证券交易除应遵循《证券法》外，同时还应遵守《公司法》和《民法典》以及国务院证券监督管理机构的其他规定。

依据《证券法》的规定，证券交易当事人依法买卖的证券，必须是依法发行并交付的证券。非依法发行的证券，不得买卖。

2. 证券交易的方式。

(1) 场内交易和场外交易。

场内交易是证券在依法设立的证券交易所内以公开集中竞价方式进行的挂牌交易。场内交易的对象是上市公司股票及其他经核准进入证券交易所交易的证券。在我国，证券交易主要采用场内交易形式。场外交易是在证券交易所以外进行的证券交易活动。场外交易的交易对象是非上市公司股票及其他无法在证券交易所交易的证券。场外交易能弥补场内交易的不足，增强非上市证券的流通性和变现能力。

《证券法》明确，公开发行的证券，应当在依法设立的证券交易所上市交易或者在国务院批准的其他全国性证券交易场所交易。非公开发行的证券,可以在证券交易所、国务院批准的其他全国性证券交易场所、按照国务院规定设立的区域性股权市场转让。

证券在证券交易所上市交易,应当采用公开的集中交易方式或者国务院证券监督管理机构批准的其他方式。证券交易当事人买卖的证券可以采用纸面形式或者国务院证券监督管理机构规定的其他形式。

(2)现货交易、期货交易、期权交易和信用交易。

现货交易是交易双方成交后即办理交割手续的证券交易方式。期货交易是交易双方交易时同意,在此后的某一特定时间,按照合同规定的数量与价格进行清算和交割的证券交易方式。

期权交易是期权购买者支付期权费后,拥有在约定期限以事先约定的价格,向期权出售者买进或者卖出一定数量某种证券的权利,并可以转让或者放弃这种权利的证券交易方式。信用交易是投资者只向证券公司交付一定数量保证金,差额由证券公司垫付的证券交易方式。

《证券法》允许开发新的证券交易品种。证券交易以现货和国务院规定的其他方式进行交易。实践证明,国际上通行的证券股指期货期权等交易形式,不但活跃了证券市场,也是一种避险工具。国外有的期货交易所已推出中国股指期货,如果国内不能开办金融期货交易品种,不能提供股指期货等风险管理工具,可能形成我国股票的现货市场与股指期货市场的境内外割据,不利于资本市场的安全运行。

3. 证券交易中对证券转让期限的限制规定。

依法发行的证券,《公司法》和其他法律对其转让期限有限制性规定的,在限定的期限内不得转让。

上市公司持有5%以上股份的股东、实际控制人、董事、监事、高级管理人员,以及其他持有发行人首次公开发行前发行的股份或者上市公司向特定对象发行的股份的股东,转让其持有的本公司股份的,不得违反法律、行政法规和国务院证券监督管理机构关于持有期限、卖出时间、卖出数量、卖出方式、信息披露等规定,并应当遵守证券交易所的业务规则。

4. 券商融资融券。

《证券法》规定,证券公司为客户买卖证券提供融资融券服务,应当按照国务院的规定并经国务院证券监督管理机构批准。

融资融券是资本市场发展应具有的基本功能,各国资本市场均建立了证券融资融券交易制度。通过融资融券可增加市场流动性,提供风险回避手段,提高资金利用率。融资融券也是以后实施期货等金融衍生工具交易必不可少的基础,因此应在国家制定相关法律规定,严格监管条件下分步组织实施。

二、证券上市

申请证券上市交易,应当向证券交易所提出申请,由证券交易所依法审核同意,并由双方签订上市协议。证券交易所根据国务院授权的部门的决定安排政府债券上市交易。

申请证券上市交易,应当符合证券交易所上市规则规定的上市条件。证券交易所上市规则规定的上市条件,应当对发行人的经营年限、财务状况、最低公开发行比例和公司治理、诚信记录等提出要求。

上市交易的证券,有证券交易所规定的终止上市情形的,由证券交易所按照业务规则终止其上市交易。证券交易所决定终止证券上市交易的,应当及时公告,并报国务院证券监督管理机构备案。对证券交易所作出的不予上市交易、终止上市交易决定不服的,可以向证券交易所设立的复核机构申请复核。

三、禁止的交易行为

《证券法》规定,禁止证券交易内幕信息的知情人和非法获取内幕信息的人利用内幕信息从事证券交易活动。

1. 证券交易内幕信息的知情人。

证券交易内幕信息的知情人包括。

(1) 发行人及其董事、监事、高级管理人员。

(2) 持有公司5%以上股份的股东及其董事、监事、高级管理人员,公司的实际控制人及其董事、监事、高级管理人员。

(3) 发行人控股或者实际控制的公司及其董事、监事、高级管理人员。

(4) 由于所任公司职务或者因与公司业务往来可以获取公司有关内幕信息的人员。

(5) 上市公司收购人或者重大资产交易方及其控股股东、实际控制人、董事、监事和高级管理人员。

(6) 因职务、工作可以获取内幕信息的证券交易场所、证券公司、证券登记结算机构、证券服务机构的有关人员。

(7) 因职责、工作可以获取内幕信息的证券监督管理机构工作人员。

(8) 因法定职责对证券的发行、交易或者对上市公司及其收购、重大资产交易进行管理可以获取内幕信息的有关主管部门、监管机构的工作人员。

(9) 国务院证券监督管理机构规定的可以获取内幕信息的其他人员。

2. 内幕信息。

证券交易活动中,涉及发行人的经营、财务或者对该发行人证券的市场价格有重大影响的尚未公开的信息,为内幕信息。

《证券法》第80条第2款、第81条第2款规定的"重大事件"属于内幕信息。

重大事件

根据《证券法》第80条第2款,重大事件包括。

(1) 公司的经营方针和经营范围的重大变化。

(2) 公司的重大投资行为,公司在一年内购买、出售重大资产超过公司资产总额30%,或者公司营业用主要资产的抵押、质押、出售或者报废一次超过该资产的30%。

(3) 公司订立重要合同、提供重大担保或者从事关联交易,可能对公司的资产、负债、权益和经营成果产生重要影响。

(4) 公司发生重大债务和未能清偿到期重大债务的违约情况。

(5) 公司发生重大亏损或者重大损失。

(6) 公司生产经营的外部条件发生的重大变化。

(7) 公司的董事、1/3以上监事或者经理发生变动,董事长或者经理无法履行职责。

(8) 持有公司5%以上股份的股东或者实际控制人持有股份或者控制公司的情况发生较大变化,公司的实际控制人及其控制的其他企业从事与公司相同或者相似业务的情况发生较大变化。

(9) 公司分配股利、增资的计划,公司股权结构的重要变化,公司减资、合并、分立、解散及申请破产的决定,或者依法进入破产程序、被责令关闭。

(10) 涉及公司的重大诉讼、仲裁,股东大会、董事会决议被依法撤销或者宣告无效。

(11) 公司涉嫌犯罪被依法立案调查,公司的控股股东、实际控制人、董事、监事、高级管理人员涉嫌犯罪被依法采取强制措施。

(12) 国务院证券监督管理机构规定的其他事项。

根据《证券法》第81条第2款规定,重大事件包括。

(1) 公司股权结构或者生产经营状况发生重大变化。

(2) 公司债券信用评级发生变化。

(3) 公司重大资产抵押、质押、出售、转让、报废。

(4) 公司发生未能清偿到期债务的情况。

(5) 公司新增借款或者对外提供担保超过上年末净资产的20%。

(6) 公司放弃债权或者财产超过上年末净资产的10%。

(7) 公司发生超过上年末净资产10%的重大损失。

(8) 公司分配股利,作出减资、合并、分立、解散及申请破产的决定,或者依法进入破产程序、被责令关闭。

(9) 涉及公司的重大诉讼、仲裁。

(10) 公司涉嫌犯罪被依法立案调查,公司的控股股东、实际控制人、董事、监事、高级管理人员涉嫌犯罪被依法采取强制措施。

(11) 国务院证券监督管理机构规定的其他事项。

3. 禁止性行为及其法律责任。

(1) 证券交易内幕信息的知情人和非法获取内幕信息的人,在内幕信息公开前,不得买卖该公司的证券,或者泄露该信息,或者建议他人买卖该证券。

内幕交易行为给投资者造成损失的,应当依法承担赔偿责任。

(2) 禁止证券交易场所、证券公司、证券登记结算机构、证券服务机构和其他金融机构的从业人员、有关监管部门或者行业协会的工作人员,利用因职务便利获取的内幕信息以外的其他未公开的信息,违反规定,从事与该信息相关的证券交易活动,或者明示、暗示他人从事相关交易活动。

利用未公开信息进行交易给投资者造成损失的,应当依法承担赔偿责任。

(3) 禁止任何人以下列手段操纵证券市场,影响或者意图影响证券交易价格或者证券交易量:单独或者通过合谋,集中资金优势、持股优势或者利用信息优势联合或者连续买卖;与他人串通,以事先约定的时间、价格和方式相互进行证券交易;在自己实际控制的账户之间进行证券交易;不以成交为目的,频繁或者大量申报并撤销申报;利用虚假或者不确定的重大信息,诱导投资者进行证券交易;对证券、发行人公开作出评价、预测或者投资建议,并进行反向证券交易;利用在其他相关市场的活动操纵证券市场;操纵证券市场的其他手段。

操纵证券市场行为给投资者造成损失的,应当依法承担赔偿责任。

(4) 禁止任何单位和个人编造、传播虚假信息或者误导性信息,扰乱证券市场。禁止证券交易场所、证券公司、证券登记结算机构、证券服务机构及其从业人员、证券业协会、证券监督管理机构及其工作人员,在证券交易活动中作出虚假陈述或者信息误导。各种传播媒介传播证券市场信息必须真实、客观,禁止误导。传播媒介及其从事证券市场信息报道的工作人员不得从事与其工作职责发生利益冲突的证券买卖。

编造、传播虚假信息或者误导性信息,扰乱证券市场,给投资者造成损失的,应当依法承担赔偿责任。

(5) 禁止证券公司及其从业人员从事下列损害客户利益的行为:违背客户的委托为其买卖证券;不在规定时间内向客户提供交易的确认文件;未经客户的委托,擅自为客户买卖证券,或者假借客户的名义买卖证券;为牟取佣金收入,诱使客户进行不必要的证券买卖;其他违背客户真实意思表示,损害客户利益的行为。

违反规定给客户造成损失的,应当依法承担赔偿责任。

(6)任何单位和个人不得违反规定,出借自己的证券账户或者借用他人的证券账户从事证券交易。

(7)依法拓宽资金入市渠道,禁止资金违规流入股市。

禁止投资者违规利用财政资金、银行信贷资金买卖证券。

除了上述法律明确禁止性行为外,《证券法》还明确规定,国有独资企业、国有独资公司、国有资本控股公司买卖上市交易的股票,必须遵守国家有关规定。证券交易场所、证券公司、证券登记结算机构、证券服务机构及其从业人员对证券交易中发现的禁止的交易行为,应当及时向证券监督管理机构报告。

【案例7-3】

A集团公司及其董事长庞某未如实披露权益变动情况,遗漏披露庞某通过收益互换进行的相关融资安排,A集团公司同时还未按规定自己及其子公司与关联方发生的非经营性资金往来,未按规定披露其涉嫌犯罪被公安机关调查的事实。

问:中国证监会依照法律法规要求,依据《证券法》应当如何处罚?

【解析】

信息披露制度是资本市场健康发展的基石,是公开原则的题中之义,广大投资者通过信息披露了解上市公司的经营状况和投资价值,从而作出投资决策,因而上市公司及其他信息披露义务人必须严格按照法律法规要求,做到真实、准确、完整、及时地披露信息,充分保障投资者知情权。

2018年7月份,依据法律法规的规定,依据《证券法》的规定,中国证监会对该宗信息披露案件作出了《行政处罚决定书》。(1)依法对A集团公司及其董事长庞某信息披露违法违规案作出行政处罚,对A集团公司给予警告,并处以60万元罚款;(2)对庞某作为信息披露违法主体给予警告,并处以60万元罚款;(3)对其作为A集团公司信息披露违法行为直接负责的主管人员给予警告,并处以30万元罚款;(4)对其他直接责任人员武某、刘某给予警告,并分别处以30万元、15万元罚款。

(资料来源:https://www.sohu.com/a/242371994_114986)

第四节 上市公司的收购

一、上市公司收购的概念

上市公司收购是指收购人通过法定方式,取得上市公司一定比例的发行在外的股份,以实现对该上市公司控股或者合并的行为。它是公司并购的一种重要形式,也是实现公司间兼并控制的重要手段。

二、收购的方式

投资者可以采取要约收购、协议收购及其他合法方式收购上市公司。

1. 要约收购。

通过证券交易所的证券交易,投资者持有或者通过协议、其他安排与他人共同持有一个上市公司已发行的股份达到30%时,继续进行收购的,应当依法向该上市公司"所有股东"(不是部分股东)发出收购上市公司全部或者部分股份的要约。

2. 协议收购。

达成协议后,收购人必须在3日内将该收购协议向国务院证券监督管理机构及证券交易所作出书面报告,并予公告。在公告前不得履行收购协议。

采取协议收购方式的,收购人收购或者通过协议、其他安排与他人共同收购一个上市公司已发行的股份达到30%时,继续进行收购的,应当向该上市公司所有股东发出收购上市公司全部或者部分股份的要约。

三、上市公司收购的规则

通过证券交易所的证券交易,投资者持有或者通过协议、其他安排与他人共同持有一个上市公司已发行的有表决权股份达到5%时,应当在该事实发生之日起3日内,向国务院证券监督管理机构、证券交易所作出书面报告,通知该上市公司,并予公告,在上述期限内不得再行买卖该上市公司的股票,但国务院证券监督管理机构规定的情形除外。

《证券法》规定,在上市公司收购中,收购人持有的被收购的上市公司的股票,在收购行为完成后的18个月内不得转让。

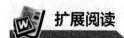
扩展阅读

公告应当的内容

公告,应当包括下列内容。

(1) 持股人的名称、住所。

(2) 持有的股票的名称、数额。

(3) 持股达到法定比例或者持股增减变化达到法定比例的日期、增持股份的资金来源。

(4) 在上市公司中拥有有表决权的股份变动的时间及方式。

第五节 信息披露制度

一、证券交易信息披露的概念和内容

1. 证券交易信息披露的概念。

证券交易信息披露制度是发行人及法律、行政法规和国务院证券监督管理机构规定的其他信息披露义务人,应当及时依法履行信息披露义务。依照法定方式和要求,将与证券交易有关的可能影响证券投资者投资判断的信息予以公开的证券法律制度。

2. 证券交易信息披露的内容。

(1) 年度报告。

在每一会计年度结束之日起 4 个月内,报送并公告年度报告,其中的年度财务会计报告应当经符合本法规定的会计师事务所审计。

(2) 中期报告。

在每一会计年度的上半年结束之日起 2 个月内,报送并公告中期报告。

(3) 临时报告。

发生可能对上市公司、股票在国务院批准的其他全国性证券交易场所交易的公司的股票交易价格产生较大影响的重大事件,投资者尚未得知时,公司应当立即将有关该重大事件的情况向国务院证券监督管理机构和证券交易场所报送临时报告,并予公告,说明事件的起因、目前的状态和可能产生的法律后果。

发生可能对上市交易公司债券的交易价格产生较大影响的重大事件,投资者尚未得知时,公司应当立即将有关该重大事件的情况向国务院证券监督管理机构和证券交易场所报送临时报告,并予公告,说明事件的起因、目前的状态和可能产生的法律后果。

二、信息披露制度的一般规定

信息披露制度是证券法公开原则在证券发行和交易活动中的具体体现,是实现证券市场公平交易和健康发展的重要保障。

1. 发行人及法律、行政法规和国务院证券监督管理机构规定的其他信息披露义务人,应当及时依法履行信息披露义务。信息披露义务人披露的信息,应当真实、准确、完整,简明清晰,通俗易懂,不得有虚假记载、误导性陈述或者重大遗漏。证券同时在境内境外公开发行、交易的,其信息披露义务人在境外披露的信息,应当在境内同时披露。

2. 发行人的董事、监事和高级管理人员应当保证发行人及时、公平地披露信息,所披露的信息真实、准确、完整。

3. 董事、监事和高级管理人员无法保证证券发行文件和定期报告内容的真实性、准确性、完整性或者有异议的,应当在书面确认意见中发表意见并陈述理由,发行人应当披露。发行人不予披露的,董事、监事和高级管理人员可以直接申请披露。

4. 信息披露义务人披露的信息应当同时向所有投资者披露,不得提前向任何单位和个人泄露。但是,法律、行政法规另有规定的除外。任何单位和个人不得非法要求信息披露义务人提供依法需要披露但尚未披露的信息。任何单位和个人提前获知的前述信息,在依法披露前应当保密。发行人及其控股股东、实际控制人、董事、监事、高级管理人员等作出公开承诺的,应当披露。不履行承诺给投资者造成损失的,应当依法承担赔偿责任。

5. 信息披露义务人未按照规定披露信息,或者公告的证券发行文件、定期报告、临时报告及其他信息披露资料存在虚假记载、误导性陈述或者重大遗漏,致使投资者在证券交易中遭受损失的,信息披露义务人应当承担赔偿责任;发行人的控股股东、实际控制人、董事、监事、高级管理人员和其他直接责任人员以及保荐人、承销的证券公司及其直接责任人员,应当与发行人承担连带赔偿责任,但是能够证明自己没有过错的除外。

【案例7-4】

2018年7月份,中国证监会向社会公布了信息披露违法违规案件。(1)甘肃盛达集团(以下简称盛达集团)未真实披露控制他人账户持有盛达矿业股份有限公司股票(以下简称"盛达矿业")和控制他人账户将2160万股"盛达矿业"进行股票质押融资的相关情况。(2)浙江美都能源股份有限公司(以下简称美都能源)未在法定期限内披露2017年年度报告和2018年第一季度报告。

问:中国证监会及其下属证监局依照法律法规要求,依据《证券法》应当如何处罚?

【解析】

2018年7月份,依据法律法规的规定,依据《证券法》的规定,中国证监会及其下属证监局对上述两宗信息披露案件分别作出了《行政处罚决定书》。

(1)依法对盛达集团信息披露违法违规案作出行政处罚,对盛达集团给予警告,责令改正,并处以45万元罚款。

(2)对直接负责的主管人员赵某给予警告,并处以40万元罚款,对其他直接责任人员王某华给予警告,并处以20万元罚款。

(3)浙江证监局依法对美都能源股份有限公司信息披露违法违规案作出行政处罚,对美都能源责令改正,给予警告,并处以30万元罚款,对直接负责的主管人员闻某、翁某给予警告,并分别处以5万元罚款,对其他直接责任人员沈旭涛给予警告,并处以3万元罚款。

(资料来源:https://www.sohu.com/a/242371994_114986)

第六节 投资者保护

2019年修订的《证券法》新设"投资者保护"专章,大幅度提高投资者保护水平,其中规定了投资者适当性制度和证券代表人诉讼制度。

一、投资者适当性制度

中国法律上第一次明确规定投资者适当性制度,增强了对投资者保护的水平。证券公司向投资者销售证券、提供服务时,应当按照规定充分了解投资者的基本情况、财产状况、金融资产状况、投资知识和经验、专业能力等相关信息;如实说明证券、服务的重要内容,充分揭示投资风险;销售、提供与投资者上述状况相匹配的证券、服务。投资者在购买证券或者接受服务时,应当按照证券公司明示的要求提供前款所列真实信息。拒绝提供或者未按照要求提供信息的,证券公司应当告知其后果,并按照规定拒绝向其销售证券、提供服务。

《证券法》明确规定了,证券公司违反规定导致投资者损失的,应当承担相应的赔偿责任。根据财产状况、金融资产状况、投资知识和经验、专业能力等因素,投资者可以分为普通投资者和专业投资者。专业投资者的标准由国务院证券监督管理机构规定。

普通投资者与证券公司发生纠纷的,证券公司应当证明其行为符合法律、行政法规以及国务院证券监督管理机构的规定,不存在误导、欺诈等情形。证券公司不能证明的,应当承担相应的赔偿责任。

二、证券代表人诉讼制度

投资者提起虚假陈述等证券民事赔偿诉讼时,诉讼标的是同一种类,且当事人一方人数众多的,可以依法推选代表人进行诉讼。

对按照规定提起的诉讼,可能存在有相同诉讼请求的其他众多投资者的,人民法院可以发出公告,说明该诉讼请求的案件情况,通知投资者在一定期间内向人民法院登记。人民法院作出的判决、裁定,对参加登记的投资者发生效力。

投资者保护机构受50名以上投资者委托,可以作为代表人参加诉讼,并为经证券登记结算机构确认的权利人依照规定向人民法院登记,但投资者明确表示不愿意参加该诉讼的除外。

第七节　违反《证券法》的法律责任

2019年修订的《证券法》"法律责任"一章,大幅度提高了对违法行为的处罚水平。

1.《证券法》明确规定,发行人在其公告的证券发行文件中隐瞒重要事实或者编造重大虚假内容,尚未发行证券的,处以200万元以上2000万元以下的罚款;已经发行证券的,处以非法所募资金金额10%以上一倍以下的罚款。对直接负责的主管人员和其他直接责任人员,处以100万元以上1000万元以下的罚款。

2.证券交易内幕信息的知情人或者非法获取内幕信息的人违反《证券法》规定从事内幕交易的,责令依法处理非法持有的证券,没收违法所得,并处以违法所得一倍以上十倍以下的罚款;没有违法所得或者违法所得不足50万元的,处以50万元以上500万元以下的罚款。单位从事内幕交易的,还应当对直接负责的主管人员和其他直接责任人员给予警告,并处以20万元以上200万元以下的罚款。国务院证券监督管理机构工作人员从事内幕交易的,从重处罚。

3.违反《证券法》规定,操纵证券市场的,责令依法处理其非法持有的证券,没收违法所得,并处以违法所得一倍以上十倍以下的罚款;没有违法所得或者违法所得不足一百万元的,处以100万元以上1000万元以下的罚款。单位操纵证券市场的,还应当对直接负责的主管人员和其他直接责任人员给予警告,并处以50万元以上500万元以下的罚款。

4.违反《证券法》规定,编造、传播虚假信息或者误导性信息,扰乱证券市场的,没收违法所得,并处以违法所得一倍以上十倍以下的罚款;没有违法所得或者违法所得不足20万元的,处以20万元以上200万元以下的罚款。

违反《证券法》规定,在证券交易活动中作出虚假陈述或者信息误导的,责令改正,处以20万元以上200万元以下的罚款;属于国家工作人员的,还应当依法给予处分。

5.违反法律、行政法规或者国务院证券监督管理机构的有关规定,情节严重的,国务院证券监督管理机构可以对有关责任人员采取证券市场禁入的措施。

证券市场禁入,是指在一定期限内直至终身不得从事证券业务、证券服务业务,不得担任证券发行人的董事、监事、高级管理人员,或者一定期限内不得在证券交易所、国务院批准的其他全国性证券交易场所交易证券的制度。

引导案例解析

深交所发布《关于对獐子岛集团股份有限公司及相关当事人给予纪律处分的决定》

称,经查明,獐子岛及相关当事人存在以下违规行为。

1. 财务会计报告存在重大会计差错。2020年10月15日,獐子岛披露《关于前期会计差错更正的公告》,称因獐子岛2016年度虚减营业成本和营业外支出,2017年度虚增营业成本、虚增营业外支出和虚增资产减值,獐子岛对2016年年度报告和2017年年度报告进行会计差错更正,调减2016年度净利润13 114.77万元,调增2017年度净利润27 865.09万元,导致2016年度净利润由盈转亏。

2. 临时公告虚假记载。深交所称,獐子岛披露的《秋测结果公告》《年终盘点公告》和《核销公告》均存在虚假记载。

深圳证券交易所决定:

1. 对獐子岛集团股份有限公司给予公开谴责的处分。

2. 对獐子岛集团股份有限公司时任董事长兼总裁吴厚刚、时任董事兼常务副总裁梁峻、时任财务总监勾荣、时任董事会秘书兼副总裁孙福君给予公开谴责的处分。

3. 对獐子岛集团股份有限公司董事邹建、王涛、罗伟新、时任董事赵志年、独立董事陈本洲、时任独立董事丛锦秀、陈树文、吴晓巍给予通报批评的处分。

4. 对獐子岛集团股份有限公司时任董事长兼总裁吴厚刚给予公开认定终身不适合担任上市公司董事、监事、高级管理人员的处分。

5. 对獐子岛集团股份有限公司时任董事兼常务副总裁梁峻给予公开认定10年不适合担任上市公司董事、监事、高级管理人员的处分。

6. 对獐子岛集团股份有限公司时任财务总监勾荣、时任董事会秘书兼副总裁孙福君给予公开认定5年不适合担任上市公司董事、监事、高级管理人员的处分。

实训练习

一、简答题

1. 简述证券的种类。
2. 简述证券市场的主体。
3. 公司首次公开发行新股的条件是什么?
4. 证券公司承销证券,不得从事的行为有哪些?

二、不定项选择题

1. 证券管理的原则包括(　　)。
   A. 公开、公平和公正原则　　　　B. 自愿有偿和诚实信用原则
   C. 依法进行证券活动原则　　　　D. 分业经营和分业管理原则

2. 证券的代销、包销期限最长不得超过(　　)。
   A. 30日　　　B. 60日　　　C. 90日　　　D. 180日

3. 证券交易内幕信息的知情人包括(　　)。

　　A. 发行人　　　　B. 董事　　　　C. 监事　　　　D. 高级管理人员

4. 禁止任何人以下列手段操纵证券市场,影响或者意图影响证券交易价格或者证券交易量(　　)。

　　A. 与他人串通,以事先约定的时间、价格和方式相互进行证券交易

　　B. 在自己实际控制的账户之间进行证券交易

　　C. 不以成交为目的,频繁或者大量申报并撤销申报

　　D. 利用虚假或者不确定的重大信息,诱导投资者进行证券交易

5. 采取协议收购方式的,收购人收购或者通过协议、其他安排与他人共同收购一个上市公司已发行的股份达到(　　)时,继续进行收购的,应当向该上市公司所有股东发出收购上市公司全部或者部分股份的要约。

　　A. 20%　　　　B. 30%　　　　C. 40%　　　　D. 50%

三、案例分析题

2021年2月份,中国证监会查出以下两家上市公司存在违规情况。

(1)"龙宝参茸"招股说明书中关于其经销模式的描述存在重大遗漏,未披露涉及销售风险转移和提供担保事项的经销合同签订情况,其销售的部分野山参所附鉴定证书与招股说明书披露内容不一致。直接负责的主管人员孙某贤、孙某光。

(2)圣莱达通过虚构影视版权转让业务和虚构财政补助的手段,虚增2020年度收入和利润2000万元,虚增净利润1500万元,导致2020年年度报告存在虚假记载,圣莱达时任董事长胡某东、财务总监康某是版权转让和财政补助事项的决策者和执行者,圣莱达实际控制人覃某知悉并授意了涉案行为。

试分析:

中国证券监督管理机构依据《证券法》,对两家上市公司应当如何处罚?

第八章 支付结算法律制度

本章学习目标

1. 掌握支付结算的概念、办理支付结算的基本要求,银行结算账户的开立、变更和撤销,汇兑、托收承付、委托收款。
2. 理解国内信用证的有关规定、银行结算账户的概念和种类。
3. 熟悉银行卡的概念和分类,银行卡账户的使用、银行卡交易规定、银行卡计息和收费的有关规定。

引导案例

P银行在办理个人业务时,对于个人申请办理银行卡仅登记了申请人的身份证件名称、号码。

通过本章学习,回答以下问题:该银行的做法是否正确?

第一节 支付结算法律制度概述

一、支付结算的概念

支付结算作为社会经济金融活动的重要组成部分,其主要功能是完成资金从一方当事人向另一方当事人的转移。随着社会经济金融的快速发展,单位、个人之间的经济往来日益频繁,对资金到账的及时性提出了更高的要求;与此同时,安全、快捷、高效的支付结算方式又促进了社会经济金融的发展。

支付结算是指单位、个人在社会经济活动中使用票据、银行卡和汇兑、托收承付、委托收款等结算方式进行货币给付及其资金清算的行为。

二、支付结算法律制度概述

1995年5月10日,第八届全国人民代表大会常务委员会第13次会议通过《中华人民共和国票据法》(以下简称《票据法》)。1997年8月21日,中国人民银行发布《票据管理实施办法》。(本书第九章详细介绍了《票据法》)

1997年9月19日,中国人民银行发布《支付结算办法》,自1997年12月1日起施行。之后,中国人民银行及有关部门又先后发布了《人民币银行结算账户管理办法》及其实施细则、《银行卡业务管理办法》《国内信用证结算办法》等制度、办法,这些构成了我国支付结算法律制度。

三、办理支付结算的基本要求

(一)单位、个人和银行办理支付结算,必须使用按中国人民银行统一规定印制的票据和结算凭证。

票据和结算凭证是办理支付结算的工具。未使用按中国人民银行统一规定印制的票据,票据无效;未使用中国人民银行统一规定格式的结算凭证,银行不予受理。

(二)单位、个人和银行应当按照《人民币银行结算账户管理办法》的规定开立、使用账户。

在银行开立存款账户的单位和个人办理支付结算,账户内须有足够的资金保证支付。银行依法为单位、个人在银行开立的存款账户内的存款保密,维护其资金的自主支配权。除国家法律、行政法规另有规定外,银行不得为任何单位或者个人查询账户情况,不得为任何单位或者个人冻结、扣划款项,不得停止单位、个人存款的正常支付。

(三)票据和结算凭证上的签章和其他记载事项应当真实,不得伪造、变造。

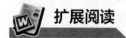
扩展阅读

伪造与变造

"伪造"是指无权限人假冒他人或虚构他人名义签章的行为。

"变造"是指无权更改票据内容的人,对票据上签章以外的记载事项加以改变的行为。变造票据的方法多是在合法票据的基础上,对票据加以剪接、挖补、覆盖、涂改,从而非法改变票据的记载事项。签章的变造属于伪造。伪造、变造票据属于欺诈行为,应追究其刑事责任。

出票金额、出票日期、收款人名称不得更改,更改的票据无效;更改的结算凭证,银行不予受理。对票据和结算凭证上的其他记载事项,原记载人可以更改,更改时应当由原记载人在更改处签章证明。

票据和结算凭证上的签章,为签名、盖章或者签名加盖章。单位、银行在票据上的签章和单位在结算凭证上的签章,为该单位、银行的盖章加其法定代表人或其授权的代理人的签名或盖章。个人在票据和结算凭证上的签章,应为该个人本名的签名或盖章。

【案例8-1】

某出票人于10月20日签发一张现金支票。

问:根据《支付结算办法》的规定,对该支票"出票日期"中"月""日"如何填写。

【解析】

依据《支付结算办法》,票据的出票日期必须使用中文大写。为防止变造票据的出票日期,在填写月、日时,月为壹、贰和壹拾的,日为壹至玖和壹拾、贰拾和叁拾的,应在其前加"零";日为拾壹至拾玖的,应在其前加"壹"。

(四)填写各种票据和结算凭证应当规范。

填写票据和结算凭证,必须做到要素齐全、数字正确、字迹清晰、不错漏、不潦草,防止涂改。

1. 如果金额数字书写中使用繁体字,如贰、陆、亿、万、圆的,也应受理。

2. 中文大写金额数字到"元"为止的,在"元"之后,应写"整"(或"正")字,在"角"之后可以不写"整"(或"正")字。大写金额数字有"分"的,"分"后面不写"整"(或"正")字。

3. 在票据和结算凭证大写金额栏内不得预印固定的"万、仟、佰、拾、元、角、分"字样。

4. 票据的出票日期必须使用中文大写。为防止变造票据的出票日期,在填写月、日时,月为壹、贰和壹拾的,日为壹至玖和壹拾、贰拾和叁拾的,应在其前加"零";日为拾壹至拾玖的,应在其前加"壹"。如1月15日,应写成零壹月壹拾伍日。再如10月20日,应写成零壹拾月零贰拾日。

5. 票据出票日期使用小写填写的,银行不予受理。大写日期未按要求规范填写的,银行可予受理,但由此造成损失的,由出票人自行承担。

【案例8-2】

2020年12月9日,A公司(开户银行D)向B公司购买了一批原材料,货款为26000元。A公司采用支票付款。B公司向自己的开户银行C提交支票时,开户银行C的工作人员受理了该支票,并做了认真审查,发现支票上A公司的签章为"发票专用章"和A公司财务主管"张××"的个人名章,遂建议B公司要求A公司重新签发支票,否则其向A公司开户银行D提示符款时,开户银行D将会拒绝付款,并作退票处理。

问:开户行C工作人员的做法是否正确。

【解析】开户行C工作人员的做法正确。

按照规定,单位、银行在票据上的签章和单位在结算凭证上的签章,应为该单位、银行的盖章加其法定代表人或其授权的代理人的签名或盖章。本例中,出票人A公司的签章为"发票专用章"和A公司财务主管"张××"的个人名章,因此该签章不具有法律效力。因此,B公司应按照开户行C的建议要求A公司重新签发支票。

第二节　银行结算账户

银行结算账户是资金从一方当事人向另一方当事人转移的起点和终点,单位或个人之间的人民币转账结算离不开银行结算账户。

一、银行结算账户的概念和种类

银行结算账户是指银行为存款人开立的办理资金收付的人民币活期存款账户。其中,"银行",是指在中国境内经批准经营支付结算业务的银行业金融机构;"存款人",是指在中国境内开立银行结算账户的机关、团体、部队、企业、事业单位、其他组织(以下统称单位)、个体工商户和自然人。

银行结算账户按存款人不同分为单位银行结算账户和个人银行结算账户。

存款人以单位名称开立的银行结算账户为单位银行结算账户。单位银行结算账户按用途分为基本存款账户、一般存款账户、专用存款账户和临时存款账户。

个体工商户凭营业执照以字号或经营者姓名开立的银行结算账户纳入单位银行结算账户管理。

存款人凭个人身份证件以自然人名称开立的银行结算账户为个人银行结算账户。

财政部门为实行财政同库集中支付的预算单位存商业银行开设的零余额账户(简称预算单位零余额账户)按专用存款账户管理。

二、银行结算账户的开立、变更和撤销

(一)银行结算账户的开立

存款人应在注册地或住所地开立银行结算账户。符合异地(跨省、市、县)开户条件的,也可以在异地开立银行结算账户。

存款人申请开立银行结算账户时,应填制开立银行结算账户申请书。申请开立单位银行结算账户时,存款人应填写"开立单位银行结算账户申请书",并加盖单位公章。存款人有组织机构代码、上级法人或主管单位的,应在"开立单位银行结算账户申请书"上如实填写相关信息。存款人有关联企业的,应填写"关联企业登记表"。申请开立个人银行结算账户时,存款人应填写"开立个人银行结算账户申请书",并加其个人签章。

需要中国人民银行核准的账户包括基本存款账户、临时存款账户(因注册验资和增资验资开立的除外)、预算单位专用存款账户和合格境外机构投资者在境内从事证券投资开立的人民币特殊账户和人民币结算资金账户(简称 QFII 专用存款账户)。

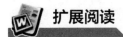

开户许可证

开户许可证是中国人民银行依法准予申请人在银行开立核准类银行结算账户的行政许可证件,是核准类银行结算账户合法性的有效证明。开户许可证有正本和副本之分,正本由申请人保管;副本由申请人开户银行留存。

开户许可证的记载事项包括"开户许可证"字样、开户许可证编号、开户核准号、中国人民银行当地分支行账户管理专用章、核准日期、存款人名称、存款人的法定代表人或单位负责人姓名、开户银行名称、账户性质、账号。临时存款账户开户许可证还应注明临时存款账户的有效期限。

开立银行结算账户时,银行应与存款人签订银行结算账户管理协议,明确双方的权利与义务。银行应建立存款人预留签章卡片,并将签章式样和有关证明文件的原件或复印件留存归档。存款人为单位的,其预留签章为该单位的公章或财务专用章加其法定代表人(单位负责人)或其授权的代理人的签名或者盖章;存款人为个人的,其预留签章为该个人的签名或者盖章。

存款人在申请开立单位银行结算账户时,其申请开立的银行结算账户的账户名称、出具的开户证明文件上记载的存款人名称以及预留银行签章中公章或财务专用章的名称应保持一致。

(二)银行结算账户的变更

银行结算账户的变更是指存款人的账户信息资料发生的变化或改变。根据账户管理的要求,存款人的下列账户资料变更后,应及时向开户银行办理变更手续,填写变更银行结算账户申请书。属于申请变更单位银行结算账户的,应加盖单位公章;属于申请变更个人银行结算账户的,应加其个人签章。

（三）银行结算账户的撤销

银行结算账户的撤销是指存款人因开户资格或其他原因终止银行结算账户使用的行为。存款人申请撤销银行结算账户时，应填写撤销银行结算账户申请书。属于申请撤销单位银行结算账户的，应加盖单位公章；属于申请撤销个人银行结算账户的，应加其个人签章。银行在收到存款人撤销银行结算账户的申请后，对于符合销户条件的，应在2个工作日内办理撤销手续。

存款人撤销银行结算账户，必须与开户银行核对银行结算账户存款余额，交回各种重要空白票据及结算凭证和开户许可证，银行核对无误后方可办理销户手续。

存款人尚未清偿其开户银行债务的，不得申请撤销该账户。对于按照账户管理规定应撤销而未办理销户手续的单位银行结算账户，银行应通知该单位银行结算账户的存款人发出通知之日起30日内办理销户手续，逾期视同自愿销户，未划转款项列入久悬未取专户管理。存款人撤销核准类银行结算账户时，应缴回开户许可证。

三、基本存款账户

（一）基本存款账户的概念

基本存款账户是指存款人因办理日常转账结算和现金收付需要开立的银行结算账户。

可以申请开立基本存款账户的存款人主要有：企业法人；非法人企业；机关、事业单位；团级（含）以上军队、武警部队及分散执勤的支（分）队；社会团体；民办非企业组织；异地常设机构；外国驻华机构；个体工商户；居民委员会、村民委员会、社区委员会；单位设立的独立核算的附属机构，包括食堂、招待所、幼儿园；其他组织，即按照现行的法律、法规规定可以成立的组织，如业主委员会、村民小组等组织。

（二）基本存款账户的开户证明文件

根据《人民币银行结算账户管理办法》和《人民币银行结算账户管理办法实施细则》的有关规定，开立基本存款账户需提供以下证明文件。

1. 企业法人，应出具企业法人营业执照正本。
2. 非法人企业，应出具企业营业执照正本。
3. 机关和实行预算管理的事业单位，应出具政府人事部门或编制委员会的批文或登记证书和财政部门同意其开户的证明；非预算管理的事业单位，应出具政府人事部门或编制委员会的批文或登记证书。
4. 军队、武警团级（含）以上单位以及分散执勤的支（分）队，应出具军队军级以上单位财务部门、武警总队财务部门的开户证明。
5. 社会团体，应出具社会团体登记证书，宗教组织还应出具宗教事务管理部门的批文或证明。

6. 民办非企业组织,应出具民办非企业登记证书。

7. 外地常设机构,应出具其驻在地政府主管部门的批文。

8. 外国驻华机构,应出具国家有关主管部门的批文或证明;外资企业驻华代表处、办事处应出具国家登记机关颁发的登记证。

9. 个体工商户,应出具个体工商户营业执照正本。

10. 居民委员会、村民委员会、社区委员会,应出具其主管部门的批文或证明。

11. 独立核算的附属机构,应出具其主管部门的基本存款账户开户登记证和批文。

12. 其他组织,应出具政府主管部门的批文或证明。

上述存款人如果为从事生产、经营活动纳税人的,还应出具税务部门颁发的税务登记证。

（三）基本存款账户的使用

基本存款账户是存款人的主办账户,一个单位只能开立一个基本存款账户。存款人日常经营活动的资金收付及其工资、奖金和现金的支取,应通过基本存款账户办理。存款人通过基本存款账户提取和使用现金不得违反《现金管理暂行条例》的规定。

【案例 8-3】

根据《银行账户管理办法》的规定,企业支取现金用于工资、奖金发放。

问：要通过什么银行账户办理？

【解析】 通过基本存款账户办理。

基本存款账户是指存款人办理日常转账结算和现金收付的账户,是存款人在银行的主要存款账户。存款人的工资、奖金等现金的支取,只能通过基本存款账户办理。

四、一般存款账户

（一）一般存款账户的概念

一般存款账户是指存款人因借款或其他结算需要,在基本存款账户开户银行以外的银行营业机构开立的银行结算账户。

（二）一般存款账户的开户证明文件

存款人申请开立一般存款账户,应向银行出具其开立基本存款账户规定的证明文件、基本存款账户开户许可证和下列证明文件。

1. 存款人因向银行借款需要,应出具借款合同。

2. 存款人因其他结算需要,应出具有关证明。

(三) 一般存款账户的使用

一般存款账户用于办理存款人借款转存、借款归还和其他结算的资金收付。一般存款账户可以办理现金缴存,但不得办理现金支取。

五、专用存款账户

(一) 专用存款账户的概念

专用存款账户是指存款人按照法律、行政法规和规章,对其特定用途资金进行专项管理和使用而开立的银行结算账户。

(二) 专用存款账户的适用范围

1. 基本建设资金。
2. 更新改造资金。
3. 财政预算外资金。
4. 粮、棉、油收购资金。
5. 证券交易结算资金。
6. 期货交易保证金。
7. 信托基金。
8. 金融机构存放同业资金。
9. 政策性房地产开发资金。
10. 单位银行卡备用金。
11. 住房基金。
12. 社会保障基金。
13. 收入汇缴资金和业务支出资金。
14. 党、团、工会设在单位的组织机构经费。
15. 其他需要专项管理和使用的资金。

(三) 专用存款账户的开户证明文件

存款人申请开立专用存款账户,应向银行出具其开立基本存款账户规定的证明文件、基本存款账户开户许可证和下列证明文件。

1. 基本建设资金、更新改造资金、政策性房地产开发资金、住房基金、社会保障基金,应出具主管部门批文。

2. 财政预算外资金,应出具财政部门的证明。

3. 粮、棉、油收购资金,应出具主管部门批文。

4. 单位银行卡备用金,应按照中国人民银行批准的银行卡章程的规定出具有关证明和资料。

5. 证券交易结算资金,应出具证券公司或证券管理部门的证明。

6. 期货交易保证金,应出具期货公司或期货管理部门的证明。

7. 金融机构存放同业资金,应出具其证明。

8. 收入汇缴资金和业务支出资金,应出具基本存款账户存款人有关的证明。

9. 党、团、工会设在单位的组织机构经费,应出具该单位或有关部门的批文或证明。

10. 其他按规定需要专项管理和使用的资金,应出具有关法规、规章或政府部门的有关文件。

(四)专用存款账户的使用

1. 单位银行卡账户的资金必须由其基本存款账户转账存入。该账户不得办理现金收付业务。

2. 财政预算外资金、证券交易结算资金、期货交易保证金和信托基金专用存款账户不得支取现金。

3. 基本建设资金、更新改造资金、政策性房地产开发资金、金融机构存放同业资金账户需要支取现金的,应在开户时报中国人民银行当地分支行批准。

4. 粮、棉、油收购资金,社会保障基金,住房基金和党、团、工会经费等专用存款账户支取现金应按照国家现金管理的规定办理。银行应按照国家对粮、棉、油收购资金使用管理的规定加强监督,不得办理不符合规定的资金收付和现金支取。

5. 收入汇缴资金和业务支出资金,是指基本存款账户存款人附属的非独立核算单位或派出机构发生的收入和支出的资金。收入汇缴账户除向其基本存款账户或预算外资金财政专用存款户划缴款项外,只收不付,不得支取现金。业务支出账户除从其基本存款账户拨入款项外,只付不收,其现金支取必须按照国家现金管理的规定办理。

六、临时存款账户

(一)临时存款账户的概念

临时存款账户是指存款人因临时需要并在规定期限内使用而开立的银行结算账户。

(二)临时存款账户的适用范围

1. 设立临时机构,例如工程指挥部、筹备领导小组、摄制组等。

2. 异地临时经营活动,例如异地建筑施工及安装活动等。

3. 注册验资、增资。

(三)临时存款账户的开户证明文件

存款人申请开立临时存款账户,应向银行出具下列证明文件。

1. 临时机构,应出具其驻在地主管部门同意设立临时机构的批文。

2. 异地建筑施工及安装单位,应出具其营业执照正本或其隶属单位的营业执照正本,以及施工及安装地建设主管部门核发的许可证或建筑施工及安装合同。

3. 异地从事临时经营活动的单位,应出具其营业执照正本以及临时经营地工商行政管理部门的批文。

4. 注册验资,应出具工商行政管理部门核发的企业名称预先核准通知书或有关部门的批文。

以上第2、3项,还应出具其基本存款账户开户许可证。

(四)临时存款账户的使用

临时存款账户用于办理临时机构以及存款人临时经营活动发生的资金收付。临时存款账户应根据有关开户证明文件确定的期限或存款人的需要确定其有效期限,最长不得超过2年。临时存款账户支取现金,应按照国家现金管理的规定办理。注册验资的临时存款账户在验资期间只收不付。

七、个人银行结算账户

(一)个人银行结算账户的概念

个人银行结算账户是自然人因投资、消费、结算等而开立的可办理支付结算业务的存款账户。

(二)个人银行结算账户的适用范围

1. 使用支票、信用卡等信用支付工具的。

2. 办理汇兑、定期借记、定期贷记、借记卡等结算业务的。

自然人可根据需要申请开立个人银行结算账户,也可以在已开立的储蓄账户中选择并向开户银行申请确认为个人银行结算账户。

(三)个人银行结算账户的开户证明文件

1. 中国居民,应出具居民身份证或临时身份证。

2. 中国人民解放军军人,应出具军人身份证件。

3. 中国人民武装警察,应出具武警身份证件。

4. 军队(武装警察)离退休干部以及在解放军军事院校学习的现役军人,可出具离休干部荣誉证、军官退休证、文职干部退休证或军事院校学员证。

5. 香港、澳门特别行政区居民,应出具港澳居民往来内地通行证;中国台湾地区居民,应出具台湾居民来往大陆通行证或者其他有效旅行证件。居住在境内或境外的中国籍的华侨,可出具中国护照。

6. 外国公民，应出具护照。获得在中国永久居留资格的外国人，可出具外国人永久居留证。

7. 外国边民在我国边境地区的银行开立个人银行结算账户，可出具所在国制发的《边民出入境通行证》。

8. 法律、法规和国家有关文件规定的其他有效证件。

（四）个人银行结算账户的使用

个人银行结算账户用于办理个人转账收付和现金存取。下列款项可以转入个人银行结算账户。

1. 工资、奖金收入。
2. 稿费、演出费等劳务收入。
3. 债券、期货、信托等投资的本金和收益。
4. 个人债权或产权转让收益。
5. 个人贷款转存。
6. 证券交易结算资金和期货交易保证金。
7. 继承、赠与款项。
8. 保险理赔、保费退还等款项。
9. 纳税退还。
10. 农、副、矿产品销售收入。
11. 其他合法款项。

八、异地银行结算账户

异地银行结算账户是存款人在其注册地或住所地行政区域之外（跨省、市、县）开立的银行结算账户。

（一）异地银行结算账户的适用范围

存款人有以下情形的，可以申请开立异地银行结算账户。

1. 营业执照注册地与经营地不在同一行政区域（跨省、市、县）需要开立基本存款账户的。
2. 办理异地借款和其他结算需要开立一般存款账户的。
3. 存款人因附属的非独立核算单位或派出机构发生的收入汇缴或业务支出需要开立专用存款账户的。
4. 异地临时经营活动需要开立临时存款账户的。
5. 自然人根据需要在异地开立个人银行结算账户的。

(二)异地银行结算账户的开户证明文件

存款人需要在异地开立单位银行结算账户,除出具开立基本存款账户、一般存款账户、专用存款账户和临时存款账户规定的有关证明文件和基本存款账户开白许可证外,还应出具下列相应的证明文件:

1. 异地借款的存款人,在异地开立一般存款账户的,应出具在异地取得贷款的借款合同。

2. 因经营需要在异地办理收入汇缴和业务支出的存款人,在异地开立专用存款账户的,应出具隶属单位的证明。

存款人需要在异地开立个人银行结算账户,应出具在住所地开立账户所需的证明文件。

九、银行结算账户的管理

(一)银行结算账户的实名制管理

1. 存款人应以实名开立银行结算账户,并对其出具的开户(变更、撤销)申请资料实质内容的真实性负责,法律、行政法规另有规定的除外。

2. 存款人应按照账户管理规定使用银行结算账户办理结算业务,不得出租、出借银行结算账户,不得利用银行结算账户套取银行信用或进行洗钱活动。

(二)银行结算账户变更事项的管理

存款人申请临时存款账户展期,变更、撤销单位银行结算账户以及补(换)发开户许可证的,可由法定代表人或单位负责人直接办理,也可授权他人办理。由法定代表人或单位负责人直接办理的,除出具相应的证明文件外,还应出具法定代表人或单位负责人的身份证件;授权他人办理的,除出具相应的证明文件外,还应出具法定代表人或单位负责人的身份证件及其出具的授权书,以及被授权人的身份证件。

(三)存款人预留银行签章的管理

1. 单位遗失预留公章或财务专用章的,应向开户银行出具书面申请、开户许可证、营业执照等相关证明文件;更换预留公章或财务专用章时,应向开户银行出具书面申请、原预留公章或财务专用章等相关证明文件。

2. 个人遗失或更换预留个人印章或更换签字人时,应向开户银行出具经签名确认的书面申请,以及原预留印章或签字人的个人身份证件。银行应留存相应的复印件,并凭以办理预留银行签章的变更。

单位存款人申请更换预留个人签章,可由法定代表人或单位负责人直接办理,也可授权他人办理。由法定代表人或单位负责人直接办理的,应出具加盖该单位公章的书面申请以及法定代表人或单位负责人的身份证件。

授权他人办理的,应出具加盖该单位公章的书面申请、法定代表人或单位负责人的身份证件及其出具的授权书、被授权人的身份证件。无法出具法定代表人或单位负责人的身份证件的,应出具加盖该单位公章的书面申请、该单位出具的授权书以及被授权人的身份证件。

(四) 银行结算账户的对账管理

银行结算账户的存款人应与银行按规定核对账务。存款人收到对账单或对账信息后,应及时核对账务并在规定期限内向银行发出对账回单或确认信息。

【案例 8-4】

某房地产开发公司在 X 开户银行开立有基本存款账户。2021 年 3 月 2 日,该公司因贷款需要又在 Y 银行开立了一个一般存款账户(账号:998123668989)。3 月 2 日,该公司财务人员签发了一张现金支票(支票上的出票人账号为 998123668989),并向 Y 银行提示付款,要求提取现金 30 万元。Y 银行工作人员对该支票进行审查后,拒绝为该公司办理现金取款手续。

问:Y 银行工作人员的做法是否正确?

【解析】

一般存款账户是存款人因借款或其他结算需要,在基本存款账户开户银行以外的银行营业机构开立的银行结算账户,其用于办理存款人借款转存、借款归还和其他结算的资金收付。根据我国现行银行结算账户管理规定,一般存款账户可以办理现金缴存,但不得办理现金支取。因此,该房地产开发公司财务人员要求通过其在 Y 银行开立的一般存款账户提取现金的做法是违反规定的。Y 银行工作人员严格执行有关银行结算账户管理规定,不予办理现金支取手续的做法是正确的。

第三节 银行卡结算

一、银行卡的分类

(一) 银行卡按是否具有透支功能分为信用卡和借记卡。信用卡可以透支,借记卡不具备透支功能。

1. 信用卡按是否向发卡银行交存备用金分为贷记卡、准贷记卡两类。贷记卡是指发卡银行给予持卡人一定的信用额度,持卡人可在信用额度内先消费、后还款的信用卡。

准贷记卡是指持卡人须先按发卡银行要求交存一定金额的备用金,当备用金账户余额不足支付时,可在发卡银行规定的信用额度内透支的信用卡。

2. 借记卡按功能不同分为转账卡(含储蓄卡)、专用卡、储值卡。

转账卡是实时扣账的借记卡,具有转账结算、存取现金和消费功能。

专用卡是具有专门用途、在特定区域使用的借记卡,具有转账结算、存取现金功能。"专门用途",是指在百货、餐饮、饭店、娱乐行业以外的用途。

储值卡是发卡银行根据持卡人的要求将其资金转至卡内储存,交易时直接从卡内扣款的预付钱包式借记卡。

(二)银行卡按照币种不同分为人民币卡和外币卡。

(三)银行卡按发行对象不同分为单位卡(商务卡)和个人卡。

(四)银行卡按信息载体不同分为磁条卡和芯片(IC)卡。芯片(IC)卡既可应用于单一的银行卡品种,又可应用于组合的银行卡品种。

二、银行卡账户和交易

(一)银行卡申领、注销和丧失

单位或个人申领信用卡,应按规定填制申请表,连同有关资料一并送交发卡银行。发卡银行可根据申请人的资信程度,要求其提供担保。担保的方式可采用保证、抵押或质押。凡在中国境内金融机构开立基本存款账户的单位,应当凭中国人民银行核发的开户许可证申领单位卡;个人申领银行卡(储值卡除外),应当向发卡银行提供本人有效身份证件,经发卡银行审查合格后,为其开立记名账户。银行卡及其账户只限经发卡银行批准的持卡人本人使用,不得出租和转借。

单位人民币卡账户的资金一律从其基本存款账户转账存入,不得存取现金,不得将销货收入存入单位卡账户。单位外币卡账户的资金应从其单位的外汇账户转账存入,不得在境内存取外币现钞。

个人人民币卡账户的资金以其个人持有的现金存入或以其工资性款项、属于个人的合法劳务报酬、投资回报等收入转账存入。个人外币卡账户的资金以其个人持有的外币现钞存入或从其外汇账户(含外钞账户)转账存入,该外汇账户及存款应符合国家外汇管理局的有关规定。严禁将单位的款项转入个人卡账户存储。

持卡人在还清全部交易款项、透支本息和有关费用后,可申请办理销户。销户时,单位人民币卡账户的资金应当转入其基本存款账户,单位外币卡账户的资金应当转回其相应的外汇账户,不得提取现金。

挂 失

持卡人丢失银行卡,应立即持本人身份证件或其他有效证明,并按规定提供有关情况,向发卡银行或代办银行申请挂失,发卡银行或代办银行审核后办理挂失手续。

(二)银行卡交易的基本规定

1. 单位人民币卡可办理商品交易和劳务供应款项的结算,但不得透支。单位卡不得支取现金。

2. 发卡银行对贷记卡的取现应当每笔进行授权,每卡每日累计取现不得超过 2000 元人民币。发卡银行应当对持卡人在自动柜员机(ATM 机)取款设定交易上限,每卡每日累计提款不得超过 5000 元人民币。储值卡的面值或卡内币值不得超过 1000 元人民币。

3. 发卡银行应当遵守下列信用卡业务风险控制指标:同一持卡人单笔透支发生额,个人卡不得超过 2 万元(含等值外币)、单位卡不得超过 5 万元(含等值外币)。同一账户月透支余额个人卡不得超过 5 万元(含等值外币),单位卡不得超过银行对该单位综合授信额度的 3%。无综合授信额度可参照的单位,其月透支余额不得超过 10 万元(含等值外币)。外币卡的透支额度不得超过持卡人保证金(含储蓄存单质押金额)的 80%。

4. 准贷记卡的透支期限最长为 60 天。贷记卡的首月最低还款额不得低于其当月透支余额的 10%。

5. 发卡银行通过下列途径追偿透支款项和诈骗款项:扣减持卡人保证金、依法处理抵押物和质物;向保证人追索透支款项;通过司法机关的诉讼程序进行追偿。

三、计息和收费

(一)计息

发卡银行对准贷记卡及借记卡(不含储值卡)账户内的存款,按照中国人民银行规定的同期同档次存款利率及计息办法计付利息。发卡银行对贷记卡账户的存款、储值卡(含 IC 卡的电子钱包)内的币值不计付利息。

贷记卡持卡人非现金交易享受如下优惠条件。

1. 免息还款期待遇。银行记账日至发卡银行规定的到期还款日之间为免息还款期。免息还款期最长为 60 天。持卡人在到期还款日前偿还所使用全部银行款项即可享受免息还款期待遇,无须支付非现金交易的利息。

2. 最低还款额待遇。持卡人在到期还款日前偿还所使用全部银行款项有困难的,可按照发卡银行规定的最低还款额还款。

贷记卡持卡人选择最低还款额方式或超过发卡银行批准的信用额度用卡时,不再享受免息还款期待遇,应当支付未偿还部分自银行记账日起,按规定利率计算的透支利息。贷记卡持卡人支取现金、准贷记卡透支,不享受免息还款期和最低还款额待遇,应当自银行记账日起支付按现金交易额或透支额和规定利率计算的透支利息。

贷记卡透支按月记收复利,准贷记卡透支按月计收单利,透支利率为日利率万分之五,并根据中国人民银行的此项利率调整而调整。

发卡银行对贷记卡持卡人未偿还最低还款额和超信用额度用卡的行为,应当分别按最低还款额未还部分、超过信用额度部分的5%收取滞纳金和超限费。

(二)收费

商业银行办理银行卡收单业务应当按下列标准向商户收取结算手续费:宾馆、餐饮、娱乐、旅游等行业不得低于交易金额的2%;其他行业不得低于交易金额的1%。银行卡收单业务是指签约银行向商户提供的本外币资金结算服务。

持卡人在他行ATM机取款,应向发卡行缴纳手续费,并执行如下收费标准:持卡人在其领卡城市内取款,每笔交易手续费不超过2元人民币;持卡人在其领卡城市以外取款,每笔交易手续费为2元加取款金额的0.5%~1%(由发卡行确定)。

【案例8-5】

A机械设备有限公司(以下简称A公司)由于经营不善,接近破产。在破产前,A公司尚欠B银行贷款。为偿还部分贷款以及为进行破产清算做好相关准备,A公司注销了自己的单位银行卡账户,并将卡内剩余资金转入其在B银行的一般存款账户,并通过该账户清偿了所欠B银行的部分贷款。

问:A公司的做法是否正确?

【解析】

根据有关规定,单位人民币卡账户销户时,该账户内资金应当转入其基本存款账户。因此,A公司注销单位银行卡账户后,将该账户内的剩余资金转存入其在B银行的一般存款账户的做法是不正确的。

第四节 结算方式

结算方式是重要的非现金支付工具。在我国,传统的结算方式仅包括汇兑、托收承付和委托收款,此外,还包括国内信用证结算方式。

一、汇兑

(一) 汇兑的概念和种类

汇兑是汇款人委托银行将其款项支付给收款人的结算方式。单位和个人的各种款项的结算,均可使用汇兑结算方式。

汇兑分为信汇、电汇两种,由汇款人选择使用。

(二) 办理汇兑的程序

1. 签发汇兑凭证。

签发汇兑凭证必须记载下列事项:表明"信汇"或"电汇"的字样;无条件支付的委托;确定的金额;收款人名称;汇款人名称;汇入地点、汇入行名称;汇出地点、汇出行名称;委托日期;汇款人签章。汇兑凭证记载的汇款人、收款人在银行开立存款账户的,必须记载其账号。汇款人和收款人均为个人,需要在汇入银行支取现金的,应在信汇、电汇凭证的"汇款金额"大写栏,先填写"现金"字样,后填写汇款金额。

2. 银行受理。

汇出银行受理汇款人签发的汇兑凭证,经审查无误后,应及时向汇入银行办理汇款,并向汇款人签发汇款回单。汇款回单只能作为汇出银行受理汇款的依据,不能作为该笔汇款已转入收款人账户的证明。

3. 汇入处理。

汇入银行对开立存款账户的收款人,应将汇给其的款项直接转入收款人账户,并向其发出收账通知。收账通知是银行将款项确已收入收款人账户的凭证。

支取现金的,信汇、电汇凭证上必须有按规定填明的"现金"字样,才能办理。未填明"现金"字样需要支取现金的,由汇入银行按照国家现金管理规定审查支付。转账支付的,应由原收款人填制支款凭证,并由本人向银行交验其身份证件办理支付款项。

(三) 汇兑的撤销和退汇

汇款人对汇出银行尚未汇出的款项可以申请撤销。申请撤销时,应出具正式函件或本人身份证件及原信、电汇回单。

汇入银行对于收款人拒绝接受的汇款,应即办理退汇。汇入银行对于向收款人发出取款通知,经过 2 个月无法交付的汇款,应主动办理退汇。

【案例 8-6】

2021 年 3 月 6 日,Y 市 B 企业的财务人员持现金 150 万元和三份加盖了 B 企业财务印鉴的电汇凭证到开户银行 Y 市 A 银行办理汇兑业务。三份电汇凭证的付款人均为 B 企业,汇入行为 X 市 C 银行、D 银行和 E 银行,收款人分别为 X 市 F 企业、G 企业和 H 企业,大写金额栏均为"现金伍拾万元整"。A 银行工作人员认真审查了电汇凭证后,要求 B 企业的财务人员重新填写电汇凭证,并提醒其注意电汇凭证上的"汇款金额"大写栏不要填写"现金"字样。

问:A 银行工作人员的做法是否正确?

【解析】

根据《支付结算办法》的规定,采用汇兑结算方式进行结算时,如汇款人和收款人均为个人,需要在汇入银行支取现金的,应在信汇、电汇凭证的"汇款金额"大写栏,先填写"现金"字样,后填写汇款金额。本例中,汇款人和收款人均为企业,它们之间的资金汇兑应通过转账结算,因此汇款人 B 企业的汇出款项应通过其银行结算账户支付,而不应该采取交付现金的方式。因此 A 银行工作人员的做法是正确的。

二、托收承付

(一)托收承付的概念

托收承付是根据购销合同由收款人发货后,委托银行向异地付款人收取款项,由付款人向银行承认付款的结算方式。托收承付结算每笔的金额起点为 1 万元。

托收承付结算的款项,必须是商品交易以及因商品交易而产生的劳务供应的款项。代销、寄销、赊销商品的款项,不得办理托收承付结算。

使用托收承付结算方式的收款单位和付款单位,必须是国有企业、供销合作社以及经营管理较好,并经开户银行审查同意的城乡集体所有制工业企业。

收付双方使用托收承付结算必须签有符合《民法典》规定的购销合同,并在合同上订明"使用托收承付结算方式"。

收款人办理托收,必须具有商品确已发运的证件(包括铁路、航运、公路等运输部门签发运单、运单副本和邮局包裹回执)。

 扩展阅读

办理托收承付结算的要求

收付双方办理托收承付结算,必须重合同、守信用。收款人对同一付款人发货托收累计 3 次收不回货款的,收款人开户银行应暂停收款人向该付款人办理托收;付款人累计 3 次提出无理拒付的,付款人开户银行应暂停其向外办理托收。

(二)办理托收承付的程序

1. 签发托收承付凭证。签发托收承付凭证必须记载下列事项:(1)表明"托收承付"

的字样;(2)确定的金额;(3)付款人名称及账号;(4)收款人名称及账号;(5)付款人开户银行名称;(6)收款人开户银行名称;(7)托收附寄单证张数或册数;(8)合同名称、号码;(9)委托日期;(10)收款人签章。

托收承付凭证上欠缺记载上列事项之一的,银行不予受理。

2. 托收。收款人按照签订的购销合同发货后,委托银行办理托收。

3. 承付。付款人开户银行收到托收凭证及其附件后,应当及时通知付款人。通知的方法,可以根据具体情况与付款人签订协议,采取付款人来行自取、派人送达、对距离较远的付款人邮寄等方式。

付款人应在承付期内审查核对,安排资金。承付货款分为验单付款和验货付款两种,由收付双方商量选用,并在合同中明确规定。

4. 逾期付款。付款人在承付期满日银行营业终了时,如无足够资金支付,其不足部分,即为逾期未付款项,按逾期付款处理。

5. 拒绝付款。付款人在承付期内,可向银行提出全部或部分拒绝付款。

6. 重办托收。收款人对被无理拒绝付款的托收款项,在收到退回的结算凭证及其所附单证后,需要委托银行重办托收。经开户银行审查,确属无理拒绝付款,可以重办托收。

三、委托收款

(一)委托收款的概念

委托收款是收款人委托银行向付款人收取款项的结算方式。单位和个人凭已承兑商业汇票、债券、存单等付款人债务证明办理款项的结算,均可以使用委托收款结算方式。委托收款在同城、异地均可以使用。

(二)办理委托收款的程序

1. 签发委托收款凭证。签发委托收款凭证必须记载下列事项:表明"委托收款"的字样;确定的金额;付款人名称;收款人名称;委托收款凭据名称及附寄单证张数;委托日期;收款人签章。

委托收款以银行以外的单位为付款人的,委托收款凭证必须记载付款人开户银行名称;以银行以外的单位或在银行开立存款账户的个人为收款人的,委托收款凭证必须记载收款人开户银行名称;未在银行开立存款账户的个人为收款人的,委托收款凭证必须记载被委托银行名称。

2. 委托。收款人办理委托收款应向银行提交委托收款凭证和有关的债务证明。

3. 付款。付款银行接到寄来的委托收款凭证及债务证明,审查无误后办理付款。

(1) 以付款银行为付款人的,银行应当在当日将款项主动支付给收款人。

(2)以单位为付款人的,付款银行应及时通知付款人,需要将有关债务证明交给付款人的,应交给付款人。

付款人应于接到通知的当日书面通知银行付款。付款人未在接到通知日的次日起3日内通知银行付款的,视同付款人同意付款,银行应于付款人接到通知日的次日起第4日上午开始营业时,将款项划给收款人。银行在办理划款时,付款人存款账户不足支付的,应通过被委托银行向收款人发出未付款项通知书。

(3)拒绝付款。付款人审查有关债务证明后,对收款人委托收取的款项需要拒绝付款的,可以办理拒绝付款。

以银行为付款人的,应自收到委托收款及债务证明的次日起3日内出具拒绝证明,连同有关债务证明、凭证寄给被委托银行,转交收款人;以单位为付款人的,应在付款人接到通知日的次日起3日内出具拒绝证明,持有债务证明的,应将其送交开户银行。银行将拒绝证明、债务证明和有关凭证一并寄给被委托银行,转交收款人。

四、国内信用证

(一)信用证的概念

根据中国人民银行、中国银行业监督管理委员会2016年修订的《国内信用证结算办法》的规定。本办法所称国内信用证(以下简称信用证),是指银行(包括政策性银行、商业银行、农村合作银行、村镇银行和农村信用社)依照申请人的申请开立的、对相符交单予以付款的承诺。

信用证是以人民币计价、不可撤销的跟单信用证。

(二)信用证适用范围与适用原则

1. 适用范围

适用于银行为国内企事业单位之间货物和服务贸易提供的信用证服务。服务贸易包括但不限于运输、旅游、咨询、通讯、建筑、保险、金融、计算机和信息、专有权利使用和特许、广告宣传、电影音像等服务项目。

2. 适用原则

信用证业务的各方当事人应当遵守中华人民共和国的法律、法规以及《国内信用证结算办法》的规定,遵守诚实信用原则,认真履行义务,不得利用信用证进行欺诈等违法犯罪活动,不得损害社会公共利益。

信用证的开立和转让,应当具有真实的贸易背景。

信用证只限于转账结算,不得支取现金。

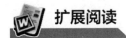

信用证业务当事人

（1）申请人指申请开立信用证的当事人，一般为货物购买方或服务接受方。

（2）受益人指接受信用证并享有信用证权益的当事人，一般为货物销售方或服务提供方。

（3）开证行指应申请人申请开立信用证的银行。

（4）通知行指应开证行的要求向受益人通知信用证的银行。

（5）交单行指向信用证有效地点提交信用证项下单据的银行。

（6）转让行指开证行指定的办理信用证转让的银行。

（7）保兑行指根据开证行的授权或要求对信用证加具保兑的银行。

（8）议付行指开证行指定的为受益人办理议付的银行，开证行应指定一家或任意银行作为议付信用证的议付行。

（三）信用证业务办理

1. 开证。

开证银行与申请人在开证前应签订明确双方权利义务的协议。开证行可要求申请人交存一定数额的保证金，并可根据申请人资信情况要求其提供抵押、质押、保证等合法有效的担保。

开证申请人申请开立信用证，须提交其与受益人签订的贸易合同。

开证行应根据贸易合同及开证申请书等文件，合理、审慎设置信用证付款期限、有效期、交单期、有效地点。

开立信用证可以采用信开和电开方式。信开信用证，由开证行加盖业务用章（信用证专用章或业务专用章，下同），寄送通知行，同时应视情况需要以双方认可的方式证实信用证的真实有效性；电开信用证，由开证行以数据电文发送通知行。

开证行的义务。开证行自开立信用证之时起，即受信用证内容的约束。

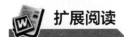

信用证的基本条款

信用证应使用中文开立，记载条款包括。

（1）表明"国内信用证"的字样。

(2) 开证申请人名称及地址。

(3) 开证行名称及地址。

(4) 受益人名称及地址。

(5) 通知行名称。

(6) 开证日期。开证日期格式应按年、月、日依次书写。

(7) 信用证编号。

(8) 不可撤销信用证。

(9) 信用证有效期及有效地点。

(10) 是否可转让。可转让信用证须记载"可转让"字样并指定一家转让行。

(11) 是否可保兑。保兑信用证须记载"可保兑"字样并指定一家保兑行。

(12) 是否可议付。议付信用证须记载"议付"字样并指定一家或任意银行作为议付行。

(13) 信用证金额。金额须以大、小写同时记载。

(14) 付款期限。

(15) 货物或服务描述。

(16) 溢短装条款（如有）。

(17) 货物贸易项下的运输交货或服务贸易项下的服务提供条款。

(18) 单据条款，须注明据以付款或议付的单据，至少包括发票，表明货物运输或交付、服务提供的单据，如运输单据或货物收据、服务接受方的证明或服务提供方或第三方的服务履约证明。

(19) 交单期。

(20) 信用证项下相关费用承担方。未约定费用承担方时，由业务委托人或申请人承担相应费用。

(21) 表明"本信用证依据《国内信用证结算办法》开立"的开证行保证文句。

(22) 其他条款。

2. 保兑。

保兑是指保兑行根据开证行的授权或要求，在开证行承诺之外作出的对相符交单付款、确认到期付款或议付的确定承诺。

保兑行自对信用证加具保兑之时起即不可撤销地承担对相符交单付款、确认到期付款或议付的责任。

开证行对保兑行的偿付义务不受开证行与受益人关系的约束。

3. 修改。

开证申请人需对已开立的信用证内容修改的,应向开证行提出修改申请,明确修改的内容。

增额修改的,开证行可要求申请人追加增额担保;付款期限修改的,不得超过《国内信用证结算办法》规定的信用证付款期限的最长期限。

4. 通知。

通知行收到信用证,应认真审核。审核无误的,应填制信用证通知书,连同信用证交付受益人。通知行收到信用证或信用证修改书,应认真审查内容表面是否完整、清楚,核验开证行签字、印章、所用密押是否正确等表面真实性,或另以电信方式证实。核验无误的,应填制信用证通知书或信用证修改通知书,连同信用证或信用证修改书正本交付受益人。

通知行应于收到受益人同意或拒绝修改通知书次日起3个营业日内告知开证行,在受益人告知通知行其接受修改或以交单方式表明接受修改之前,原信用证(或含有先前被接受的修改的信用证)条款对受益人仍然有效。

5. 转让。

转让是指由转让行应第一受益人的要求,将可转让信用证的部分或者全部转为可由第二受益人兑用。可转让信用证指特别标注"可转让"字样的信用证。

对于可转让信用证,开证行必须指定转让行,转让行可为开证行。转让行无办理信用证转让的义务,除非其明确同意。转让行仅办理转让,并不承担信用证项下的付款责任,但转让行是保兑行或开证行的除外。

可转让信用证只能转让一次,即只能由第一受益人转让给第二受益人,已转让信用证不得应第二受益人的要求转让给任何其后的受益人,但第一受益人不视为其后的受益人。第二受益人拥有收取转让后信用证款项的权利并承担相应的义务。

部分转让。若原信用证允许分批装运或分次提供服务,则第一受益人可将信用证部分或全部转让给一个或数个第二受益人,并由第二受益人分批装运或分次提供服务。

6. 议付。

议付是指可议付信用证项下单证相符或在开证行或保兑行已确认到期付款的情况下,议付行在收到开证行或保兑行付款前购买单据、取得信用证项下索款权利,向受益人预付或同意预付资金的行为。议付行审核并转递单据而没有预付或没有同意预付资金不构成议付。

信用证未明示可议付,任何银行不得办理议付;信用证明示可议付,如开证行仅指定一家议付行,未被指定为议付行的银行不得办理议付,被指定的议付行可自行决定是否办理议付。

保兑行对以其为议付行的议付信用证加具保兑,在受益人请求议付时,须承担对受益人相符交单的议付责任。

指定议付行非保兑行且未议付时,保兑行仅承担对受益人相符交单的付款责任。

议付行拒绝议付的,应及时告知受益人。

索偿。议付行将注明付款提示的交单面函(寄单通知书)及单据寄开证行或保兑行索偿资金。除信用证另有约定外,索偿金额不得超过单据金额。

追索权的行使。议付行议付时,必须与受益人书面约定是否有追索权。若约定有追索权,到期不获付款时议付行可向受益人追索。若约定无追索权,到期不获付款时议付行不得向受益人追索,议付行与受益人约定的例外情况或受益人存在信用证欺诈的情形除外。

7. 寄单索款。

受益人委托交单行交单,应在信用证交单期和有效期内填制信用证交单委托书,并提交单据和信用证正本及信用证通知书、信用证修改书正本及信用证修改通知书(如有)。交单行应在收单次日起5个营业日内对其审核相符的单据寄单。

交单行应合理谨慎地审查单据是否相符,但非保兑行的交单行对单据相符性不承担责任,交单行与受益人另有约定的除外。

交单行在确认受益人交单无误后,应在发票的"发票联"联次批注"已办理交单"字样或加盖"已办理交单"戳记,注明交单日期及交单行名称。交单行寄单后,须在信用证正本背面批注交单日期、交单金额和信用证余额等交单情况。

8. 付款。

受益人在交单期或信用证有效期内向开证行交单收款,应向开户银行填制委托收款凭证和信用证议付/委托收款申请书,并出具单据和信用证正本。

开证行或保兑行在收到交单行寄交的单据及交单面函(寄单通知书)或受益人直接递交的单据的次日起5个营业日内,及时核对是否为相符交单。单证相符或单证不符但开证行或保兑行接受不符点的,对即期信用证,应于收到单据次日起5个营业日内支付相应款项给交单行或受益人(受益人直接交单时,本节下同);对远期信用证,应于收到单据次日起5个营业日内发出到期付款确认书,并于到期日支付款项给交单行或受益人。

开证行或保兑行付款后,应在信用证相关业务系统或信用证正本或副本背面记明付款日期、业务编号、来单金额、付款金额、信用证余额,并将信用证有关单据交开证申请人或寄开证行。

开证行或保兑行审核单据发现不符并决定拒付的,应在收到单据的次日起5个营业日内一次性将全部不符点以电子方式或其他快捷方式通知交单行或受益人。如开证行或保兑行未能按规定通知不符点,则无权宣称交单不符。

9. 注销。

信用证注销是指开证行对信用证未支用的金额解除付款责任的行为。

开证行、保兑行、议付行未在信用证有效期内收到单据的,开证行可在信用证逾有效期一个月后予以注销。具体处理办法由各银行自定。

第五节 违反支付结算法律制度的法律责任

根据《刑法》《票据法》《票据管理实施办法》《支付结算办法》等法律、法规的规定,单位和个人违反相关法律规定办理支付结算,应承担相应的法律责任。关于违反《票据法》《票据管理实施办法》等的法律责任,详见本书第九章《票据法》第五节。

一、伪造、变造票据、托收凭证、汇款凭证、信用证和信用卡的法律责任

伪造、变造票据、托收凭证、汇款凭证、信用证和信用卡的,处5年以下有期徒刑或者拘役,并处或者单处2万元以上20万元以下罚金;情节严重的,处5年以上10年以下有期徒刑,并处5万元以上50万元以下罚金;情节特别严重的,处10年以上有期徒刑或者无期徒刑,并处5万元以上50万元以下罚金或者没收财产。

二、金融票据诈骗活动的法律责任

明知是伪造、变造或作废的汇票、本票、支票而使用的;冒用他人的汇票、本票、支票的;签发空头支票或者与其预留印鉴不符的支票,骗取财物的;汇票、本票的出票人签发无资金保证的汇票、本票或者在出票时作虚假记载,骗取财物的;使用伪造、变造的委托收款凭证、汇款凭证等其他银行结算凭证的,属于金融票据诈骗活动。使用伪造、变造的信用证或者附随的单据、文件的,使用作废的信用证或骗取信用证的,属于信用证诈骗活动。

进行金融票据诈骗活动,数额较大,或进行信用证诈骗活动的,处5年以下有期徒刑或者拘役,并处2万元以上20万元以下罚金;数额巨大或者有其他严重情节的,处5年以上10年以下有期徒刑,并处5万元以上50万元以下罚金;数额特别巨大或者有其他特别严重情节的,处10年以上有期徒刑或者无期徒刑,并处5万元以上50万元以下罚金或者没收财产。

三、违反银行卡结算制度的法律责任

1. 明知是伪造的信用卡而持有、运输的,或者明知是伪造的空白信用卡而持有、运输,数量较大的;非法持有他人信用卡,数量较大的;使用虚假的身份证明骗领信用卡的;出售、购买、为他人提供伪造的信用卡或者以虚假的身份证明骗领信用卡的;窃取、收买或者非法提供他人信用卡信息资料的,处3年以下有期徒刑或者拘役,并处或者单处1

万元以上 10 万元以下罚金;数量巨大或者有其他严重情节的,处 3 年以上 10 年以下有期徒刑,并处 2 万元以上 20 万元以下罚金。

2.使用伪造的信用卡,或者使用以虚假的身份证明骗领的信用卡的;使用作废的信用卡的;冒用他人信用卡的;恶意透支的属于违法使用信用卡行为。

有上述情形且数额较大的,处 5 年以下有期徒刑或者拘役,并处 2 万元以上 20 万元以下罚金;数额巨大或者有其他严重情节的,处 5 年以上 10 年以下有期徒刑,并处 5 万元以上 50 万元以下罚金;数额特别巨大或者有其他特别严重情节的,处 10 年以上有期徒刑或者无期徒刑,并处 5 万元以上 50 万元以下罚金或者没收财产。

引导案例解析

根据规定,个人申领银行卡(储值卡除外),应当向发卡银行提供符合规定的本人有效身份证件,经发卡银行审查合格后,为其开立记名账户。个人银行卡账户属于个人银行结算账户,其账户资料应符合我国现行账户管理的规定。

实训练习

一、简答题

1. 办理支付结算有哪些基本要求?
2. 简述基本存款账户的规定。
3. 简述银行卡交易的基本规定。
4. 违反支付结算法律制度的法律责任有哪些?

二、不定项选择题

1. 某出票人于 11 月 20 日签发一张现金支票。根据《支付结算办法》的规定,对该支票"出票日期"中"月""日"的下列写法中,符合规定的是(　　)。

　　A. 拾壹月贰拾日　　　　　　　　B. 壹拾壹月零贰拾日
　　C. 壹拾壹月贰拾日　　　　　　　D. 零壹拾壹月零贰拾日

2. 使用伪造的信用卡,或者使用以虚假的身份证明骗领的信用卡的;使用作废的信用卡的;冒用他人信用卡的;恶意透支的属于违法使用信用卡行为。有上述情形且数额较大的,处(　　)年以下有期徒刑或者拘役,并处(　　)万元以上(　　)万元以下罚金。

　　A. 5　2　20　　B. 1　2　20　　C. 5　2　10　　D. 1　2　30

3. 信用证适用于银行为国内企事业单位之间货物和服务贸易提供的信用证服务。服务贸易包括但不限于(　　)、建筑、保险、金融、计算机和信息、专有权利使用和特许、广告宣传、电影音像等服务项目。

A. 运输　　　　B. 旅游　　　　C. 咨询　　　　D. 通讯

4. 商业银行办理银行卡收单业务,应当按不得低于交易金额的 2% 的标准向商户收取结算手续费的行业有(　　)。

A. 宾馆　　　　B. 餐饮　　　　C. 娱乐　　　　D. 旅游

5. 根据《支付结算办法》的规定,付款单位违反规定无理拒付,对其处以(　　)的罚款,累计 3 次提出无理拒付的,银行应暂停其向外办理托收。

A. 票面金额 5% 但不低于 1000 元的罚款

B. 2000 元以上 5000 元以下

C. 1000 元以上 5000 元以下

D. 1000 元以上 10 000 元以下

三、案例分析题

某市甲公司于 2020 年 7 月 1 日设立,当年 7 月份发生以下业务:

(1) 7 月 10 日甲公司的财务人员持有关证件到 A 银行营业部办理基本存款账户的开立手续,A 银行工作人员审查了其开户的证明文件,并留存了相关证件的复印件,为其办理了基本存款账户的开户手续(隔日取得开户许可证)。同日,该财务人员持以上证件和 B 银行的贷款合同到 B 银行开立了一个一般存款账户。

(2) 7 月 11 日,甲企业的财务人员到 A 银行办理支票的转账手续,A 银行的工作人员当日办理。

(3) 7 月 30 日,甲企业开出转账支票准备通过在 B 银行的一般存款账户发放职工工资 40 万元。

试分析:

(1) B 银行于 7 月 10 日为甲企业开立一般存款账户的做法,是否符合法律规定?

(2) A 银行为甲企业办理转账手续是否符合规定?

(3) 甲企业开出转账支票,准备通过在 B 银行的一般存款账户发放职工工资的做法,是否符合法律规定?

第九章 票据法

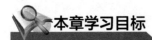本章学习目标

1. 掌握票据关系、票据行为、票据权利、汇票的出票、背书、承兑、保证、付款及汇票的追索权,本票的出票和见票付款,支票的出票和付款。
2. 理解票据的功能、汇票的概念、本票的概念、支票的概念。
3. 熟悉票据抗辩、票据的伪造与变造。

引导案例

北京 A 科技有限公司财务部于 2020 年 8 月 15 日开出两张票据:一张为面额 10 000 元的支票,用于向甲饭店支付会议费;另一张为面额 200 000 元的银行承兑汇票,到期日为 9 月 5 日,用于向乙公司支付材料款,该汇票已经银行承兑。

8 月 20 日,甲饭店向银行提示付款。银行发现该支票为空头支票,遂予以退票,并对北京 A 科技有限公司处以 1000 元罚款。甲饭店要求北京 A 科技有限公司除支付其 10 000 元会议费外,还另需支付其 2000 元赔偿金。9 月 5 日,乙公司向银行提示付款时,得知北京 A 科技有限公司的账户余额不足 200 000 元。

通过本章学习,回答以下问题:

(1) 银行对北京 A 科技有限公司签发空头支票处以 1000 元罚款是否符合法律规定?简要说明理由。

(2) 甲饭店能否以北京 A 科技有限公司签发空头支票为由要求其支付 2000 元赔偿金?简要说明理由。

第一节　票据法概述

一、票据和票据法

（一）票据概述

1. 票据的概念。

票据是按照一定形式制成、写明有付出一定货币金额义务的证件,是出纳或运送货物的凭证。广义的票据,泛指各种有价证券,如债券、股票、提单,等等。狭义的票据,仅指以支付金钱为目的的有价证券,即出票人根据《中华人民共和国票据法》(以下简称《票据法》)签发的,由自己无条件支付确定金额或委托他人无条件支付确定金额给收款人或持票人的有价证券。

我国《票据法》规定的票据,是狭义的票据,即出票人依法签发的,约定自己或委托付款人在见票时或指定的日期向收款人或持票人无条件支付一定金额并可转让的有价证券,包括汇票、本票和支票。

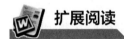
扩展阅读

各国票据立法上的票据

有关票据法上的票据,各国立法不同,如德国、法国、瑞士等国家称的票据仅指汇票和本票,不包括支票;英国立法没有"票据"概念,而是以《汇票法》的形式在规定汇票同时,也规定本票和支票;美国是把汇票、本票和支票以及存款单统称为"商业证券"。

2. 票据的特征。

票据是有价证券的一种,具有有价证券的一般特征,但它又是有别于其他有价证券的一类独立的有价证券。与其他有价证券相比,票据主要有以下特征:

(1)票据是完全有价证券。票据权利的产生、行使及处分都以票据的存在为条件,即票据权利不能离开票据而存在,如果票据丧失,持票人一般难以行使票据权利。

(2)票据是设权证券。所谓设权证券,是指票据权利的发生必须首先作成证券。票据作成前,票据权利不存在,没有票据,就没有票据上的权利。票据并非是证明已存在的权利,而是创设票据权利。

(3)票据是金钱证券。票据是以一定金额的金钱给付为目的而创设的证券,以非金钱的其他财物为给付标的的证券,不属于票据。

（4）票据是债权证券。票据关系实质是一种债权债务关系,票据持票人可以就票据上所记载金额向特定票据债务人行使请求权,因而,票据不同于物权证券和社员权证券。

（5）票据是文义证券。票据上的权利义务必须依票据上所记载的文义而定,不得以文义之外的任何事项来主张票据权利。

（6）票据是要式证券。制作票据必须严格依照《票据法》所规定的形式要件,如不符合法律规定的款式,例如没有签章,票据就不产生票据法上的效力。

（7）票据是无因证券。票据权利人主张其权利,以提示票据为必要,而不必证明其取得票据的原因,票据关系一般不受原因关系的影响。

（8）票据是流通证券。票据上的权利可依背书或交付的方式自由流通转让,而不须经债务人同意。

（9）票据是提示证券。票据权利人向票据债务人行使权利时,必须提示票据,否则,债务人有权拒绝履行其义务。

（10）票据是返还证券。票据权利人的债权满足后,必须将票据交还给债务人,当事人之间的票据关系才告消灭。

（二）票据法概述

1. 票据法的概念。

票据法,是指调整票据关系的各种法律规范,既包括专门的票据法律、法规,也包括其他法律、法规中有关票据的规范。一般意义上所说的票据法是指狭义的票据法,即专门的票据法规范,它是规定票据的种类、形式和内容,明确票据当事人之间的权利义务,调整因票据而发生的各种社会关系的法律规范。

2. 我国的票据立法。

我国现行的票据法律制度主要包括：1995年5月10日第八届全国人大常委会第十三次会议通过、自1996年1月1日起施行的,2004年8月28日第十届全国人大常委会第十一次会议修订,自修订之日起施行的《中华人民共和国票据法》。

1997年6月23日经国务院批准、中国人民银行于1997年8月21日发布的《票据管理实施办法》。1997年9月19日中国人民银行发布的《支付结算办法》。2000年2月24日最高人民法院通过的《关于审理票据纠纷案件若干问题的规定》等。

二、票据上的法律关系和票据基础关系

（一）票据上的法律关系

票据上的法律关系,是指因票据的签发而发生的当事人之间的法律关系及与票据有关的行为而产生的票据当事人之间的法律关系。票据上的法律关系可分为：票据关系和票据法上的非票据关系。

1. 票据关系。

票据关系是票据法律关系的简称,是指票据当事人在票据的签发和流通转让等过程中,根据相应的票据法律规范所形成的权利、义务关系。其中,票据的持有人(持票人)享有票据权利,对于在票据上签名的票据债务人可以主张行使《票据法》规定的相关权利。票据上签名的票据债务人负担票据责任(即票据义务),依自己在票据上的签名按照票据上记载的文义承担相应的义务。

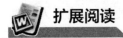

票据关系当事人

票据关系当事人较复杂,一般包括出票人、收款人、付款人、持票人、承兑人、背书人、保证人、参加人等。

出票人,也称发票人,是指依法定方式作成票据并在票据上签名盖章,并将票据交付给收款人的人。

收款人是指票据到期并经提示后收取票款的人(收款人有时又是持票人)。

付款人是指根据出票人的命令支付票款的人。

持票人,即持有票据的人。

承兑人是指接受汇票出票人的付款委托,同意承担支付票款义务的人。

背书人,是指在转让票据时,在票据背面签字或盖章,并将该票据交付给受让人的票据收款人或持有人。

被背书人是指被记名受让票据或接受票据转让的人。

保证人是指为票据债务提供担保的人。

票据关系在不同的当事人间基于不同的票据行为而不同,如因出票行为产生出票人与收款人间的关系、收款人与付款人间的关系;因汇票的承兑行为产生持票人与承兑人间的关系;因背书行为产生背书人与被背书人间的关系;因保证行为产生保证人与持票人间的关系以及保证人与被保证人及其前手的关系等。在各种票据关系中,出票人、持票人、付款人三者之间的关系是票据的基本关系。

2. 票据法上的非票据关系。

票据法上的非票据关系是指由票据法直接规定的,不基于票据行为而发生的票据当事人之间与票据有关的法律关系。如票据上正当权利人对法律规定不得享有票据权利的人行使票据返还请求权而发生的关系,因时效届满或手续欠缺而丧失票据上权利的持票人对出票人或承兑人行使利益偿还请求权而发生的关系,票据付款人付款后请求持票人交还票据而发生的关系等。

（二）票据基础关系

票据基础关系是指作为产生票据关系的事实和前提存在于票据关系之外而由民法规定的非基于票据行为产生的法律关系。票据的基础关系是票据的实质关系，但与票据关系相分离。票据基础关系主要有三种：票据原因关系、票据资金关系和票据预约关系。

1. 票据原因关系。

票据原因关系是指票据当事人之间因授受票据的原因而产生的关系，如出票人与收款人之间签发和接受票据的理由等。原因关系只存在于授受票据的直接当事人之间，票据一经转让，其原因关系对票据效力的影响力即被切断。

2. 票据资金关系。

票据资金关系是指存在于汇票的发票人和付款人之间、支票的发票人和付款银行之间的约定付款人为出票人付款的票据基础关系。票据资金关系不以金钱为限，债权、信用等也可以构成资金关系。

3. 票据预约关系。

票据预约关系是指票据当事人在授受票据之前，就票据的种类、金额、到期日、付款地等事项达成协议而产生的法律关系，即当事人之间因授受票据的合同所产生的法律关系。它实际上是沟通票据原因和票据行为的桥梁。但该合同仅为民事合同，当事人不履行票据预约合同所产生的权利义务仅构成民法上的债务不履行，不属于票据法规范的对象。

三、票据行为

（一）票据行为的概念

票据行为，是以票据权利义务的设立及变更为目的的法律行为。广义的票据行为，是指票据权利义务的创设、转让和解除等行为，包括票据的签发、背书、承兑、保证、参加承兑付款、参加付款、追索等行为在内。

狭义的票据行为，专指以设立票据债务为目的的行为，只包括票据签发、背书、承兑、保证、参加承兑等，不包括解除票据债务的付款、参加付款、追索等。《票据法》上规定的狭义票据行为，汇票包括出票、背书、承兑、保证，本票包括出票、背书、保证，支票包括出票和背书。

1. 出票。它是指出票人签发票据并将其交付给收款人的票据行为，它是最基本的票据行为，其他票据行为必须在出票行为的基础上才能进行。

2. 背书。它是指持票人将票据权利转让给他人或者将一定的票据权利授予他人行使的票据行为。持票人依背书连续证明自己的合法持票人身份。

3. 承兑。是指汇票付款人承诺在汇票到期日支付汇票金额的票据行为。汇票上的付款人一经承兑，就必须承担无条件的绝对的付款责任。

4. 保证。是指行为人对特定票据债务人的票据债务承担连带责任的票据行为。

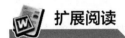

广义票据行为

《票据法》规定的广义票据行为，还包括更改、涂消、禁止背书、付款、划线（仅限于支票）、见票（仅限于本票）等行为。

（二）票据行为成立的要件

票据行为属于民事法律行为，必须符合一般民事法律行为成立的要件。同时，票据行为又是特殊的要式民事法律行为，必须具备《票据法》规定的特别要件。

1. 票据行为的实质要件。

票据行为的实质要件，包括行为人的票据能力和意思表示。

（1）行为人必须具有从事票据行为的能力。

从事票据行为的能力即票据能力，包括票据权利能力和票据行为能力。

票据权利能力是指行为人可以享有票据上的权利和承担票据上的义务的资格。只要具备民事主体资格，公民（自然人）、法人和其他组织，都具有票据权利能力。

票据行为能力是指行为人可以通过自己的票据行为取得票据上的权利和承担票据上的义务的资格。《票据法》规定，无民事行为能力人或者限制民事行为能力人在票据上签章的，其签章无效。也就是说，无民事行为能力人或者限制民事行为能力人不具有票据行为能力，只有具备完全民事行为能力的自然人、法人和其他单位才具有票据行为能力。

（2）票据行为人的意思表示必须合法、真实。

《票据法》规定，票据的签发、取得和转让，应当遵循诚实信用的原则，具有真实的交易关系和债权债务关系。票据的取得，必须给付对价，即应当给付票据双方当事人认可的相对应的代价。以欺诈、偷盗或者胁迫等手段取得票据的，或者明知有前述情形，出于恶意取得票据的，不得享有票据权利。

2. 票据行为的形式要件。

票据行为是一种要式行为，必须符合法定形式。票据行为的形式要件，有书面、签章、记载事项和交付四项。

（1）票据行为必须采用书面形式。

票据为文义证券,各种票据行为都必须以书面形式做成才能生效。票据当事人应当使用中国人民银行规定的统一格式的票据,未使用按中国人民银行统一规定印制的票据,票据无效。

(2) 票据签章。

票据签章是票据的绝对必要记载事项。票据上的签章因票据行为不同,签章人也不相同。票据签发时,由出票人签章;票据转让时,由背书人签章;票据承兑时,由承兑人签章;票据保证时,由保证人签章;票据代理时,由代理人签章;持票人行使票据权利时,由持票人签章;等等。票据上的签章,为签名、盖章或者签名加盖章。

个人在票据上的签章,应为该个人的签名或者盖章;个人在票据上的签名,应当为该当事人的本名,即符合法律、行政法规以及国家有关规定的身份证件上的姓名。法人和其他使用票据的单位在票据上的签章,为该法人或者该单位的盖章加其法定代表人或者其授权的代理人的签章。

出票人在票据上的签章不符合规定的,票据无效;承兑人、保证人在票据上的签章不符合规定的,或者无民事行为能力人、限制民事行为能力人在票据上签章的,其签章无效,但不影响其他符合规定签章的效力;背书人在票据上的签章不符合规定的,其签章无效,但不影响其前手符合规定签章的效力。

银行汇票、银行本票的出票人以及银行承兑汇票的承兑人在票据上未加盖规定的专用章而加盖该银行的公章,支票的出票人在票据上未加盖与该单位在银行预留签章一致的财务专用章而加盖该出票人公章的,签章人应当承担票据责任。

(3) 票据记载事项。

票据行为要有效成立,必须根据《票据法》的规定,在票据上记载有关事项,根据记载事项的效力,票据记载事项可以分为必要记载事项、任意记载事项、不得记载事项等。

① 必要记载事项是指根据《票据法》的规定必须记载的事项。根据效力不同又可分为绝对必要记载事项和相对必要记载事项。绝对必要记载事项是指《票据法》明文规定必须记载,如无记载,票据即为无效的事项。

② 相对必要记载事项是指某些应该记载而未记载,适用法律的有关规定而不使票据失效的事项。如《票据法》规定付款地为相对必要记载事项,若行为人没有记载,则付款人的营业场所、住所或者经常居住地视为付款地。

③ 任意记载事项是指《票据法》规定由当事人选择记载的事项,该事项一经记载,即发生票据法上的效力。如出票人或背书人在汇票上记载"不得转让",就属于任意记载事项,行为人不作记载,对票据效力不发生影响,一旦作了记载,就发生票据法规定的效力。

④ 不得记载事项是指《票据法》禁止行为人在票据上记载的事项,包括记载无效的事项和使票据无效的事项。记载无效的事项是指行为人虽作记载,但票据法上视作未记载,只是此项记载本身无效,票据的效力并不因此受到影响。如支票上记载付款日期的,

该记载无效。使票据无效的事项是指行为人记载了此类事项,不仅记载本身无效,而且使整个票据无效。如在汇票上记载附条件支付委托的,汇票无效。

另外,票据上可以记载《票据法》规定事项以外的其他事项,但是该记载事项不具有票据上的效力,银行不负审查责任。如票据上记载票据基础关系事项等。

（4）票据交付。

票据交付是指票据行为人将票据实际交付给对方持有。不同的票据行为,其接受交付的相对人也不一样。出票人须将票据交付给收款人,背书人须将票据交付给被背书人,承兑人及保证人须将票据交付给持票人等。

【案例 9-1】

下列属于无效票据的是（　　）。

A. 更改签发日期的票据　　　　　　　　B. 更改收款单位名称的票据

C. 中文大写金额和阿拉伯数码金额不一致的票据　　D. 更改金额的票据

【解析】　正确答案:A、B、C、D。

根据《票据法》第 8 条的规定,票据金额以中文大写和数码同时记载,二者必须一致,二者不一致的,票据无效。同时根据第 9 条的规定,票据上的记载事项必须符合本法的规定。票据金额、日期、收款人名称不得更改,更改的票据无效。

四、票据权利

（一）票据权利概述

票据权利是指持票人向票据债务人请求支付票据金额的权利,它包括付款请求权和追索权。付款请求权又称第一次请求权是指持票人对票据主债务人(如汇票的承兑人、本票的出票人、支票的保付人等)行使请求其支付票据金额的权利。

追索权是指因持票人在第一次请求权没有或者无法实现的情况下,对票据的其他付款义务人(如汇票、支票的发票人,汇票、本票的保证人,票据的背书人等)行使请求偿还票款的权利。

票据权利是以获得一定金钱为目的的债权。债权是一种请求权,即为请求他人为一定行为或不为一定行为的权利。票据权利作为一种金钱债权,表现为请求支付一定数额货币的权利。《票据法》规定,票据权利为付款请求权和追索权。这表明票据权利的内容与一般的金钱债权不同。一般的金钱债权是一种简单的一次性的请求权,而票据权利则体现为二次请求权。

第一次请求权是付款请求权,这是票据上的主权利;第二次请求权为追索权,是一种附条件的权利,即有赖于第一次请求权不能实现才得以行使的权利,又叫从票据权利。通常情况下,持票人只有在首先向付款人行使付款请求权得不到付款时,才可以行使追索权。

【案例9-2】

根据《票据法》的规定,下列人员中,对行使付款请求权的持票人负有付款义务的有( )。

A. 汇票的承兑人　　B. 银行本票的出票人　　C. 支票的付款人　　D. 汇票的背书人

【解析】　正确答案:A、B、C。

汇票的承兑人、支票的付款人、本票的出票人是票据的付款人。

(二)票据丧失与权利补救

票据丧失是指持票人非出于本意而丧失对票据的占有。票据丧失有绝对丧失与相对丧失之分。绝对丧失,又称票据的灭失,是指票据从物质形态上的丧失,如被火烧毁、被洗化或被撕成碎片等。相对丧失,又称票据的遗失,是指票据在物质形态上没有发生变化,只是脱离了原持票人的占有,如持票人不慎丢失或被人盗窃或抢夺。

票据权利与票据紧密相连,如果票据丧失,票据权利的实现就会受到影响。由于票据丧失并非出于持票人的本意,《票据法》规定了票据丧失后的三种补救措施,即挂失止付、公示催告、提起诉讼。

1. 挂失止付。

挂失止付是指失票人将丧失票据的情况通知付款人,并由接收通知的付款人暂停支付的一种方式。《票据法》规定,票据丧失,失票人可以及时通知票据的付款人挂失止付,但是,未记载付款人的票据或者无法确定付款人及其代理付款人的票据不能挂失止付。

失票人在通知票据的付款人或者代理付款人挂失止付时,应当填写挂失止付通知书并签章。挂失止付通知书应当记载下列事项。

(1) 票据丧失的时间地点、原因。

(2) 票据种类、号码、金额、出票日期、付款日期、付款人名称、收款人名称。

(3) 挂失止付人的姓名(名称)、营业场所或者住所及联系方法。欠缺上述记载事项之一的,银行不予受理。

2. 公示催告。

公示催告,是失票人在失票后向法院申请宣告票据无效,是票据权利与票据相分离的一种制度。《民事诉讼法》规定,按照规定可以背书转让的票据持有人,因票据被盗、遗失或者灭失,可以向票据支付地的基层人民法院申请公示催告。《票据法》规定,失票人应当在通知挂失止付后 3 日内,也可以在票据丧失后,依法向人民法院申请公示催告。

公示催告的申请人应是票据的最后持有人,申请人必须向票据支付地的基层人民法院提出申请。申请时,应递交申请书,写明票面金额、出票人、持票人、背书等票据主要内容和申请的主要理由、事实。人民法院收到公示催告的申请后,应当立即审查,并决定是否受理。

人民法院决定受理申请,应当同时通知支付人停止支付,至公示催告程序终结。受理法院应在 3 日内发出公告,公告期间不少于 60 日,催促利害关系人申报权利。利害关系人申报权利应向法院出示票据,所出示的票据与申请人的票据不一致的,法院即裁定驳回利害关系人的申报。所出示的票据如果是申请人寻找的票据,法院应当裁定终结公示催告程序,由法院按普通程序以票据纠纷案件进行审理。

在申报权利期间没有人申报的,或者申报被驳回的,申请人应自申报权利期间届满的次日起,1 个月内向法院申请除权判决。逾期不申请判决的,终结公示催告程序。除权判决作出后,法院予以公告,并通知支付人,自判决公告之日起,申请人有权向支付人请示支付,即申请人有权依据判决向付款人请示付款。

公示催告期间转让票据的行为是无效行为,受让人的权利不予保护。如,甲公司的一张支票遗失,乙捡到后去丙商场购物,如果丙商场是在甲公司申请公示催告前受让该支票,则丙商场享有票据权利,甲公司应支付票款。如果丙商场是在甲申请公示催告期间受让,则丙商场不享有票据权利,只能向乙追索货款。由此可见,公示催告是失票人必须采取的,以及需要迅速采取的补救措施。

3. 提起诉讼。

提起诉讼是指丧失票据的失票人向人民法院提起民事诉讼,要求法院判决付款人向其支付票据金额的活动。

(三) 票据权利的消灭

1. 票据权利消灭的概念。

票据权利的消灭是指因发生一定的法律事实而使票据权利不复存在。票据权利消灭之后,票据上的债权债务关系随之消灭。

2. 票据权利消灭的事由。

(1) 付款。付款人依法足额付款后,全体票据债务人的责任解除。

(2) 票据时效期间届满。《票据法》规定,票据权利在下列期限内不行使而消灭:持票人对票据的出票人和承兑人的权利,自票据到期日起 2 年。

① 见票即付的汇票、本票,自出票日起 2 年。

② 持票人对支票出票人的权利,自出票日起 6 个月。

③ 持票人对前手的追索权,在被拒绝承兑或者被拒绝付款之日起 6 个月。

④ 持票人对前手的再追索权,自清偿日或者被提起诉讼之日起 3 个月。

除此之外,票据权利可因民事债权的消灭事由如免除、抵销等事由的发生而消灭。

(3) 追索义务人清偿票据债务及追索费用。根据我国《票据法》第 72 条的规定,被追索人依持票人行使追索权,而进行相应金额的清偿后,其责任解除。这时,并不是所有的票据债务都归于消灭,依被追索人在票据关系中的地位不同而有所不同。汇票的承兑人或其他票据的出票人履行完追索义务,票据权利完全消灭;被追索人为尚有前手的背书人或保证人的,在履行完追索义务后,还可以行使再追索权,这时的票据权利仍未彻底消灭,而只是"相对消灭"。

五、票据抗辩

(一) 票据抗辩的概念

票据抗辩是指票据债务人依照《票据法》的规定,对票据债权人拒绝履行义务的行为。根据抗辩原因及抗辩效力的不同,票据抗辩可分为对物抗辩和对人抗辩。

(二) 票据抗辩的种类

1. 对物抗辩。

对物抗辩是指基于票据本身的内容有瑕疵而进行的抗辩。比如,债务人认为票据本身欠缺某些基本内容,如汇票上未记明金额、发票人没有签名、记有附带条件的支付委托等,认为该票据应该无效或消灭,从而拒绝进行付款,这种抗辩就属于对物的抗辩。

2. 对人抗辩。

对人抗辩是指基于人的事由发生的抗辩,特定的债务人对特定的债权人的抗辩,多与票据基础关系有关。票据债务人可以对不履行约定义务的与自己有直接债权债务关系的持票人,进行抗辩。票据债务人只能对基础关系中的直接相对人不履行约定义务的行为进行抗辩,该基础关系必须是该票据赖以产生的民事法律关系,而不是其他的民事法律关系;如果该票据已被不履行约定义务的持票人转让给第三人,而该第三人属善意、以对价取得票据的持票人,则票据债务人不能对其进行抗辩。

六、票据的伪造和变造

(一) 票据的伪造

1. 票据伪造的概念。

票据伪造是无权限的当事人假冒他人名义进行的票据行为。票据的伪造有两种情况:一是票据本身的伪造,也叫狭义上的票据伪造;二是票据签名的伪造,也叫广义上的票据伪造。

票据本身的伪造如伪造发票人的签名或盗盖印章而进行的发票,是假冒他人名义进行的发票行为。票据签名的伪造是假借他人名义而为发票以外的票据行为,如背书签名的伪造、承兑签名的伪造等。票据的伪造必须是无权限之人假冒本人签名。

2. 票据伪造的效力。

票据的伪造行为是一种扰乱社会经济秩序、损害他人利益的行为,在法律上不具有任何票据行为的效力。由于其自始无效,持票人即使善意取得,对被伪造人也不能行使票据权利。

对伪造人而言,由于票据上没有以自己名义所作的签章,因此也不应承担票据责任。但是,如果伪造人的行为给他人造成损害的,必须承担民事责任,构成犯罪的,应承担刑事责任。同时,票据上有伪造签章的,不影响票据上其他真实签章的效力。在票据上真正签章的人,应对被伪造票据的债权人承担票据责任,票据债权人依法提示承兑、提示付款或行使追索权时,在票据上真正签章人不能以票据伪造为由进行抗辩。

(二)票据的变造

1. 票据变造的概念。

票据变造是指无票据记载事项变更权的人,以实施票据行为为目的,对票据上除签章以外的记载事项进行变更,从而使票据权利义务关系内容发生改变的行为。如变更票据上的到期日、付款日、付款地、金额等。

构成票据的变造,须符合以下条件。

(1)变造的票据是合法成立的有效票据。

(2)变造的内容是票据上所记载的除签章以外的事项。

(3)变造人无权变更票据的内容。

2. 票据变造的效力。

票据的变造应依照签章是在变造之前或之后来承担责任。如果当事人签章在变造之前,应按原记载的内容负责;如果当事人签章在变造之后,则应按变造后的记载内容负责;如果无法辨别是在票据被变造之前或之后签章的,视同在变造之前签章。

实践中,变造人可能签章,也可能不签章,无论是否签章,其都应就行为承担法律责任,变造人的变造行为给他人造成经济损失的,应承担赔偿责任,构成犯罪的,应承担刑事责任。

扩展阅读

票据上的记载事项应当真实,不得伪造、变造

《票据法》规定,票据上的记载事项应当真实,不得伪造、变造。伪造、变造票据上的签章和其他记载事项的,应当承担法律责任。票据上有伪造、变造的签章的,不影响票据

上其他真实签章的效力。票据上其他记载事项被变造的,在变造之前签章的人,对原记载事项负责;在变造之后签章的人,对变造之后的记载事项负责;不能辨别是在票据被变造之前或者之后签章的,视同在变造之前签章。

【案例9-3】

甲签发一张本票交受款人乙,金额为2万元,乙背书转让给丙,丙取得本票后将金额改为5万元然后转让给丁,丁又背书转让给戊。因甲乙签章在变造之前,故应就2万元负责;丙为变造人,应对其所变造的文义负责,即对5万元负责;丁签章在变造之后,应对5万元负责。如果戊向甲请求付款,甲只负责付给2万元。戊已付给丁5万元,其所受损失3万元应向丁和丙请求赔偿。

问:上述有关甲乙丙丁承担责任的表述是否正确?

【解析】 正确。《票据法》规定,票据上其他记载事项被变造的,在变造之前签章的人,对原记载事项负责;在变造之后签章的人,对变造之后的记载事项负责。

第二节 汇 票

一、汇票概述

(一)汇票的概念

汇票是出票人签发的,委托付款人在见票时或者在指定日期无条件支付确定的金额给收款人或者持票人的票据。

汇票具有以下特征。

1. 汇票属于委付证券,而不是自付证券。

汇票是由出票人委托他人进行支付的票据,汇票的出票人只是签发票据的人,不是票据的付款人,出票人必须另行委托付款人支付票据金额。

2. 汇票的到期日具有多样性。

汇票的到期日是指汇票的付款日期,包括见票即付、定日付款、出票后定期付款、见票后定期付款四种方式。

3. 汇票是付款人无条件支付票据金额给持票人的票据。

持票人包括收款人、被背书人或受让人。

(二) 汇票当事人

汇票关系中有三个基本当事人,即出票人、付款人和收款人。出票人,是指依照法定方式签发汇票委托他人付款的人。付款人,是指按照出票人的付款委托无条件支付汇票金额的人。收款人,是指汇票上记载的收取票款的人。出票人和付款人为票据义务人,收款人为票据权利人。

(三) 汇票的种类

1. 根据汇票出票人的不同,可将汇票分为银行汇票和商业汇票。

银行汇票是指由银行签发的汇票,商业汇票是指由银行以外的其他主体签发的汇票。

银行汇票和商业汇票

银行汇票的出票银行为银行汇票的付款人。银行汇票一般由汇款人将款项交存当地银行,由银行签发给汇款人持往异地办理转账结算或支取现金。单位、个体经济户和个人需要使用各种款项,均可使用银行汇票。银行汇票可以用于转账,填明"现金"字样的银行汇票也可以用于支取现金。银行汇票的提示付款期限自出票日起1个月。

商业汇票按承兑人的不同,分为商业承兑汇票和银行承兑汇票,商业承兑汇票由银行以外的付款人承兑,银行承兑汇票由银行承兑,商业汇票的付款人为承兑人。商业汇票的付款期限,最长不得超过6个月;商业汇票的提示付款期限,自汇票到期日起10日。

2. 根据付款期限的长短不同,汇票可分为即期汇票和远期汇票。

(1) 即期汇票是指见票即行付款的汇票,包括见票即付的汇票、到期日与出票日相同的汇票以及未记载到期日的汇票(以提示日为到期日)。

(2) 远期汇票是指约定一定的到期日付款的汇票,包括定期付款汇票、出票日后定期付款汇票(也叫计期汇票)和见票后定期付款汇票。

3. 根据承兑人的不同,汇票分为商业承兑汇票、银行承兑汇票。

商业承兑汇票是以银行以外的任何商号或个人为承兑人的远期汇票。银行承兑汇票承兑人是银行的远期汇票。

4. 根据有无附属单据,汇票分为光票汇票、跟单汇票。

(1) 光票汇票本身不附带货运单据,银行汇票多为光票。

(2) 跟单汇票,又称信用汇票、押汇汇票,是需要附带提单、仓单、保险单、装箱单、商业发票等单据,才能进行付款的汇票,商业汇票多为跟单汇票,在国际贸易中经常使用。

二、汇票的出票

(一) 出票的概念

汇票的出票,又称汇票的发票、汇票的签发、汇票的发行。出票是指出票人签发票据并将其交付给收款人的票据行为。

出票包括两个行为:一是出票人依照票据法的规定作成票据,即在原始票据上记载法定事项并签章;二是交付票据,即将作成的票据交付给他人占有。

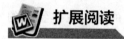

汇票的出票人的出票行为

汇票的出票人在为出票行为时,必须与付款人具有真实的委托付款关系,并且具有支付汇票金额的可靠资金来源;汇票的出票人不得签发无对价的汇票用以骗取银行或者其他票据当事人的资金。由于汇票是出票人委托付款人向持票人支付票据金额的一种委付证券,故出票人与付款人之间必须存在真实的支付委托关系,即出票人与付款人之间必须存在事实上的资金关系或者其他的债权债务关系。

与此同时,出票人在出票时,必须确保在汇票不承兑或不获付款时,具有足够的清偿能力。汇票的签发,必须给付对价,出票人不得与其他当事人相互串通,利用签发没有对价的承兑汇票,通过转让、贴现来骗取银行或其他票据当事人的资金。

(二) 出票的记载事项

汇票是要式证券,出票是要式行为,汇票出票,必须依据《票据法》的规定记载一定的事项,符合法定的格式。根据不同记载事项对汇票效力的不同影响,可将出票的记载事项分为绝对必要记载事项、相对必要记载事项和任意记载事项等。

1. 绝对必要记载事项。

汇票的绝对必要记载事项,是指《票据法》规定必须在汇票上记载的事项,否则,汇票无效。汇票的绝对必要记载事项包括7个方面的内容。

(1) 表明"汇票"的字样。

(2) 无条件支付的委托。

(3) 确定的金额。

(4) 付款人名称。

(5) 收款人名称。

(6) 出票日期。

(7)出票人签章。

2. 相对必要记载事项。

相对必要记载事项是指在出票时应当予以记载,但如果未作记载,可以通过法律的直接规定来补充确定的事项。未记载该事项并不影响汇票本身的效力,汇票仍然有效。

《票据法》规定,汇票上记载付款日期、付款地、出票地等事项的,应当清楚、明确。汇票上未记载付款日期的,为见票即付。汇票上未记载付款地的,付款人的营业场所、住所或者经常居住地为付款地。汇票上未记载出票地的,出票人的营业场所、住所或者经常居住地为出票地。

3. 任意记载事项。

任意记载事项是指出票人可以选择是否记载的事项,但该事项一经记载即发生票据法上的效力。如出票人在汇票上记载"不得转让"字样的,汇票不得转让。

4. 不发生票据法上效力的记载事项。

汇票上可以记载《票据法》规定事项以外的其他出票事项,但是该记载事项不具有汇票上的效力。

法律规定以外的事项主要是指与汇票的基础关系有关的事项,如签发票据的原因或用途、该票据项下交易的合同号码,等等。

(三)出票的效力

出票是以创设票据权利为目的的票据行为,出票人依照票据法的规定完成出票行为之后,即对汇票当事人产生票据法上的效力。出票人签发汇票后,即承担保证该汇票承兑和付款的责任。出票行为是单方行为,付款人并不因此而有付款义务。收款人取得出票人发出的汇票后,即取得票据权利。一方面就票据金额享有付款请求权,另一方面在付款请求权不能满足时,享有追索权。同时,收款人享有依法转让票据的权利。

三、汇票的背书

背书是指持票人以转让汇票权利或授予他人一定的汇票权利为目的,按法定的事项和方式在汇票背面或者粘单上记载有关事项并签章的票据行为。背书是转让票据权利的一种方式,也是票据得以流通的基础。

《票据法》规定,持票人可以将汇票权利转让给他人或者将一定的汇票权利授予他人行使,持票人行使此项权利时,应当背书并交付汇票。如果出票人在汇票上记载"不得转让"字样,则该汇票不得转让。

对于记载"不得转让"字样的票据,其后手以此票据进行贴现、质押的,通过贴现、质押取得票据的持票人主张票据权利的,人民法院不予支持。也就是说,如果收款人或持票人将出票人作禁止背书的汇票转让的,该转让不发生票据法上的效力,出票人和承兑人对受让人不承担票据责任。

四、汇票的承兑

(一) 承兑的概念

承兑是指汇票付款人承诺在汇票到期日支付汇票金额的票据行为。承兑是汇票特有的制度,本票和支票都没有承兑。

(二) 承兑的程序

1. 承兑的记载事项。

承兑的记载事项,是指付款人办理承兑手续时需要在汇票上记载的事项。

付款人承兑汇票的,应当在汇票正面记载"承兑"字样和承兑日期并签章;见票后定期付款的汇票,应当在承兑时记载付款日期。汇票上未记载承兑日期的,以持票人提示承兑之日起的第3日,即付款人3天承兑期的最后一日为承兑日期。

汇票承兑的应记载事项必须记载于汇票的正面,而不能记载于汇票的背面或粘单上。在实务中,承兑的应记载事项一般已全部印在正式的标准格式上,因而只需付款人填写即可。

2. 提示承兑。

提示承兑是指持票人向付款人出示汇票,并要求付款人承诺付款的行为。因汇票付款日期不同,提示承兑的期限也不一样。

(1) 定日付款和出票后定期付款汇票的提示承兑期限。定日付款或者出票后定期付款的汇票,持票人应当在汇票到期日前向付款人提示承兑。

(2) 见票后定期付款汇票的提示承兑期限。见票后定期付款的汇票,持票人应当自出票日起1个月内向付款人提示承兑。汇票未按照规定期限提示承兑的,持票人丧失对其前手的追索权。

见票后定期付款汇票的付款日期,是以见票日为起算日期来确定的,汇票不经提示承兑,就无法确定见票日,也就无法确定付款日期,持票人便无法行使票据权利,因此,该种汇票属于必须提示承兑的汇票。

(3) 无须提示承兑汇票。见票即付的汇票无须提示承兑。这种汇票主要包括两种:一是汇票上明确记载有"见票即付"的汇票;二是汇票上没有记载付款日期,根据法律规定视为见票即付的汇票。我国的银行汇票,未记载付款日期,属于见票即付的汇票,该汇票无须提示承兑。

五、汇票的保证

(一) 保证的概念

汇票的保证是指汇票债务人以外的第三人,以担保特定汇票债务人履行票据债务为目的,而在票据上所为的一种附属票据行为。保证的作用在于加强持票人票据权利的实现,确保票据付款义务的履行,促进票据流通。

(二) 保证的当事人

保证的当事人为保证人和被保证人。

1. 保证人。

保证人是指票据债务人以外的,为票据债务的履行提供担保而参与票据关系的第三人。汇票保证人由汇票债务人以外的他人担当。

保证人应是具有代为清偿票据债务能力的法人、其他组织或者个人。国家机关、以公益为目的的事业单位、社会团体、企业法人的分支机构和职能部门不得为保证人;但是经国务院批准为使用外国政府或者国际经济组织贷款进行转贷,国家机关提供票据保证的,以及企业法人的分支机构在法人书面授权范围内提供票据保证的除外。

2. 被保证人。

被保证人是指票据关系中已有的债务人,包括出票人、背书人、承兑人等。票据债务人一旦由他人为其提供保证,其在保证关系中就被称为被保证人。

(三) 保证事项的记载

1. 保证的记载事项。

保证人必须在汇票或粘单上记载下列事项。

(1) 表明"保证"的字样。

(2) 保证人名称和住所。

(3) 被保证人的名称。

(4) 保证日期。

(5) 保证人签章。

保证文句和保证人签章属于绝对必要记载事项;被保证人的名称、保证日期和保证人住所属于相对必要记载事项。保证人在汇票或者粘单上未记载被保证人名称的,已承兑的汇票,承兑人为被保证人;未承兑的汇票,出票人为被保证人。保证人在汇票或者粘单上未记载保证日期的,出票日期为保证日期。同时,保证不得附有条件;附有条件的,不影响对汇票的保证责任。

2. 保证事项的记载方法。

如果保证人是为出票人、承兑人保证的,则应记载于汇票的正面;如果保证人是为背书人保证,则应记载于汇票的背面或者粘单上。

保证人清偿汇票债务后,可以行使持票人对被保证人及其前手的追索权。

六、汇票的付款

(一) 付款的概念

付款是指付款人依据票据文义支付票据金额,以消灭票据关系的行为。

《票据法》规定,持票人应当按照下列期限提示付款。

(1) 见票即付的汇票,自出票日起1个月内向付款人提示付款。

(2) 定日付款、出票后定期付款或者见票后定期付款的汇票,自到期日起10日内向承兑人提示付款。

持票人向付款人进行付款提示后,付款人无条件地在当日按票据金额足额支付给持票人。在支付票款的过程中,持票人必须向付款人履行一定的手续,持票人获得付款的,应当在汇票上签收即在票据的正面签章,表明持票人已经获得付款,并将汇票交给付款人。

付款人依法足额付款后,全体汇票债务人的责任解除。付款人依照票据记载的文义,及时足额支付汇票金额后,票据关系随之消灭,汇票上的全体债务人的票据责任予以解除。

七、汇票的追索权

(一) 追索权的概念

汇票追索权,也称为第二次请求权,是指付款人拒绝付款,或者拒绝承兑,或者由于其他法定原因预计在票据到期时得不到付款的,由持票人向其前手请求偿还票据金额、利息以及有关费用的一种票据权利。它是为补充汇票上的第一次权利即付款请求权而设立的,持票人只有在行使第一次权利未获实现时才能行使第二次权利。

(二) 追索权的要件

行使追索权必须具备一定的要件,包括实质要件和形式要件两个方面。

1. 实质要件。

行使追索权的实质要件,是指持票人行使追索权的法定原因。根据《票据法》的规定,追索权发生的实质要件包括:(1)汇票到期被拒绝付款;(2)汇票在到期日前被拒绝承兑;(3)在汇票到期日前,承兑人或付款人死亡、逃匿的;(4)在汇票到期日前,承兑人或付款人被依法宣告破产或因违法被责令终止业务活动。发生上述情形之一的,持票人可以对背书人、出票人以及汇票的其他债务人行使追索权。

2. 形式要件。

行使追索权的形式要件,是指行使追索权必须遵循一定的程序、履行法定的保全追索权的手续、具备相应的条件。

(1) 提供被拒绝承兑或者被拒绝付款的有关证明。

《票据法》规定,持票人行使追索权时,应当提供被拒绝承兑或者被拒绝付款的有关证明。持票人提示承兑或者提示付款被拒绝的,承兑人或者付款人必须出具拒绝证明,或者出具退票理由书。未出具拒绝证明或者退票理由书的,应当承担由此产生的民事责任。

(2) 不能提供拒绝证明的处理。

《票据法》规定,持票人因承兑人或者付款人死亡、逃匿或者其他原因,不能取得拒绝证明的,可以依法取得其他有关证明。"其他有关证明"主要包括:医院或者有关单位出具的承兑人、付款人死亡的证明;司法机关出具的承兑人、付款人逃匿的证明;公证机关出具的具有拒绝证明效力的文书。

承兑人或者付款人被人民法院依法宣告破产的,人民法院的有关司法文书具有拒绝证明的效力。承兑人或者付款人因违法被责令终止业务活动的,有关行政主管部门的处罚决定具有拒绝证明的效力。

持票人不能出示拒绝证明、退票理由书或者未按照规定期限提供其他合法证明的,丧失对其前手的追索权。但是,承兑人或者付款人仍应当对持票人承担责任。

【案例 9-4】

2020 年 1 月,河北 A 公司与福建 B 公司签订了名义是投资,实质上是借款合同关系的《企业项目投资合同》,约定 B 公司向 A 公司借款人民币 5000 万元,河北招商银行某分行(下简称为招行)对该借款作担保并给 A 公司出具了担保书。之后,A 公司签发了以江苏 C 服装有限公司为收款人,到期日为 2020 年 8 月底的 5000 万元商业汇票一张,还同该服装有限公司签订了虚假的《买卖合同》,将该汇票与合同一并提交给交通银行某县支行(下简称为交行)请求承兑,双方签订了《委托承兑商业汇票协议》。

A 公司告知交行拟使用贴现的方式取得资金,并承诺把该汇票的贴现款项大部分汇回该行,由该行控制使用。其后,该交行承兑了此汇票。而后收款人江苏 C 服装有限公司持票到建设银行江苏某分行贴现,并将贴现所得现款以退货款形式退回给 A 公司,后者则按《企业项目投资合同》的约定,将此款项全部借给 B 公司。

汇票到期后交行以受 A 公司等诈骗为理由拒绝付款给贴现行,而当 A 公司要求 B 公司及招行归还借款时,该行则以出借方签发汇票套取资金用于借贷不合法为由,拒绝承担保证人责任。

问:(1)此案中哪些属于票据关系?(2)交行和招行的理由能否成立?为什么?

【解析】

（1）A公司的出票、交行的承兑、江苏C服装有限公司向建行江苏某分行的贴现，构成了本案中的汇票的出票人、收款人、承兑人、背书人及被背书人之间的一系列的票据债权债务关系，即本案的票据关系。

（2）交行和招行的理由均不能成立。因为付款人一旦承兑，其即成为确定的付款人，承担保证到期支付票款的责任，不得以资金关系抗辩善意的持票人。

招行是票据基础关系的当事人，同样不得以他人的票据关系是非法的，作为借贷担保关系的抗辩理由。本案中，A公司与B公司的借贷关系显然是无效的，招行应依法对过错承担赔偿责任。

第三节 本 票

一、本票概述

（一）本票的概念和特征

本票，是出票人签发的，承诺自己在见票时无条件支付确定的金额给收款人或者持票人的票据。我国《票据法》规定的本票，是指银行本票。

与汇票相比，本票具有下列特征。

（1）本票是自付证券。本票是由出票人约定自己付款的一种自付证券，其基本当事人有两个，即出票人和收款人，在出票人之外不存在独立的付款人。

（2）本票无须承兑。在出票人完成出票行为之后，即承担了到期日无条件支付票据金额的责任，不需要在到期日前进行承兑。

（二）本票的种类

根据不同的标准，可以对本票作不同分类，例如记名式本票、指定式本票和不记名本票；远期本票和即期本票；银行本票和商业本票等。在我国，本票仅限于银行本票，且为记名式本票和即期本票即见票即付本票。

银行本票是银行签发的，承诺自己在见票时无条件支付确定的金额给收款人或者持票人的票据。单位和个人在同一票据交换区域需要支付各种款项，均可以使用银行本票。银行本票可以用于转账，注明"现金"字样的银行本票可以用于支取现金。银行本票分为定额本票和不定额本票两种。定额银行本票面额为1000元、5000元、1万元和5万元。

本票作为票据的一种，具有与其他票据相同的一般性质和特征，《票据法》只是对本票与其他票据不同的方面加以规定,即对其个性方面的问题作了特别规定,而有关其一般性的问题,则适用《票据法》总则有关的规定和汇票中的相关规定。除特别规定外,本票的背书、保证、付款行为和追索权的行使,适用汇票的有关规定。

二、本票的出票

本票的出票与汇票一样,包括作成票据和交付票据。本票的出票行为是以自己负担支付本票金额的债务为目的的票据行为。

(一)本票的出票人

本票的出票人必须具有支付本票金额的可靠资金来源,并保证支付。银行本票的出票人,为经中国人民银行当地分支行批准办理银行本票业务的银行机构。

(二)本票的记载事项

本票出票人出票,必须按一定的格式记载相关内容。与汇票一样,本票的记载事项也包括绝对必要记载事项和相对必要记载事项。

1. 本票的绝对必要记载事项。

本票的绝对必要记载事项包括以下六个方面的内容。

(1)表明"本票"的字样。这是本票文句记载事项。

(2)无条件支付的承诺。这是有关支付文句,表明出票人无条件支付票据金额,而不附加任何条件。

(3)确定的金额。

(4)收款人名称。

(5)出票日期。

(6)出票人签章。

本票上未记载上述绝对必要记载事项之一的,本票无效。

2. 本票的相对必要记载事项。

本票的相对必要记载事项包括两项内容。

(1)付款地。本票上未记载付款地的,出票人的营业场所为付款地。(2)出票地。本票上未记载出票地的,出票人的营业场所为出票地。

此外,本票上可以记载《票据法》规定事项以外的其他出票事项,但是这些事项并不发生本票上的效力。

三、见票付款

根据《票据法》的规定,银行本票是见票付款的票据,收款人或持票人在取得银行本票后,随时可以向出票人请求付款。本票自出票日起,付款期限最长不得超过2个月。

持票人在规定的期限提示本票的,出票人必须承担付款的责任。持票人超过付款期限提示付款的,代理付款人不予受理。银行本票的代理付款人是代理出票银行审核支付银行本票款项的银行。如果持票人超过提示付款期限不获付款的,在票据权利时效内向出票银行作出说明,并提供本人身份证或单位证明,可持银行本票向出票银行请求付款。

【案例 9-5】

甲出具一张银行本票给乙,乙将该本票背书转让给丙,丁作为乙的保证人在票据上签章。丙又将该本票背书转让给戊,戊作为持票人未按规定期限向出票人提示本票。

问:根据票据法的有关规定,戊不得对哪个人行使追索权?

【解析】 不得对乙丙丁行使追索权。《票据法》规定,本票的持票人未按照规定期限提示见票的,丧失对出票人以外的前手的追索权。

第四节 支 票

一、支票概述

(一) 支票的概念

支票是出票人签发的,委托办理支票存款业务的银行或者其他金融机构在见票时无条件支付确定的金额给收款人或者持票人的票据。

支票的基本当事人有三个:出票人、付款人和收款人。支票的出票人,为在经中国人民银行批准办理支票存款业务的银行、城市信用合作社和农村信用合作社开立支票存款账户的企业、其他组织和个人。单位和个人在同一票据交换区域的各种款项结算,均可以使用支票。

支票与汇票和本票相比,有两个显著特征:

(1) 支票的付款人仅限于银行或者其他金融机构。支票与汇票都属于委付证券,但票据法对支票付款人的资格有限制,我国支票的付款人仅限于经中国人民银行当地分支行批准办理支票业务的银行机构(包括银行、城市信用合作社和农村信用合作社)。

(2) 支票是见票即付的票据。汇票、本票是信用证券,而支票是支付证券,其主要功能是代替现金进行支付。

(二) 支票的种类

依据不同的分类标准,可以对支票作不同的分类。《票据法》按照支付票款方式,将支票分为现金支票、转账支票和普通支票。

1. 现金支票。

支票上印有"现金"字样的为现金支票,现金支票只能用于支取现金。

2. 转账支票。

支票上印有"转账"字样的为转账支票,转账支票只能用于转账,不得支取现金。

3. 普通支票。

支票上未印有"现金"或"转账"字样的为普通支票,普通支票可以用于支取现金,也可以用于转账。在普通支票左上角划两条平行线的,为划线支票,划线支票只能用于转账,不得支取现金。

(三)支票适用汇票的有关规定

与本票一样,《票据法》只是对支票的个性方面的问题作了特别规定,而有关其一般性的问题,则适用《票据法》总则中的有关规定和汇票中的相关规定。除特别规定外,支票的背书、付款行为和追索权的行使,适用汇票的有关规定。

二、支票的出票

(一)支票的出票的概念

支票的出票是指出票人委托银行或者其他金融机构无条件向持票人支付一定金额的票据行为。支票出票人为在经中国人民银行当地分支行批准办理支票业务的银行机构开立可以使用支票的存款账户的单位和个人。

(二)支票的记载事项

支票出票人作成有效的支票,必须按法定要求记载有关事项。记载事项分为绝对必要记载事项和相对必要记载事项。

1. 绝对必要记载事项。

(1) 表明"支票"的字样。这是支票文句的记载事项。

(2) 无条件支付的委托。这是支票有关支付文句的记载事项。我国现行使用的支票记载支付的文句,一般在支票上已印好"上列款项请从我账户内支付"的字样。

(3) 确定的金额。

(4) 付款人名称。支票的付款人为支票上记载的出票人开户银行。

(5) 出票日期。

(6) 出票人签章。支票上未记载绝对必要记载事项之一的,支票无效。

为了发挥支票灵活便利的特点,《票据法》规定了可以通过授权补记的方式记载的两项事项:

(1) 支票上的金额可以由出票人授权补记,未补记前的支票,不得使用。出票人可以授权收款人就支票金额补记,收款人以外的其他人不得补记;在支票金额未补记之前,收款人不得背书转让,提示付款。

(2)支票上未记载收款人名称的,经出票人授权,可以补记。未补记前,支票不得背书转让和提示付款。此外,出票人可以在支票上记载自己为收款人。

除中国人民银行另有规定外,签发支票应使用碳素墨水或墨汁填写。同时,签发现金支票和用于支取现金的普通支票,必须符合国家现金管理的规定。

2. 相对必要记载事项。

(1)付款地。支票上未记载付款地的,付款人的营业场所为付款地。

(2)出票地。支票上未记载出票地的,出票人的营业场所、住所或者经常居住地为出票地。

此外,支票上可以记载非法定记载事项,但这些事项并不发生支票上的效力。

(三)出票的其他法定条件

支票的出票行为取得法律上的效力,必须依法进行,除须按法定格式签发票据外,还须符合其他法定条件。

(1)禁止签发空头支票。出票人签发的支票金额超过其付款时在付款人处实有的存款金额的,为空头支票。支票的出票人签发支票的金额不得超过付款时其在付款人处实有的存款金额。

(2)支票的出票人不得签发与其预留本名的签名式样或者印鉴不符的支票,使用支付密码的,出票人不得签发支付密码错误的支票。

(3)签发现金支票和用于支取现金的普通支票,必须符合国家现金管理的规定。

三、支票的付款

支票的付款是指付款人根据持票人的请求向其支付支票金额,以消灭支票关系的行为。支票限于见票即付,不得另行记载付款日期。另行记载付款日期的,该记载无效。

持票人在请求付款时,必须为付款提示。支票的持票人应当自出票日起10日内提示付款;异地使用的支票,其提示付款的期限由中国人民银行另行规定。即除中国人民银行另有规定外,支票的提示付款期限自出票日起10日。

超过提示付款期限提示付款的,持票人开户银行不予受理,付款人不予付款。付款人不予付款的,出票人仍应当对持票人承担票据责任。持票人超过提示付款期限的,并不丧失对出票人的追索权,出票人仍应当对持票人承担支付票款的责任。

第五节　违反《票据法》的法律责任

一、票据欺诈行为的法律责任

票据欺诈行为是指以票据为载体，以非法占有为目的，采用伪造、变造，或者故意使用伪造、变造的票据等欺骗手段，骗取他人财物的行为。

票据欺诈行为包括以下几种行为。

（1）伪造、变造票据。

（2）故意使用伪造、变造的票据。

（3）签发空头支票或者故意签发与其预留的本名签名式样或者印鉴不符的支票，骗取财物。

（4）签发无可靠资金来源的汇票、本票，骗取资金。

（5）汇票、本票的出票人在出票时作虚假记载，骗取财物。

（6）冒用他人的票据，或者故意使用过期或者作废的票据，骗取财物。

（7）付款人同出票人、持票人恶意串通，实施前六项所列行为之一的。

行为人实施上述票据欺诈行为之一，构成犯罪的，应根据《刑法》中破坏金融管理秩序罪和金融诈骗罪的有关规定依法承担刑事法律责任。

行为人实施上述票据欺诈行为之一，情节轻微，不构成犯罪的，由公安机关依照国家有关规定给予警告、罚款、没收非法所得、停止办理某项业务、停业整顿、吊销营业执照或经营许可证、拘留等行政处罚。签发空头支票或者签发与其预留的签章不符的支票，不以骗取财物为目的的，由中国人民银行处以票面金额5%但不低于1000元的罚款；持票人有权要求出票人赔偿支票金额2%的赔偿金。

行为人实施票据欺诈行为，给他人造成损失的，应当承担民事赔偿责任。

二、出票人、存款人和付款人违反《票据法》的法律责任

单位或个人签发空头支票或者签发与其预留的签章不符的支票，不以骗取财物为目的的，由中国人民银行处以票面金额5%但不低于1000元的罚款；持票人有权要求出票人赔偿支票金额2%的赔偿金。屡次签发空头支票的，银行有权停止其支票或全部的支付结算业务；构成犯罪的，依法追究刑事责任。

引导案例解析

（1）银行对北京Ａ科技有限公司签发空头支票处以1000元罚款符合法律规定。因为法律规定，出票人签发空头支票的，银行应予以退票，并按票面金额处以5%但不低于1000元的罚款。

（2）甲饭店不能以北京Ａ科技有限公司签发空头支票为由，要求其支付2000元的赔偿金。因为法律规定，出票人签发空头支票的，持票人有权要求出票人赔偿支票金额2%的赔偿金，即200元的赔偿金。

实训练习

一、简答题

1. 票据特征有哪些？
2. 票据基础关系与票据关系的联系和区别有哪些？
3. 我国《票据法》对票据行为形式要件有何规定？
4. 简述汇票的追索权制度。

二、不定项选择题

1. 我国《票据法》规定持票人对定期汇票的出票人和承兑人的票据权利时效，为自汇票到期日起（　　）。
   A. 2年　　　B. 6个月　　　C. 3个月　　　D. 1年
2. 导致票据权利消灭的原因有（　　）。
   A. 时效期间经过　　　B. 受欺诈或者受胁迫
   C. 取得票据的原因不合法　　　D. 背书不连续
3. 张某伪造了甲公司的签章签发了一张支票并交付给乙公司，乙公司背书转让给丙公司。应当对丙公司负票据责任的是（　　）。
   A. 张某　　　B. 甲公司　　　C. 乙公司　　　D. 张某、甲公司、乙公司
4. 出票后定期付款的汇票，其提示付款的期限为（　　）。
   A. 自出票日起10日内　　　B. 自到期日起10日内
   C. 自到期日起15日内　　　D. 自出票日起15日内
5. 在各种票据行为中，不属于基本的票据行为的有（　　）。
   A. 出票　　　B. 背书　　　C. 承兑　　　D. 保证

三、案例分析题

某公司财务人员在签发支票时将收款人名称写错，发现后立即纠正，并在旁边加盖

公章和个人印鉴。收款人提示付款时被退票。

试分析:

(1) 财务人员纠错的行为在《票据法》上称为什么?

(2) 该支票是否有效?为什么?

(3) 如果银行拒绝付款,收款人是否可以向出票人行使追索权?为什么?

(4) 如果银行拒绝付款,收款人是否可以向出票人主张票据利益,偿还请求权?为什么?

第十章 税务行政管理法律制度

本章学习目标

1. 掌握我国税收管理体制、税务检查的形式和方法,税收保全措施和强制执行措施。
2. 理解税务行政诉讼的基本原则和制度。
3. 熟悉税收行政处罚的特点和种类、税务行政复议的范围、税务行政诉讼的范围。

引导案例

广东粤财信托有限公司(以下简称"粤财信托")未按照规定期限办理税款所属期为2002年6月至2016年6月的纳税申报和报送纳税申报资料,逾期360天。

通过本章学习,回答以下问题:"粤财信托"的行为,违反了我国《税收征收管理法》,应当如何处罚?

第一节 税收管理体制

一、税收管理体制的概念

税收管理体制是中央和地方之间划分税收管理权限的制度,是国家财政管理体制的重要组成部分,体现了税收管理集权与分权的关系。

二、税收立法权的划分

税收立法是享有立法权的国家机关制定、修改,变更和终止税收法律关系的法律规范的活动。税收立法权是制定、修改或者废止税收法律、行政法规等规范性文件的权力。

税收法律由全国人民代表大会及其常务委员会制定；税收的行政法规由国务院制定；有关税收的部门规章由财政部、国家税务总局、海关总署、国务院关税税则委员会等部门制定。省、自治区、直辖市人民代表大会及其常务委员会、民族自治人民代表大会和省级人民政府，在不与国家的税收法律、法规相抵触的前提下，可以制定某些地方性的税收法规和规章。

三、税务机构的设置

根据我国国民经济和社会发展以及分税制财政管理体制的需要，现行的税务机构是中央政府设立国家税务总局（正部级），原有的省及省以下国税地税机构两个系统合并整合，统一设置为省、市、县三级税务局，实行以国家税务总局为主，与省（自治区、直辖市）人民政府双重领导管理体制。此外，另由海关总署及下属机构负责关税征收管理和受托征收进出口增值税、消费税等税收。

四、税收征管范围的划分

目前，中国的税收分别由税务、海关等系统负责征收管理。

（1）税务系统即国家税务总局系统负责征收和管理的税种有：增值税、消费税、车辆购置税、企业所得税、个人所得税、资源税、城镇土地使用税、耕地占用税、土地增值税、房产税、车船税、印花税、契税、城市维护建设税、环境保护税和烟叶税，共16个税种。

（2）海关系统负责征收和管理的项目有：关税、船舶吨税，同时负责代征进口环节的增值税和消费税。

第二节 税收征收管理

一、税收征收管理概述

税收征收管理是一种执行性管理，是指税务机关对纳税人或扣缴义务人依法征税活动的管理。征收管理是实现税收分配目标、完成税收任务的保证。税收征收管理是税收管理体系的中心内容，它具体包括以下几方面。

1. 税务管理。

税务管理是保证税款的顺利征收所做的一些基础性工作，是税款征收的前提。税务管理主要包括税务登记管理、账簿和凭证管理及纳税申报管理。

2. 税款征收。

税款征收是指税款入库的过程。从税务机关的角度来看，是税务机关依照法律、法规的规定征收税款的过程；从纳税人的角度来看，是纳税人或扣缴义务人按照法律、法规的规定缴纳税款的过程。

3. 发票管理。

发票管理是指税务机关依照法律、行政法规的规定对发票的印制、领购、开具、取得、使用、保管和缴销等方面所进行的管理。

4. 税务检查。

税务检查是指税务机关为了减少税款流失，根据税收法律、法规及相关的财务会计制度的规定，对纳税人履行纳税义务、扣缴义务人履行扣缴义务的情况所进行的检查和监督。

5. 法律责任。

法律责任是指纳税人、扣缴义务人不能正确履行义务、发生违法行为时所应承担的法律后果。

6. 税收争议的解决。

税收争议的解决是指作为征管方的税务机关在与纳税人、扣缴义务人、纳税担保人等相对人在税款征收过程中所发生的一些争议予以解决的方式。针对不同情形可采取税务行政复议或税务行政诉讼的方式解决。

7. 税务代理。

税务代理是指有税务代理资格的税务代理人在国家法律、行政法规规定的范围内，接受纳税人、扣缴义务人的委托，代为办理有关税务事宜的活动。包括代委托人办理税务登记、建账建制、纳税申报、缴纳税款、减免税申请、税务行政复议或行政诉讼等有关税收事宜，同时还包括办理与纳税有关的财务、会计事项等。

二、税收征收管理法概述

税收征收管理法是调整、规范税收征收管理的法律规范的总称。包括税收征收管理法及税收征收管理的有关法律、法规和规章。我国为了加强税收征收管理，规范税收征收和缴纳行为，保障国家税收收入，保护纳税人的合法权益，促进经济和社会发展，于1992年9月4日第七届全国人民代表大会常务委员会第二十七次会议通过了《中华人民共和国税收征收管理法》（以下简称《税收征收管理法》），先后经历了1995年、2013年和2015年三次修正。凡依法由税务机关征收的各种税收的征收管理，均适用《税收征收管理法》。

国务院于2002年9月7日通过并开始实施《中华人民共和国税收征收管理法实施细则》（以下简称《税收征收管理法实施细则》），先后于2012年、2013年和2016年三次修正。

三、税务管理

税务管理是税务机关在税收征收管理中对征纳过程实施的基础性的管理制度和管理行为,税务管理是整个税收征管工作的基础环节,是做好税款征收和税务检查的前提工作。税务管理主要包括税务登记、账簿、凭证管理、发票管理、税控管理、纳税申报等内容。

(一) 税务登记

税务登记亦称纳税登记,是税务机关对纳税人的生产经营活动、行为实行法定登记的一项管理制度,也是纳税人履行纳税义务向税务机关办理的一项法律手续。税务登记是税收征管过程的首要环节,是征纳双方法律关系成立的书面依据。国家税务局、地方税务局对同一纳税人的税务登记应当采用同一代码,信息共享。

税务登记分为开业税务登记、变更税务登记、停业,复业税务登记、注销税务登记等。

1. 开业税务登记。

开业税务登记又称初始登记,是指从事生产、经营活动的纳税人自领取营业执照或其他纳税人依照法律、行政法规的规定成为纳税义务人之后首次进行的税务登记。

企业,企业在外地设立的分支机构和从事生产、经营的场所,个体工商户和从事生产、经营的事业单位(以下统称从事生产、经营的纳税人)自领取营业执照之日起30日内,持有关证件,向税务机关申报办理税务登记。税务机关应当于收到申报的当日办理登记并发给税务登记证件。

2. 变更税务登记。

变更税务登记是指纳税人办理税务登记后,原税务登记内容发生了变化,需要到税务机关变更原来登记内容的一种制度。

3. 停业、复业税务登记。

停业、复业税务登记是指纳税人由于某种原因需要暂时停止经营活动或在恢复生产、经营之前,应到税务机关办理相应税务登记手续。

4. 注销税务登记。

注销税务登记是指纳税人发生解散、破产、撤销以及其他情形,依法终止纳税义务的,应当在向工商行政管理机关办理注销登记前,持有关证件向原税务登记机关申请办理注销税务登记。

(二) 账簿、凭证管理

账簿、凭证管理是税收管理程序中一项重要的基础性工作,它是征纳双方依法治税的主要凭据。

1. 账簿管理。

根据我国《税收征收管理法》及其实施细则的有关规定，从事生产经营的纳税人、扣缴义务人应自领取营业执照之日起 15 日内，按照国务院财政、税务主管部门的规定设置账簿，根据合法有效凭证记账，进行核算。

2. 凭证管理。

为了确保会计核算和纳税信息资料的准确、完备，我国财务会计制度和税收制度要求原始凭证必须详细载明有关经济业务的发生和完成情况。

根据《税收征收管理法》的规定，纳税人、扣缴义务人按照有关法律、行政法规和国务院财政、税务主管部门的规定设置账簿，根据合法、有效凭证记账，进行核算。

从事生产、经营的纳税人的财务、会计制度或者财务、会计处理办法和会计核算软件，应当报送税务机关备案。纳税人、扣缴义务人的财务、会计制度或者财务、会计处理办法与国务院或者国务院财政、税务主管部门有关税收的规定抵触的，依照国务院或者国务院财政、税务主管部门有关税收的规定计算应纳税款、代扣代缴和代收代缴税款。

《税收征管法实施细则》对保管期限作了进一步明确，第 29 条规定，账簿、记账凭证、报表、完税凭证、发票、出口凭证以及其他有关涉税资料应当合法、真实、完整。账簿、记账凭证、报表、完税凭证、发票、出口凭证以及其他有关涉税资料应当保存 10 年，但是，法律、行政法规另有规定的除外。

完 税 凭 证

完税凭证包括各种由国家税务总局制定的完税证、税收缴款书、印花税票、扣（收）税凭证以及其他完税证明。

具体而言，按照国家税务总局在 1998 年颁布实施的《国家税务总局关于核发税收票证统一式样的通知》的规定，常见的完税凭证有《税收通用缴款书》(第 1 联)、《税收(出口货物专用)缴款书》(第 1 联)、《固定资产投资方向调节税专用缴款书》(第 1 联)、《税收通用完税证》(第 2 联)、《税收定额完税证》(收据联)、《车船使用税定额完税证》《税收转账专用完税证》(第 2 联)、《代扣代收税款凭证》(第 2 联)、《出口货物完税分割单》(第 2 联)、《个人所得税完税证明》，等等。而印花税票本身，在粘贴、画销之后即为印刷税已缴纳的完税凭证。

完税凭证作为纳税人缴税的证据，根据《税收征收管理法》第 34 条的规定，税务机关征收税款时，必须给纳税人开具完税凭证。扣缴义务人代扣、代收税款时，纳税人要求扣缴义务人开具代扣、代收税款凭证的，扣缴义务人应当开具。

此外，《税收征收管理法实施细则》第 46 条规定："税务机关收到税款后，应当向纳税人开具完税凭证。纳税人通过银行缴纳税款的,税务机关可以委托银行开具完税凭证。"

(三) 发票管理

1. 发票种类。

发票是指在购销商品、提供劳务服务以及从事其他经营活动过程中,向对方开出的收款或付款凭证。发票既是会计核算的原始凭证,又是税务稽查的重要依据。

发票管理是指税务机关依法对发票印制、领购、开具、取得和保管、缴销的全过程进行组织、协调、监督等一系列管理工作。加强发票管理工作,对于提高我国税收征管水平,保证国家税收收入及时、足额入库,防止侵蚀税基以及税款的流失具有重大的现实意义。我国的发票管理工作由国务院税务主管部门负责,发票的种类、联次、内容和使用范围都由国务院税务主管部门规定。

根据《中华人民共和国发票管理办法》(以下简称《发票管理办法》)的规定,发票按照税种的不同可分为增值税专用发票和普通发票。增值税专用发票由国务院税务主管部门确定的企业印制;其他发票,按照国务院税务主管部门的规定,由省、自治区、直辖市税务机关确定的企业印制。禁止私自印制、伪造、变造发票。

2. 发票领购和使用。

(1) 发票领购。

依法办理税务登记的各类单位和个人,在领取税务登记证件以后,可以向主管税务机关申请领购发票。

根据《发票管理办法》的规定,需要领购发票的单位和个人,应当持税务登记证件、经办人身份证明、按照国务院税务主管部门规定式样制作的发票专用章的印模,向主管税务机关办理发票领购手续。主管税务机关根据领购单位和个人的经营范围和规模,确认领购发票的种类、数量以及领购方式,在5个工作日内发给发票领购簿。

需要临时使用发票的单位和个人,可以凭购销商品、提供或者接受服务以及从事其他经营活动的书面证明、经办人身份证明,直接向经营地税务机关申请代开发票。依照税收法律、行政法规规定应当缴纳税款的,税务机关应当先征收税款,再开具发票。税务机关根据发票管理的需要,可以按照国务院税务主管部门的规定委托其他单位代开发票。

禁止非法代开发票。

(2) 发票的开具和保管。

根据《发票管理办法》的规定,销售商品、提供服务以及从事其他经营活动的单位和个人,对外发生经营业务收取款项,收款方应当向付款方开具发票;特殊情况下,由付款方向收款方开具发票。

所有单位和从事生产、经营活动的个人在购买商品、接受服务以及从事其他经营活动支付款项，应当向收款方取得发票。取得发票时，不得要求变更品名和金额。

不符合规定的发票，不得作为财务报销凭证，任何单位和个人有权拒收。

《发票管理办法》明确规定，开具发票应当按照规定的时限、顺序、栏目，全部联次一次性如实开具，并加盖发票专用章。

任何单位和个人不得有下列虚开发票行为：为他人、为自己开具与实际经营业务情况不符的发票；让他人为自己开具与实际经营业务情况不符的发票；介绍他人开具与实际经营业务情况不符的发票。

安装税控装置的单位和个人，应当按照规定使用税控装置开具发票，并按期向主管税务机关报送开具发票的数据。使用非税控电子器具开具发票的，应当将非税控电子器具使用的软件程序说明资料报主管税务机关备案，并按照规定保存、报送开具发票的数据。国家推广使用网络发票管理系统开具发票，具体管理办法由国务院税务主管部门制定。

开具发票的单位和个人应当建立发票使用登记制度，设置发票登记簿，并定期向主管税务机关报告发票使用情况。开具发票的单位和个人应当按照税务机关的规定存放和保管发票，不得擅自损毁。已经开具的发票存根联和发票登记簿，应当保存5年。保存期满，报经税务机关查验后销毁。

(3) 发票的使用。

任何单位和个人应当按照发票管理规定使用发票，不得有下列行为：转借、转让、介绍他人转让发票、发票监制章和发票防伪专用品；知道或者应当知道是私自印制、伪造、变造、非法取得或者废止的发票而受让、开具、存放、携带、邮寄、运输；拆本使用发票；扩大发票使用范围；以其他凭证代替发票使用。

有上述违反《发票管理办法》的规定的行为，由税务机关责令改正，可以处1万元以下的罚款；有违法所得的予以没收。

税务机关应当提供查询发票真伪的便捷渠道。

(四) 税控管理

税控管理是税收征收管理的一个重要组成部分，也是近期提出来的一个新的概念。税控管理，是指税务机关利用税控装置对纳税人的生产经营情况进行监督和管理，以保障国家税收收入，防止税款流失，提高税收征管工作效率，降低税收成本的各项活动的总称。

《税收征收管理法》第23条规定，国家根据税收征收管理的需要，积极推广使用税控装置。纳税人应当按照规定安装、使用税控装置，不得损毁或者擅自改动税控装置。

(五) 纳税申报

1. 纳税申报概念。

纳税申报是纳税人发生纳税义务后,在税法规定的期限内向主管税务机关提交书面报告的一种法定手续,也是税务机关办理征税业务、核实应纳税款、开具完税凭证的主要依据。

纳税申报是目前世界上实行自行报税征管模式的主要特征,这种"自行报税、税务机关抽样审计、征税服务社会化"三者相结合的征管模式,普遍为西方发达国家所采用。

2. 纳税申报对象与方式。

(1) 纳税申报对象。

根据《税收征收管理法》的规定,我国纳税申报的对象分为四类:固定业户、临时经营者、享有减免税待遇的纳税户、扣缴义务人。

《税收征收管理法》规定,纳税人必须依照法律、行政法规规定或者税务机关依照法律、行政法规的规定确定的申报期限、申报内容如实办理纳税申报,报送纳税申报表、财务会计报表以及税务机关根据实际需要要求纳税人报送的其他纳税资料。扣缴义务人必须依照法律、行政法规规定或者税务机关依照法律、行政法规的规定确定的申报期限、申报内容如实报送代扣代缴、代收代缴税款报告表以及税务机关根据实际需要要求扣缴义务人报送的其他有关资料。

(2) 纳税申报方式。

纳税申报方式是指纳税人向税务机关申报纳税时所采用的方法。目前,纳税申报的方式大体有三种:直接申报、邮寄申报、数据电文申报。

直接申报是指纳税人自行到税务机关办理纳税申报。这是一种传统申报方式。邮寄申报是指经税务机关批准的纳税人使用统一规定的纳税申报特快专递专用信封,通过邮政部门办理交寄手续,并向邮政部门索取收据作为申报凭据的方式。数据电文申报是指经税务机关确定的电话语音、电子数据交换或网络传输等电子方式申报。如:目前纳税人的网上申报,就是数据电文申报方式的一种形式。

除上述方式外,实行定期定额缴纳税款的纳税人,可以实行简易申报、简并征期等申报纳税方式。

四、税款征收

依照《税收征收管理法》的规定,税务机关依照法律、行政法规的规定征收税款,不得违反法律、行政法规的规定开征、停征、多征、少征、提前征收、延缓征收或者摊派税款。农业税应纳税额按照法律、行政法规的规定核定。

除税务机关、税务人员以及经税务机关依照法律、行政法规委托的单位和人员外,任何单位和个人不得进行税款征收活动。

税款征收方式是指税务机关根据税收法律、法规和纳税人生产经营、财务管理状况，本着保证国家税收、便于税务人员征收的原则所采取的具体组织税款入库的方式。具体表现为以下方式。

（一）查账征收

查账征收是指税务机关对会计核算制度比较健全的纳税人，依据其报送的纳税申报表、财务会计报表和其他有关纳税资料，计算应纳税款，填写缴款书或完税凭证，由纳税人到银行划解税款的征收方式。

（二）查定征收

查定征收是指税务机关对账务不全，但能控制其材料、产量或进销货物的纳税单位或个人，根据纳税户正常条件下的生产能力，对其生产的应税产品确定产量、销售额并据以核算税款的一种征收方式。它适用于生产规模较小，会计核算不健全的作坊式小企业。

（三）查验征收

查验征收是指税务机关对纳税人的应税商品、产品，通过查验数量，按市场一般销售单价计算其销售收入，并据以计算应纳税款的一种征收方式。这种方式适用于对城乡集贸市场的临时经营以及火车站、机场、码头、公路交通要道等地经销商品的课税。

（四）定期定额征收

定期定额征收是指税务机关通过典型调查，逐户确定营业额和所得额并据以征税的方式。这种方式一般适用于无完整考核依据的小型纳税单位。

（五）委托代征税款

委托代征税款是指税务机关委托代征人以税务机关的名义征收税款，并将税款缴入国库的方式。这种方式一般适用于小额、零散税源的征收。

（六）邮寄纳税

邮寄纳税是一种新的纳税方式。这种方式主要适用于那些有能力按期纳税，但采用其他方式纳税又不方便的纳税人。

（七）其他方式

如利用网络申报，用 IC 卡纳税等方式。

五、税收保全措施和强制执行措施

为了保证税款能够及时、足额入库，我国《税收征收管理法》对于可能逃避纳税义务或拒不纳税的当事人，规定了明确的预防措施和强制性条款，以堵塞漏洞、严肃法纪。

（一）税收保全措施

1. 税收保全的概念。

税收保全是指税务机关对可能由于纳税人的行为或者某种客观原因，致使以后税款的征收不能保证或难以保证的案件，采用限制纳税人处理或者转移商品、货物或其他财产的措施。

2. 税收保全措施的内容。

税务机关有根据认为从事生产、经营的纳税人有逃避纳税义务行为的，可以在规定的纳税期之前，责令限期缴纳应纳税款；在限期内发现纳税人有明显的转移、隐匿其应纳税的商品、货物以及其他财产或者应纳税的收入的迹象的，税务机关可以责成纳税人提供纳税担保。如果纳税人不能提供纳税担保，经县以上税务局（分局）局长批准，税务机关可以采取下列税收保全措施。

（1）书面通知纳税人开户银行或者其他金融机构冻结纳税人的金额相当于应纳税款的存款。

（2）扣押、查封纳税人的价值相当于应纳税款的商品、货物或者其他财产。

纳税人在前款规定的限期内缴纳税款的，税务机关必须立即解除税收保全措施；限期期满仍未缴纳税款的，经县以上税务局（分局）局长批准，税务机关可以书面通知纳税人开户银行或者其他金融机构从其冻结的存款中扣缴税款，或者依法拍卖或者变卖所扣押、查封的商品、货物或者其他财产，以拍卖或者变卖所得抵缴税款。

个人及其所扶养家属维持生活必需的住房和用品，不在税收保全措施的范围之内。

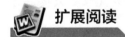
扩展阅读

税务机关有权核定其应纳税额的情形

纳税人有下列情形之一的，税务机关有权核定其应纳税额。

（1）依照法律、行政法规的规定可以不设置账簿的。

（2）依照法律、行政法规的规定应当设置账簿但未设置的。

（3）擅自销毁账簿或者拒不提供纳税资料的。

（4）虽设置账簿，但账目混乱或者成本资料、收入凭证、费用凭证残缺不全，难以查账的。

（5）发生纳税义务，未按照规定的期限办理纳税申报，经税务机关责令限期申报，逾期仍不申报的。

（6）纳税人申报的计税依据明显偏低，又无正当理由的。

税务机关核定应纳税额的具体程序和方法由国务院税务主管部门规定。

（二）税收强制执行措施

1. 税收强制执行的概念。

税收强制执行是指从事生产经营的纳税人、扣缴义务人未按照规定的期限缴纳或者解缴税款，纳税担保人未按照规定的期限缴纳所担保的税款，由税务机关责令限期缴纳，逾期仍未缴纳的，经县以上税务机关批准，可以采取税收强制执行措施。它是税收保全措施的延续，更充分地反映了税收强制性的特征。

2. 税收强制执行措施的内容。

经县以上税务局（分局）局长批准，税务机关可以采取下列强制执行措施。

（1）书面通知其开户银行或者其他金融机构从其存款中扣缴税款。

（2）扣押、查封、依法拍卖或者变卖其价值相当于应纳税款的商品、货物或者其他财产，以拍卖或者变卖所得抵缴税款。

税务机关采取强制执行措施时，对前款所列纳税人、扣缴义务人、纳税担保人未缴纳的滞纳金同时强制执行。

个人及其所扶养家属维持生活必需的住房和用品，不在强制执行措施的范围之内。

六、税款征收的其他制度

（一）代扣代缴、代收代缴制度

代扣代缴是指按照税法规定，负有扣缴税款的法定义务人负责对纳税人应纳的税款进行代扣代缴的方式。代收代缴是指按照税法规定，负有收缴税款的法定义务人负责对纳税人应缴纳的税款进行代收代缴的方式。

（二）延期纳税制度

延期纳税制度是在保障国家财政收入的前提下，对纳税人合法保护。纳税人、扣缴义务人按照法律、行政法规规定或者税务机关依照法律、行政法规的规定确定的期限，缴纳或者解缴税款。纳税人因有特殊困难，不能按期缴纳税款的，经省、自治区、直辖市国家税务局、地方税务局批准，可以延期缴纳税款，但是最长不得超过3个月。

（三）滞纳金制度

滞纳金制度是针对不按时履行纳税义务的当事人在欠缴国家税款时，主管税务机关从滞纳之日起，按日加收一定比例金额的制度。滞纳金制度不是一种处罚，它是对纳税人占用税款的一种补偿。如果纳税人不按照纳税期限缴纳税款，就等于无偿地占用国家财政资金，这不仅有损于国家利益，也会造成纳税人之间税收负担的不平衡。

法律规定，纳税人未按照规定期限缴纳税款的，扣缴义务人未按照规定期限解缴税款的,税务机关除责令限期缴纳外,从滞纳税款之日起,按日加收滞纳税款万分之五的滞纳金。

纳税人依照法律、行政法规的规定办理减税、免税。

(四) 离境清税制度

欠缴税款的纳税人或者他的法定代表人需要出境的,应当在出境前向税务机关结清应纳税款、滞纳金或者提供担保。未结清税款、滞纳金,又不提供担保的,税务机关可以通知出境管理机关阻止其出境。

(五) 税款的退还与追征制度

1. 税款退还制度。

税款退还制度是指纳税人超过应纳税额多纳的税款,由税务机关按照规定予以退还的制度。在实际税款征收过程中,由于计算错误或错用税率等原因,可能出现纳税人多缴税款的情况。

纳税人超过应纳税额缴纳的税款,税务机关发现后应当立即退还;纳税人自结算缴纳税款之日起3年内发现的,可以向税务机关要求退还多缴的税款并加算银行同期存款利息,税务机关及时查实后应当立即退还;涉及从国库中退库的,依照法律、行政法规有关国库管理的规定退还。

2. 税款追征制度。

税款追征制度是指纳税人、扣缴义务人未缴或少缴税款,税务机关依法追征的制度。《税收征收管理法》第52条规定,因税务机关的责任,致使纳税人、扣缴义务人未缴或者少缴税款的,税务机关在3年内可以要求纳税人、扣缴义务人补缴税款,但是不得加收滞纳金。

因纳税人、扣缴义务人计算错误等失误,未缴或者少缴税款的,税务机关在3年内可以追征税款、滞纳金;有特殊情况的,追征期可以延长到5年。

对偷税、抗税、骗税的,税务机关追征其未缴或者少缴的税款、滞纳金或者所骗取的税款,不受前款规定期限的限制。

七、税务检查

(一) 税务检查的概念

税务检查亦称纳税检查,是税务机关根据国家税收法律、法规以及财务会计制度的规定,对纳税人、扣缴义务人是否履行纳税义务、扣缴义务及其他有关纳税事项审查、核实、监督活动的总称。税务检查是税收征收管理重要的组成部分,是确保国家财政收入和税收法律、法规贯彻落实的重要手段。

税务检查的主体是税务机关,税务检查的客体是纳税人、扣缴义务人,税务检查的依据是国家的税收法律法规。税务机关应当建立科学的检查制度,统筹安排检查工作,严格控制对纳税人、扣缴义务人的检查次数。

(二) 税务检查的基本内容

税务机关有权进行下列税务检查。

(1) 检查纳税人的账簿、记账凭证、报表和有关资料,检查扣缴义务人代扣代缴、代收代缴税款账簿、记账凭证和有关资料。

(2) 到纳税人的生产、经营场所和货物存放地检查纳税人应纳税的商品、货物或者其他财产,检查扣缴义务人与代扣代缴、代收代缴税款有关的经营情况。

(3) 责成纳税人、扣缴义务人提供与纳税或者代扣代缴、代收代缴税款有关的文件、证明材料和有关资料。

(4) 询问纳税人、扣缴义务人与纳税或者代扣代缴、代收代缴税款有关的问题和情况。

(5) 到车站、码头、机场、邮政企业及其分支机构检查纳税人托运、邮寄应纳税商品、货物或者其他财产的有关单据、凭证和有关资料。

(6) 经县以上税务局(分局)局长批准,凭全国统一格式的检查存款账户许可证明,查询从事生产、经营的纳税人、扣缴义务人在银行或者其他金融机构的存款账户。税务机关在调查税收违法案件时,经设区的市、自治州以上税务局(分局)局长批准,可以查询案件涉嫌人员的储蓄存款。税务机关查询所获得的资料,不得用于税收以外的用途。

八、法律责任

(一) 违反税务管理基本规定行为的法律责任

根据《税收征收管理法》第60条的规定,纳税人有下列行为之一的,由税务机关责令限期改正,可以处2000元以下的罚款;情节严重的,处2000元以上1万元以下的罚款。

(1) 未按照规定的期限申报办理税务登记、变更或者注销登记的。

(2) 未按照规定设置、保管账簿或者保管记账凭证和有关资料的。

(3) 未按照规定将财务、会计制度或者财务、会计处理办法和会计核算软件报送税务机关备查的。

(4) 未按照规定将其全部银行账号向税务机关报告的。

(5) 未按照规定安装、使用税控装置,或者损毁或者擅自改动税控装置的。

纳税人不办理税务登记的,由税务机关责令限期改正;逾期不改正的,经税务机关提请,由工商行政管理机关吊销其营业执照。

纳税人未按照规定使用税务登记证件,或者转借、涂改、损毁、买卖、伪造税务登记证件的,处2000元以上1万元以下的罚款;情节严重的,处1万元以上5万元以下的罚款。

（二）扣缴义务人违反账簿、凭证管理的处罚

根据《税收征收管理法》第 61 条的规定，扣缴义务人未按照规定设置、保管代扣代缴、代收代缴税款账簿或者保管代扣代缴、代收代缴税款记账凭证及有关资料的，由税务机关责令限期改正，可以处 2000 元以下的罚款；情节严重的，处 2000 元以上 5000 元以下的罚款。

（三）纳税人、扣缴义务人未按规定进行纳税申报的法律责任

纳税人未按照规定的期限办理纳税申报和报送纳税资料的，或者扣缴义务人未按照规定的期限向税务机关报送代扣代缴、代收代缴税款报告表和有关资料的，由税务机关责令限期改正，可以处 2000 元以下的罚款；情节严重的，可以处 2000 元以上 1 万元以下的罚款。

（四）对偷税的认定和法律责任

纳税人伪造、变造、隐匿、擅自销毁账簿、记账凭证，或者在账簿上多列支出或者不列、少列收入，或者经税务机关通知申报而拒不申报或者进行虚假的纳税申报，不缴或者少缴应纳税款的，是偷税。对纳税人偷税的，由税务机关追缴其不缴或者少缴的税款、滞纳金，并处不缴或者少缴的税款 50% 以上 5 倍以下的罚款；构成犯罪的，依法追究刑事责任。

扣缴义务人采取前款所列手段，不缴或者少缴已扣、已收税款，由税务机关追缴其不缴或者少缴的税款、滞纳金，并处不缴或者少缴的税款 50% 以上 5 倍以下的罚款；构成犯罪的，依法追究刑事责任。

第三节 税务行政处罚

一、税务行政处罚的概念

依据《中华人民共和国行政处罚法》（以下简称《行政处罚法》）的规定，行政处罚是指行政机关依法对违反行政管理秩序的公民、法人或者其他组织，以减损权益或者增加义务的方式予以惩戒的行为。税务行政处罚，是指税务机关对违反税收征收管理，尚未构成犯罪的公民、法人或者其他组织给予的一种行政制裁。

【案例 10-1】

2021 年主管税务机关在例行检查时发现，A 企业 2018 年采取在账簿上多列支出、少列收入的办法，少缴税款 10 045.78 元。对主管税务机关给予该企业的行政处罚，A 企业

提出异议,认为税务机关在 3 年内没有追征,已过追溯时效,税务机关没有处罚权。

问:根据法律规定,税务机关是否有处罚权?

【解析】

税务机关对 A 企业的偷税行为有处罚权。修订后的《税收收管理法》明确规定,因纳税人、扣缴义务人计算错误等失误,未缴或者少缴税款的,税务机关在 3 年内可以追征税款、滞纳金;有特殊情况的,追征期可以延长到 5 年。

对偷税、抗税、骗税的,税务机关追征其未缴或者少缴的税款、滞纳金或者所骗取的税款,不受前款规定期限的限制。

依据《行政处罚法》的规定,对 A 企业的偷税行为这类税收违法行为,税务机关有处罚权。对 A 企业,由税务机关追缴其不缴的税款、滞纳金,并处不缴或者少缴的税款 50% 以上 5 倍以下的罚款。

二、税务行政处罚的设定和种类

(一)税务行政处罚的设定

不同层次的国家机关依法制定不同层级的税收法律规范设定税务处罚的种类、范围。根据我国《行政处罚法》,针对税务行政处罚的设定权有如下规定。

(1) 全国人民代表大会及其常委会可以通过法律的形式设定各种税务行政处罚。

(2) 国务院可以通过行政法规的形式设定除限制人身自由以外的税务行政处罚。

(3) 国家税务总局可以通过行政规章的形式设定警告和罚款。

(4) 特定级别的地方人民代表大会及其常委会可以通过地方性法规的形式设定除限制人身自由、吊销营业执照以外的税务行政处罚。

(5) 省(自治区、直辖市)、省会城市、计划单列市和国务院批准的较大的市的人民政府可以通过地方政府规章的形式设定警告和罚款。

(二)税务行政处罚的种类

依据《行政处罚法》的规定,行政处罚的种类包括:(1)警告、通报批评;(2)罚款、没收违法所得、没收非法财物;(3)暂扣许可证件、降低资质等级、吊销许可证件;(4)限制开展生产经营活动、责令停产停业、责令关闭、限制从业;(5)行政拘留;(6)法律、行政法规规定的其他行政处罚。

现行税务行政处罚主要有:

(1) 罚款。

(2) 没收财物非法所得。

(3) 停止出口退税权。

(4) 法律、法规和规章规定的其他行政处罚。

扩展阅读

税务行政处罚决定书

行政处罚决定书应当载明下列事项。
(一) 当事人的姓名或者名称、地址。
(二) 违反法律、法规、规章的事实和证据。
(三) 行政处罚的种类和依据。
(四) 行政处罚的履行方式和期限。
(五) 申请行政复议、提起行政诉讼的途径和期限。
(六) 作出行政处罚决定的行政机关名称和作出决定的日期。
行政处罚决定书必须盖有作出行政处罚决定的行政机关的印章。

(三) 税务行政处罚的规则

1. 依据《行政处罚法》的规定,不满14周岁的未成年人有违法行为的,不予行政处罚,责令监护人加以管教;已满14周岁不满18周岁的未成年人有违法行为的,应当从轻或者减轻行政处罚。

2. 精神病人、智力残疾人在不能辨认或者不能控制自己行为时有违法行为的,不予行政处罚,但应当责令其监护人严加看管和治疗。间歇性精神病人在精神正常时有违法行为的,应当给予行政处罚。尚未完全丧失辨认或者控制自己行为能力的精神病人、智力残疾人有违法行为的,可以从轻或者减轻行政处罚。

3. 当事人应当从轻或减轻行政处罚的情形。
当事人有下列情形之一,应当从轻或者减轻行政处罚。
(1) 主动消除或者减轻违法行为危害后果的。
(2) 受他人胁迫或者诱骗实施违法行为的。
(3) 主动供述行政机关尚未掌握的违法行为的。
(4) 配合行政机关查处违法行为有立功表现的。
(5) 法律、法规、规章规定其他应当从轻或者减轻行政处罚的。

4. 当事人违法行为轻微并及时改正,没有造成危害后果的,不予行政处罚。初次违法且危害后果轻微并及时改正的,可以不予行政处罚。当事人有证据足以证明没有主观过错的,不予行政处罚。法律、行政法规另有规定的,从其规定。

对当事人的违法行为依法不予行政处罚的,行政机关应当对当事人进行教育。

【案例 10-2】

B 生产企业于 2020 年 1 月签订一项买卖合同并收全部货款 20 万,合同约定次月 10 日前发货,B 企业按照合同约定准时发货。因客户不要发票,故该企业将收到的货款计入"预收账款",货物计入"发出商品"科目。2021 年 1 月 4 日,主管税务机关对该企业下达《税务检查通知书》,对其 2020 年的增值税纳税情况进行检查。该企业经理得知后,让企业会计将该项收入计入 2020 年 12 月的账目并向税务机关申报缴纳了增值税。

2021 年 1 月 20 日,税务机关发现了这个问题。B 生产企业便将上述情况作了说明,认为自己并没有少缴税款,只是延迟纳税。但是检查结束后,税务机关仍然认定该企业未按期申报这笔收入是偷税行为,要处以所偷税额 1 倍的罚款并加处滞纳金。B 生产企业对加收滞纳金并无异议,但对罚款有不同看法,认为自己在税务机关检查期间就主动缴纳了税款,并没有少缴税款,对税务局认定为偷税并处罚款的决定表示不理解。

问:税务机关的处罚是否正确合理?

【解析】

B 生产企业于 2020 年 1 月签订的合同,采用预收账款方式并于 2 月份货物发出,增值税上已经实现了收入的实现,造成账簿上少计收入,2020 年 3 月份的纳税申报也不真实,该企业 2 月份的上述行为就构成了偷税行为。虽然 2021 年 1 月份该企业将该项收入计入 2020 年 12 月的账目并向税务机关申报了收入,缴纳了相应税款,实际上是该企业在偷税行为发生后主动消除偷税行为的严重后果,依据《税收征管法》应当对该企业应处罚 1 倍的罚款并加处滞纳金。

根据《行政处罚法》的规定,对该企业的上述行为仅属于"主动消除或者减轻违法行为危害后果的行为",应当从轻或减轻处罚。

第四节 税务行政复议

一、税务行政复议的概念与特征

(一)税务行政复议的概念

税务行政复议是指税收相对人认为税务行政机关的具体行政行为侵犯其合法权益,向法定税务行政复议机关提出申请,税务行政复议机关依法受理行政相对人的行政复议申请,对原税务机关具体行政行为的合法性和适当性进行审查、认定和裁决的一种具体行政行为。对于行政相对人来说,行政复议是保护其合法权益的方法和手段;对于行政机关来说,则是行政机关自我监督的一种重要形式。

我国行政复议制度遵循《中华人民共和国行政复议法》(以下简称《行政复议法》)设立。《行政复议法》于1999年4月29日第九届全国人民代表大会常务委员会第九次会议通过,后于2009年和2017年两次修正。

(二)税务行政复议的特征

1. 税务行政复议的前提是税务相对人对税务行政机关及其工作人员所做出的税务具体行政行为不服。

2. 税务行政复议的一方当事人是税务行政机关,另一方是税收相对人。

3. 税务行政复议是因为当事人的申请而产生。当事人提出税务行政复议的申请是税务行政复议的前提,如果当事人不向税务行政机关提出申请,就不可能通过复议的方式解决税务纠纷。

4. 税务行政复议是对税务行政机关及其工作人员作出的税务具体行政行为的合法性和适当性进行审查。

5. 税务行政复议是一种行政司法行为。

二、税务行政复议的原则

税务行政复议的原则是指贯穿于税收行政复议活动始终的基本准则,行政复议机关复议机关必须强化责任意识和服务意识,树立依法行政观念,认真履行行政复议职责,忠于法律,确保法律正确实施。行政复议机关在行政复议过程中坚持有错必纠,保障法律、法规的正确实施。

(一)合法、公正、公开的原则

1. 合法原则。

合法原则要求税务行政复议机关必须树立依法行政的观念,认真履行行政复议的职责,忠于法律。具体包括:税务行政复议机关必须合法,有法律赋予的行政复议权,并且在法律规定的权限范围内行使行政复议权;税务行政复议机关审理行政复议案件所适用的依据必须合法;税务行政复议机关审理行政复议案件所依据的程序必须合法;行政复议机关所作出的行政复议决定必须合法。

2. 公正原则。

公正原则要求税务行政机关在审理行政复议案件的过程中,严格依法办事,维护当事人的合法权益,确保当事人充分表达自己的意见,充分行使其行政复议权。公正、平等地对待当事人,做到不偏不倚。

3. 公开原则。

公开原则要求税务行政机关在审理行政复议案件时,要做到公开透明,接受来自各方面的监督,这也是合法原则、公开原则的保障。公开原则要求:税务行政复议的过程要公开;税务行政复议案件的材料要公开;税务行政复议的结果要公开。

(二) 及时、便民的原则

及时原则或行政效率原则要求行政税务复议机关的在审理行政复议案件时应当遵循法定的期限,具体要求:税务行政复议机关在受理案件时要及时;在审理案件的过程中提高工作效率,及时进行各项工作;及时做出行政复议决定;对当事人不履行政复议决定的行为,及时作出处理。

便民原则要求税务行政复议机关在审理行政复议案件的过程中,尽可能方便当事人,最大限度地减少当事人为案件所付出的费用、精力等。

(三) 一级复议原则

一级复议原则是指税务行政争议案件只经税务行政复议机关的一次复议后即可结束,即使申请人对复议决定不服,一般情况下也不能再向税务行政机关要求复议。

(四) 行政复议期间不停止执行原则

行政复议期间不停止执行原则是指税收相对人认为税务机关的具体行政行为侵犯其合法权益而申请行政复议,税务复议机关受理之后,在行政复议期间,无例外情况,不停止执行原税务具体行政行为。

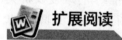
扩展阅读

复议期间停止执行原税务具体行政行为的情形

(1) 被申请人认为需要停止执行的;
(2) 税务行政复议机关认为需要停止执行的;
(3) 申请人申请停止执行,税务行政机关认为其请求合理,决定停止执行的;
(4) 依据法律规定停止执行的。

三、税务行政复议的受案范围

一般来说,税务行政复议的受案范围是税务机关所作出的具体行政行为。

行政行为是行政主体为实现行政管理的目的而行使行政权力,对外部作出的具有法律意义、产生法律效果的行为。行政行为是执行法律的行为,可以分为抽象行政行为和具体行政行为。

抽象行政行为是特定的国家机关根据法律的规定、依法制定和颁布普遍性行为规则的行为,包括制定行政法规、规章、发布具有普遍约束力的命令、决定的行为。

具体行政行为是行政机关在行使职权的过程中,针对特定的人或事作出的,能够影响特定相对人权益的具体决定和措施的行为。只针对具体的人、具体的事,对特定的对象有效,能够直接产生有关权利义务的法律效果,通常只具有一次性的效果。例如:行政机关对某公民作出罚款的决定;对某企业作出罚款、没收非法所得的决定等。

(一)可以申请行政复议的税务具体行政行为

税务行政复议机关受理申请人对下列具体行政行为不服的行政复议申请。

1. 税务机关作出的征税行为。
2. 税务机关作出的责令纳税人提供纳税担保或者不依法确认纳税担保有效的行为。
3. 税务机关作出的税收保全措施。
4. 税务机关未及时解除税收保全措施,使纳税人及其他当事人的合法权益遭受损失的行为。
5. 税务机关作出的税收强制执行措施。
6. 税务机关作出的税务行政处罚行为。
7. 税务机关不予依法办理或答复的行为。

(二)可以受理的税务抽象行政行为

在一定的情况下,有些抽象行政行为也属于税务行政复议的范围。纳税人及其他当事人认为税务机关的具体行政行为所依据的规定不合法,在对具体行政行为申请行政复议时,可以一并向复议机关提出对该规定的审查申请。属于复议范围的抽象行政作为有。

1. 国家税务总局和国务院其他部门的规定。
2. 其他各级税务机关的规定。
3. 县级以上地方各级人民政府及其工作部门的规定。
4. 乡、镇人民政府的规定。

但是,不包括国家税务总局制定的规章以及国务院各部、委和地方人民政府制定的规章。

四、税务行政复议的管辖

税务行政复议的管辖是在税务行政复议机关之间确定税务行政复议案件的分工和权限的划分。

(一)一般管辖

一般管辖是指税收行政复议案件由最初作出税务行政具体行为的税务机关的上一级税务行政机关管辖。

1. 对各级税务机关作出的具体行政行为不服的,向其上一级税务机关申请行政复议。

2. 对省、自治区、直辖市地方税务局作出的具体行政行为不服的,可以向国家税务总局或者省、自治区、直辖市人民政府申请行政复议。

3. 对国家税务总局作出的具体行政行为不服的,向国家税务总局申请行政复议。对国家税务总局的行政复议决定不服的,申请人可以向人民法院提起行政诉讼,也可以向国务院申请裁决,国务院的裁决为终局裁决。

(二) 特殊管辖

1. 对计划单列市税务局作出的具体行政行为不服的,向省税务局申请行政复议。

2. 对税务所、各级税务局的稽查局作出的具体行政行为不服的,向其主管税务局申请行政复议。

3. 对扣缴义务人作出的扣缴税款行为不服的,向主管该扣缴义务人的税务机关的上一级税务机关申请行政复议;对受税务机关委托的单位作出的代征税款行为不服的,向委托税务机关的上一级税务机关申请行政复议。

4. 国税局(稽查局、税务所)与地税局(稽查局、税务所)、税务机关与其他行政机关联合调查的涉税案件,应当根据各自的法定职权,经协商分别作出具体行政行为,不得共同作出具体行政行为。对国税局(稽查局、税务所)与地税局(稽查局、税务所)共同作出的具体行政行为不服的,向国家税务总局申请行政复议;对税务机关与其他行政机关共同作出的具体行政行为不服的,向其共同上一级行政机关申请行政复议。

5. 对被撤销的税务机关在撤销前所作出的具体行政行为不服的,向继续行使其职权的税务机关的上一级税务机关申请行政复议。

6. 对有上述1、3、4、5等项所列情形之一的,申请人也可以向具体行政行为发生地的县级地方人民政府提出行政复议申请,由接受申请的县级地方人民政府依法进行转送。

五、税务行政复议的参加人

税务行政复议的参加人是指依法参加税务行政复议活动,保护自己合法权益或者维护法定职权的申请人(行政相对人)、被申请人(税务机关)、第三人和复议代理人。

申请人是指认为税务行政机关侵犯其合法权益、依法向行政复议机关提起税务行政复议的纳税人及其他当事人,具体是指纳税义务人、扣缴义务人、纳税担保人和其他当事人。

税务行政复议的被申请人是指作出具体行政行为的税务机关。纳税人及其他当事人对税务机关的具体行政行为不服而申请行政复议的,可以以作出该具体行政行为的税务机关为被申请人,向行政复议机关申请行政复议。

税务行政复议中的第三人是指因为与被申请行政复议的具体行政行为有利害关系,

而参加到税务行政复议中的公民、法人或者其他组织。

行政税务机关决定不予受理行政复议申请的情形

(1)不属于行政复议的受案范围;(2)超过法定的申请期限;(3)没有明确的被申请人和行政复议对象;(4)已向其他法定复议机关申请行政复议,且被受理;(5)已向人民法院提起行政诉讼,人民法院已经受理;(6)申请人就纳税发生争议,没有按规定缴清税款、滞纳金,并且没有提供担保或者担保无效;(7)申请人不具备申请资格。

税务行政复议机关在收到行政复议申请后未按规定的期限审查并作出不予受理决定的,视为受理。

【案例10-3】

河北省A县个体工商户李某于2020年5月15日领取营业执照,并开始从事生产经营活动。同年8月25日,A县税务局在漏征漏管户清理工作中,发现张某未向当地税务机关申请办理税务登记,也未申报纳税(应纳税款共计8000元)。

于是A县地税局对李某未按规定期限办理税务登记的行为,责令其限期改正,依照法定程序,做出罚款1000元的决定;对未申报纳税的行为,责令限期改正,同时依照法定程序作出追缴税款及加收滞纳金、并处未缴税款3倍即24 000元罚款的决定。李某对此不服,在接到税务处理和处罚决定书后的第二天向A市税务局申请行政复议。

问:(1)A县税务局作出的行政处罚决定是否正确?(2)李某的行政复议申请,A市税务局是否应该受理?

【解析】

(1)A县税务局作出的行政处罚决定是正确的。根据《税收征收管理法》第60条的规定,对未按照规定期限办理税务登记的,由税务机关责令限期改正,可以处2000元以下罚款。根据《税收征收管理法》第64条第2款的规定,纳税人不进行纳税申报,不缴或者少缴税款的,由税务机关追缴欠缴的税款、滞纳金,并处欠缴税款50%以上5倍以下的罚款。

(2)对李某的行政复议申请,A市税务局应分别处理。对补税、加收滞纳金决定不能受理。因为,根据《税收征收管理法》第88条的规定,纳税人、扣缴义务人、纳税担保人同税务机关在纳税上发生争议时,必须先依照税务机关的纳税决定缴纳或者解缴税款及滞纳金或者提供相应的担保,然后可以依法申请行政复议;对行政复议决定不服的,可以依法向人民法院起诉。所以,纳税人李某对税务机关作出的补税、加收滞纳金决定有异议的,应先解缴税款及滞纳金后或提供相应的担保后,再依法申请行政复议。对罚款一事的复议申请应予受理。

第五节 税务行政诉讼

一、税务行政诉讼的概念和特征

(一)税务行政诉讼的概念

税务行政诉讼,指公民、法人或者其他组织认为税务机关的具体行政行为侵犯其合法权益,依照《中华人民共和国行政诉讼法》(以下简称《行政诉讼法》)向人民法院提起诉讼,人民法院依法对税务具体行为进行审查,并对该行为的合法性作出裁决。

(二)税务行政诉讼的特点

1. 税务行政诉讼是人民法院对税务行政案件进行审理并进行裁决的行为,是一种司法活动。
2. 税务行政诉讼是人民法院对税务行政争议案件进行审理。
3. 税务行政诉讼是人民法院对一定范围内的税务行政争议案件进行审理。

税务行政诉讼所要解决的税务行政争议是在法定范围以内的税务行政争议,并不是解决所有的税务行政争议。

4. 税务行政诉讼中人民法院审查税务具体行为的合法性。

人民法院审理税务行政诉讼案件,实行合议、回避、公开审判和两审终审制度。

在税务行政诉讼中,诉讼双方当事人的法律地位平等,依法享有诉讼权利,承担诉讼义务。当事人在行政诉讼中有权进行辩论。

二、税务行政诉讼的受案范围

税务行政诉讼的受案范围是人民法院受理的税务行政案件的范围。根据《行政诉讼法》的规定,公民、法人或者其他组织认为行政机关和行政机关工作人员的具体行政行为侵犯其合法权益,有权依法向人民法院提起诉讼。税务行政诉讼的范围与税务行政复议的范围基本上一致,包括以下具体内容。

(1)税务机关作出的征税行为。
(2)税务机关作出的税收保全措施。
(3)税务机关未及时解除保全措施,使纳税人及其他当事人合法权益遭受损失的。

（4）税务机关作出的强制执行措施。
（5）税务机关作出的行政处罚行为。
（6）税务机关不予依法办理或者答复的行为。
（7）税务机关作出的取消增值税一般纳税人资格的行为。
（8）收缴发票、停止发售发票。
（9）税务机关责令纳税人提供纳税担保或者不依法确认纳税担保有效的行为。
（10）税务机关不依法给予举报奖励的行为。
（11）税务机关作出的通知出境管理机关阻止出境行为。
（12）税务机关作出的其他具体行政行为。

三、税务行政诉讼的管辖

税务行政诉讼的管辖是人民法院之间受理一审税务行政案件的分工权限。对于人民法院，解决具体哪个法院依法对某个税务行政案件行使管辖权；对于公民、法人或者其他组织，解决的是就某个税务行政争议向哪个法院起诉或应诉的问题。

税务行政诉讼分为级别管辖、地域管辖、裁定管辖。

（一）级别管辖

级别管辖是上下级人民法院之间受理第一审税务行政案件的分工。

一般的税务行政诉讼案件由基层人民法院管辖。中、高级人民法院管辖本辖区内重大、复杂的第一审税务行政案件。最高人民法院管辖在全国范围内重大、复杂的第一审税务行政案件。

（二）地域管辖

地域管辖是同一级人民法院之间受理第一审税务行政案件的分工。分为一般地域管辖、特殊地域管辖。

1. 一般地域管辖。

税务行政诉讼案件由最初作出税务具体行政行为的税务机关所在地人民法院管辖。

经复议的案件，复议机关改变原具体行政行为的，也可以由复议机关所在地人民法院管辖。行政复议决定有以下情形之一，属于"改变原具体行政行为"：(1)改变原具体行政行为所认定的主要事实和证据的；(2)改变原具体行政行为所适用的规范依据且对定性产生影响的；(3)撤销、部分撤销或者变更原具体行政行为处理结果的。

2. 特殊地域管辖。

特殊地域管辖是指根据特殊行政法律关系或者特殊行政法律关系所指的对象来确定管辖法院。税务行政案件的特殊地域管辖是指：经过复议的案件，复议机关改变原具体行政行为的，由原告选择最初作出具体行政行为的税务机关所在地的人民法院，或者复议机关所在地人民法院管辖。原告可以向任何一个有管辖权的人民法院起诉,最先收到起诉状的人民法院为第一审法院。

经复议的案件,也可以由复议机关所在地人民法院管辖。经最高人民法院批准,高级人民法院可以根据审判工作的实际情况,确定若干人民法院跨行政区域管辖行政案件。

(三)裁定管辖

裁定管辖是指人民法院依据法律规定作出裁定来确定管辖法院。包括三种情况。

1. 移送管辖。

人民法院受理税务行政案件后,发现受理的案件不属于自己管辖时应当将案件移送给有管辖权的人民法院。受移送的人民法院不得自行移送。

2. 指定管辖。

指定管辖是指有管辖权的人民法院由于特殊原因不能行使管辖权的,由上级人民法院指定其他人民法院管辖。人民法院之间就管辖权发生争议,并且争议双方经过协商不成的,报它们的共同上级人民法院指定管辖。

3. 管辖权的转移。

上级人民法院有权审判下级人民法院管辖的第一审行政案件,也可以把自己管辖的第一审行政案件移交下级人民法院审判。下级人民法院对其管辖的第一审行政案件,认为需要由上级人民法院审判的,可以报请上级人民法院决定。

四、税务行政诉讼的诉讼参加人

税务行政诉讼的诉讼参加人包括原告、被告、共同诉讼人、诉讼中的第三人、诉讼代理人。

(一)原告

税务行政诉讼的原告是指对税务机关的具体行政行为不服,以自己的名义依照《行政诉讼法》的规定,提起诉讼的公民、法人或者其他组织。税务行政诉讼的原告是税务相对人,可以提起税务行政诉讼的由纳税人、扣缴义务人、纳税担保人及其他当事人。

有权提起诉讼的公民死亡的,其近亲属可以提起诉讼。公民因被限制人身自由而不能提起诉讼的,其近亲属可以依其口头或者书面委托以该公民的名义提起诉讼。有权提起诉讼的法人或者其他组织终止的,承受其权利的法人或者其他组织可以提起诉讼。

(二)被告

税务行政复议的被告是指原告人认为其具体行政行为侵犯自己的合法权益而向法院起诉,人民法院受理后通知其应诉的国家行政机关。

税务行政诉讼的被告是。

1. 公民、法人或者其他组织直接向人民法院提起诉讼的,作出具体行政行为的行政机关是被告。

2. 经复议的案件,复议机关决定维持原具体行政行为的,作出原具体行政行为的行政机关是被告;复议机关改变原具体行政行为的,复议机关是被告。

3. 两个以上行政机关作出同一具体行政行为的,共同作出具体行政行为的行政机关是共同被告。

4. 由法律、法规授权的组织所作的具体行政行为,该组织是被告。由行政机关委托的组织所作的具体行政行为,委托的行政机关是被告。

5. 行政机关被撤销的,继续行使其职权的行政机关是被告。

(三) 共同诉讼人

在税务行政诉讼中,当事人一方或者双方为二人以上的诉讼,是共同诉讼。即因同一具体行政行为发生的行政案件,或者因同样的具体行政行为发生的行政案件、人民法院认为可以合并审理的,是共同诉讼。原告是二人以上的,是共同原告;被告是二人以上的,是共同被告。

税务行政诉讼中的共同诉讼分为以下情况。

1. 当事人一方或双方为二人以上的诉讼,因同一具体行政行为发生的税务行政案件,人民法院必须合并审理的案件。

2. 当事人一方或双方为二人以上的诉讼,因同样的具体行政行为发生的税务行政案件,人民法院认为应当合并审理的案件。

(四) 第三人

在税务行政诉讼中的第三人是指因为与提起诉讼的具体行政行为有利害关系,而参加到税务行政诉讼中的其他公民、法人或者其他组织。税务行政诉讼中的第三人应当具备一定的条件。

1. 第三人是税务行政诉讼原告、被告以外的其他公民、法人或者其他组织。

2. 第三人必须是同提起诉讼的具体行政行为有利害关系。

其他公民、法人或者其他组织认为与税务行政诉讼有利害关系,可以申请作为第三人参加诉讼。人民法院在审理税务行政诉讼案件的过程中,认为其他公民、法人或者其他组织与本案有利害关系,应当通知其参加诉讼。

(五) 诉讼代理人

税务行政诉讼的代理人是指以代理人的名义,在代理权限范围内以被代理人的名义进行税务行政诉讼活动人。根据《行政诉讼法》的规定,没有诉讼行为能力的公民,由其法定代理人代为诉讼。法定代理人互相推诿代理责任的,由人民法院指定其中一人代为诉讼。当事人、法定代理人,可以委托一人至两人代为诉讼。律师、社会团体、提起诉讼的公民的近亲属或者所在单位推荐的人,以及经人民法院许可的其他公民,可以受委托为诉讼代理人。

五、税务行政诉讼的起诉和受理

(一)税务行政诉讼的起诉

《行政诉讼法》明确规定,对属于人民法院受案范围的行政案件,公民、法人或者其他组织可以先向行政机关申请复议,对复议决定不服的,再向人民法院提起诉讼;也可以直接向人民法院提起诉讼。法律、法规规定应当先向行政机关申请复议,对复议决定不服再向人民法院提起诉讼的,依照法律、法规的规定。

公民、法人或者其他组织不服复议决定的,可以在收到复议决定书之日起15日内向人民法院提起诉讼。复议机关逾期不作决定的,申请人可以在复议期满之日起15日内向人民法院提起诉讼。法律另有规定的除外。

公民、法人或者其他组织直接向人民法院提起诉讼的,应当自知道或者应当知道作出行政行为之日起6个月内提出。法律另有规定的除外。

提起诉讼应当符合下列条件:(1)原告是符合《行政诉讼法》第25条规定的公民、法人或者其他组织;(2)有明确的被告;(3)有具体的诉讼请求和事实根据;(4)属于人民法院受案范围和受诉人民法院管辖。

(二)税务行政诉讼的受理

受理是指原告起诉,经人民法院审查,认为符合起诉条件并立案审理的行为。

根据《行政诉讼法》的规定,人民法院在接到起诉状时对符合本法规定的起诉条件的,应当登记立案。

对当场不能判定是否符合本法规定的起诉条件的,应当接收起诉状,出具注明收到日期的书面凭证,并在7日内决定是否立案。不符合起诉条件的,作出不予立案的裁定。裁定书应当载明不予立案的理由。原告对裁定不服的,可以提起上诉。

起诉状内容欠缺或者有其他错误的,应当给予指导和释明,并一次性告知当事人需要补正的内容。不得未经指导和释明即以起诉不符合条件为由不接收起诉状。

对于不接收起诉状、接收起诉状后不出具书面凭证,以及不一次性告知当事人需要补正的起诉状内容的,当事人可以向上级人民法院投诉,上级人民法院应当责令改正,并对直接负责的主管人员和其他直接责任人员依法给予处分。

人民法院既不立案,又不作出不予立案裁定的,当事人可以向上一级人民法院起诉。上一级人民法院认为符合起诉条件的,应当立案、审理,也可以指定其他下级人民法院立案、审理。

六、税务行政诉讼的审理和判决

(一) 税务行政诉讼的审理

人民法院审理行政案件实行合议、回避、公开审判和两审终审的审判制度。依据《行政诉讼法》的规定,人民法院公开审理行政案件,但涉及国家秘密、个人隐私和法律另有规定的除外。涉及商业秘密的案件,当事人申请不公开审理的,可以不公开审理。

(二) 税务行政诉讼的判决

1. 维持判决。

适用于具体行政行为证据确凿,适用法律、法规正确,符合法定程序的案件。

2. 撤销判决。

行政行为有下列情形之一的,人民法院判决撤销或者部分撤销,并可以判决被告重新作出行政行为:主要证据不足的;适用法律、法规错误的;违反法定程序的;超越职权的;滥用职权的;明显不当的。

3. 履行判决。

人民法院经过审理,查明被告不履行法定职责的,判决被告在一定期限内履行。

4. 判决。

税务行政处罚明显不当或显失公正的,可以判决变更。对一审人民法院的判决不服,当事人可以上诉。对发生法律效力的判决,当事人必须执行,否则人民法院有权依对方当事人的申请予以强制执行。

【案例10-4】

章某在A公司从事劳务活动,获得报酬1万元,A公司未按照税法规定履行代扣代缴义务,现被B市C区税务局检查发现,准备依法进行处罚。

问:处罚的依据是什么?

【解析】 C区税务局根据《税收征收管理》进行处罚。根据《税收征收管理》第69条的规定:扣缴义务人应扣未扣、应收未收税款的,由税务机关向纳税人追缴税款,对扣缴义务人处以应扣未扣、应收未收税款50%以上3倍以下的罚款。

引导案例解析

广东粤财信托有限公司违反了《税收征收管理法》第25条的规定:"纳税人必须依照法律、行政法规规定或者税务机关依照法律、行政法规的规定确定的申报期限、申报内容如实办理纳税申报,报送纳税申报表、财务会计报表以及税务机关根据实际需要要求纳税人报送的其他纳税资料。

扣缴义务人必须依照法律、行政法规规定或者税务机关依照法律、行政法规的规定确定的申报期限、申报内容如实报送代扣代缴、代收代缴税款报告表以及税务机关根据实际需要要求扣缴义务人报送的其他有关资料。"

《税收征收管理法》第62条:"纳税人未按照规定的期限办理纳税申报和报送纳税资料的,或者扣缴义务人未按照规定的期限向税务机关报送代扣代缴、代收代缴税款报告表和有关资料的,由税务机关责令限期改正,可以处2000元以下的罚款;情节严重的,可以处2000元以上1万元以下的罚款。"

国家税务总局佛山市南海区税务局第一税务分局对广东粤财信托有限公司作出罚款2000元的处罚。

实训练习

一、简答题

1. 简述我国税务机构的设置。
2. 简述我国税收征管范围的划分。
3. 简述税款征收方式。
4. 我国法律对税务行政复议管辖的种类有何规定?
5. 我国法律对税务行政诉讼的受案范围有何规定?

二、不定项选择题

1. 根据《税收征收管理法》第61条的规定,扣缴义务人未按照规定设置、保管代扣代缴、代收代缴税款账簿或者保管代扣代缴、代收代缴税款记账凭证及有关资料的,由税务机关责令限期改正,可以处2000元以下的罚款;情节严重的,处(　　)。

　　A. 1000元以上5000元以下的罚款　　B. 2000元以上5000元以下的罚款
　　C. 3000元以上5000元以下的罚款　　D. 2万元以上5万元以下的罚款

2. 税款征收的其他制度包括(　　)。

　　A. 代扣代缴、代收代缴制度　　B. 延期纳税制度
　　C. 滞纳金制度　　　　　　　　D. 离境清税制度

3. 当事人有下列(　　)情形之一,应当从轻或者减轻行政处罚。

　　A. 主动消除或者减轻违法行为危害后果的
　　B. 受他人胁迫或者诱骗实施违法行为
　　C. 主动供述行政机关尚未掌握的违法行为的
　　D. 配合行政机关查处违法行为有立功表现的

4. 现行税务行政处罚主要有(　　)。

A. 罚款　　　　　　　　　　B. 没收财物非法所得
C. 停止出口退税权　　　　　D. 法律、法规和规章规定的其他行政处罚

5. 税务行政诉讼分为(　　)。

A. 级别管辖　　B. 地域管辖　　C. 裁定管辖　　D. 特殊管辖

三、案例分析题

A县税务局在检查中发现,B服装服饰有限责任公司(以下简称B公司)于2021年1月10日取得营业执照后,未申请办理税务登记,据此A县税务局于2021年2月5日作出处理决定,责令该公司必须于2021年2月10日前办理税务登记,逾期不办理的,将按《税收征收管理法》处罚。

试分析:A县税务局的处理决定是否有效?

参 考 答 案

第一章 会计法

【参考答案】

一、简答题

1. 什么是会计法？会计法的适用范围是什么？

会计法是调整会计关系的法律规范的总称。《会计法》于1985年1月21日在第六届全国人民代表大会常务委员会第九次会议上通过；1993年12月29日在第八届全国人民代表大会常务委员会第五次会议上作了修改；1999年10月28日在第九届全国人民代表大会常务委员会第十二次会议上再次作了修改；2017年11月4日第十二届全国人民代表大会常务委员会第三十次会议修正。

按照《会计法》规定，会计法适用于国家机关、社会团体、公司、企业、事业单位和其他组织（以下统称单位）。上述主体必须依法办理会计事务。在中国境外设立的中国投资企业属外国法人，应当执行所在国的法律，但是向国内报送会计报表时，按照国内的《会计法》及其相关法律法规进行。个体工商户设置会计账簿，进行会计核算，由国务院财政部门依据《会计法》的原则另行规定。

2. 会计核算的对象有哪些？

(1) 款项和有价证券的收付。
(2) 财物的收发、增减和使用。
(3) 债权债务的发生和结算。
(4) 资本、基金的增减。
(5) 收入、支出、费用、成本的计算。
(6) 财务成果的计算和处理。
(7) 需要办理会计手续、进行会计核算的其他事项。

3. 会计人员的会计职业道德有哪些？

(1)爱岗敬业；(2)诚实守信；(3)廉洁自律；(4)客观公正；(5)坚持准则；(6)提高技能；(7)参与管理；(8)强化服务。

4. 对会计人员的专业能力和专业技术职务资格有什么具体要求？

会计从业资格是进入会计行业，从事会计工作的一种资格，是进入会计行业的"门槛"。现在国家已经取消了会计从业资格证书，会计证的取消对会计人员来说既是机遇又是挑战，取消会计证之后，将吸引更多的优秀的会计人才，会计行业的整体竞争也将会不断地加强,需要从业者真正具备从事会计工作的能力水平。

《会计法》第38条规定,会计人员应当具备从事会计工作所需要的专业能力。担任单位会计机构负责人(会计主管人员)的,应当具备会计师以上专业技术职务资格或者从事会计工作3年以上经历。《会计工作基本工作规范》第14条规定,会计人员应当具备必要的专业知识和专业技能,熟悉国家有关法律、法规、规章和国家统一会计制度,遵守职业道德。

二、不定项选择题

1. A   2. D   3. A   4. A B C D   5. A D

三、案例分析题

【分析】

1.

(1) 原始凭证发现错误或无法辨认的,不得涂改、挖补。发现有违反财经纪律和财会制度的,应拒绝受理,对弄虚作假、营私舞弊、伪造涂改等违法乱纪的,应扣留凭证,报告领导处理。李某作为国家工作人员,应当由其所在单位或者有关单位依法给予行政处分。

(2) 王某行为不合规合法。单位对需要销毁的会计档案,要填写"会计档案销毁清册"。销毁时,应由单位领导指定档案部门的财务部门共同派员监销,并在销毁清册上签名或盖章。

2.

第二章 个人独资企业法

【参考答案】

一、简答题

1. 试述个人独资企业的法律特征。

(1) 个人独资企业的投资者仅为一个自然人。(2) 个人独资企业的全部财产归投资者个人所有。投资人投入企业的财产以及其后的生产经营所得等,都由投资人享有所有权,并由投资人对企业进行单独的经营管理,不受他人的干预。(3) 个人独资企业的投资人以其个人财产对企业债务承担无限责任。个人独资企业的财产由投资人个人所有,并且投资人对企业的生产经营活动具有独立的决定权,这样就无法严格界定企业财产与投资人财产,为了保护相对人的利益,维护交易安全,法律规定投资人不以其投资额为限,而是以其全部个人财产来对企业债务承担无限责任。(4) 个人独资企业不具有独立法人资格。

2. 阐述个人独资企业的设立条件。

(1) 投资人为一个自然人。个人独资企业的投资人只能是自然人,法人或其他社会组织均不得设立个人独资企业。另外,境外的自然人也不是个人独资企业的投资主体。(2)要有合法的企业名称。企业名称是企业在营业上所使用的名称,也就是企业与他人交易时,用于署名、承担法律责任的名称。企业应以名称来彰显自身并能和其他企业相区别。(3)要有投资人所申报的出资。(4)要有固定的生产经营场所和必要的生产经营条件。要有必要的从业人员。

3. 试述债务的清偿顺序。

清偿债务顺序的规定,是为了保证职工工资和社会保险费用以及国家税款能够得到及时偿还,以保护职工和国家利益不受损害,是对职工和国家利益的重点保护。

个人独资企业解散的,财产应当按照下列顺序清偿:(1)所欠职工工资和社会保险费用。职工工资和社会保险费用直接关系到职工的生活和养老、医疗、失业等保障问题,涉及人民群众的切身利益,法律将其列为清偿的第一顺序。(2)所欠税款。税款是国家财政收入的主要来源和经济建设的重要支柱。依法纳税是个人独资企业的义务。企业在解散清算时,对应当缴纳的税款要认真核查,对欠缴的税款,应当补缴。《个人独资企业法》将所欠国家税款列为清偿的第二顺序,以保护国家利益。(3)其他债务。指前两项规定以外,个人独资企业与其他当事人之间发生的债务。

4. 试述个人独资企业的违法行为及法律责任。

(1)提交虚假文件或采取其他欺骗手段,取得企业登记的,责令改正,处以5000元以下的罚款;情节严重的,并处吊销营业执照。(2)个人独资企业使用的名称与其在登记机关登记的名称不相符合的,责令限期改正,处以2000元以下的罚款。《个人独资企业法》中把"有合法的企业名称"规定为设立个人独资企业应当具备的一项重要条件,同时还规定,个人独资企业的名称应当与其责任形式及企业性质相符合。个人独资企业违反了法律关于企业名称登记管理的规定,使用的名称与其在登记机关登记的名称不相符合的,就构成一种违法行为,依法要承担相应的法律责任。(3)涂改、出租、转让营业执照的,责令改正,没收违法所得,处以3000元以下的罚款;情节严重的,吊销营业执照。伪造营业执照的,责令停止,没收违法所得,处以5000元以下的罚款。构成犯罪的,依法追究刑事责任。(4)个人独资企业成立后无正当理由超过6个月未开业的,或者开业后自行停业连续6个月以上的,吊销营业执照。(5)未领取营业执照,以个人独资企业名义从事经营活动的,责令停止经营活动,处以3000元以下的罚款。个人独资企业登记事项发生变更时,未按本法规定办理有关变更登记的,责令限期办理变更登记;逾期不办理的,处以2000元以下的罚款。(6)个人独资企业违反本法规定,侵犯职工合法权益,未保障职工劳动安全,不缴纳社会保险费用的,按照有关法律、行政法规予以处罚,并追究有关责任人员的责任。(7)个人独资企业及其投资人在清算前或清算期间隐匿或转移财产,逃避债务的,依法追回其财产,并按照有关规定予以处罚;构成犯罪的,依法追究刑事责任。

二、不定项选择题
1. A 2. BCD 3. BD 4. BCD 5. ABCD

三、案例分析题
【分析】
(1) 张洪可以决定解散该企业。
(2) 企业解散后所欠债务6万元由企业清偿。不足部分由张洪以个人财产清偿。

第三章 合伙企业法

【参考答案】
一、简答题
1. 简述合伙企业的概念和类型。

合伙企业是指自然人、法人和其他组织依照《合伙企业法》的规定，在我国境内设立的普通合伙企业和有限合伙企业。

合伙企业的种类有两种，即普通合伙企业和有限合伙企业。

2. 普通合伙企业设立条件有哪些？

普通合伙企业的设立条件有：有两个以上的合伙人；有书面的合伙协议；由各合伙人实际缴付的出资。有限合伙企业的设立条件主要有主体、企业名称和出资方式上的特殊规定。

3. 什么是特殊普通合伙企业？法律有什么特殊规定？

特殊的普通合伙企业是指以专门知识和专门技能为客户提供有偿服务的专业服务机构，如合伙开办的会计师事务所、律师事务所等。

特殊的普通合伙企业名称中应当标明"特殊普通合伙"字样。

一个合伙人或者数个合伙人在执业活动中因故意或者重大过失造成合伙企业债务的，应当承担无限责任或者无限连带责任，其他合伙人以其在合伙企业中的财产份额为限承担责任。

合伙人在执业活动中非因故意或者重大过失造成的合伙企业债务以及合伙企业的其他债务，由全体合伙人承担无限连带责任。

4. 简述有限合伙企业的入伙和退伙制度。

(1) 入伙。新入伙的有限合伙人对入伙前有限合伙企业的债务，以其认缴的出资额为限承担责任。对新入伙的有限合伙人对入伙前有限合伙企业的债务承担方式，不能使用普通合伙企业中"新合伙人对入伙前合伙企业的债务承担连带责任"的规定。

(2) 退伙。有限合伙人出现普通合伙人当然退伙的情形时，应当退伙。

作为有限合伙人的自然人在有限合伙企业存续期间丧失民事行为能力的，其他合伙人不得因此要求其退伙。作为有限合伙人的自然人死亡、被依法宣告死亡或者作为有限合伙人的法人及其他组织终止时,其继承人或者权利承受人可以依法取得该有限合伙人在有限合伙企业中的资格。

有限合伙人退伙后,对基于其退伙前的原因发生的有限合伙企业债务,以其退伙时从有限合伙企业中取回的财产承担责任。有限合伙人退伙后法律责任的承担以其退伙时从有限合伙企业中取回的财产为限,目的是防止有限合伙人用退伙方式逃避应承担的债务责任。

二、不定项选择题

1. D　2. A　3. AD　4. ABC　5. A

三、案例分析题

【分析】

甲于2020年1月退伙,不承担退伙后发生的债务。

乙、丙、丁的说法不合法。普通合伙企业对其债务,应先以其全部财产进行清偿。合伙企业不能清偿到期债务的,合伙人承担无限连带责任。合伙人由于承担无限连带责任,清偿数额超过合伙人约定或合伙人协商的亏损分担比例的,有权向其他合伙人追偿。

银行作为债权人可以找乙、丙、丁任一合伙人要求清偿。三人中任何一人清偿后再找其他合伙人追偿。

新合伙人对入伙前合伙企业的债务承担无限连带责任。丁于2020年1月新加入合伙企业,应承担清偿责任。

第四章　公司法

【参考答案】

1. 简述有限责任公司的设立条件。

(1)股东符合法定人数;(2)有符合公司章程规定的全体股东认缴的出资额;(3)股东共同制定公司章程;(4)有公司名称,建立符合有限责任公司要求的组织机构;(5)有公司住所。

2. 我国《公司法》对一人公司和国有独资公司是怎么规定的?

(1)国有独资公司是指国家单独出资、由国务院或者地方人民政府委托本级人民政府国有资产监督管理机构履行出资人职责的有限责任公司。

国有独资公司由国有资产监督管理机构行使股东会职权。国有资产监督管理机构可以授权公司董事会行使股东会的部分职权,决定公司的重大事项,但公司的合并、分立、解散、增减注册资本和发行公司债券等事项,必须由国有资产监督管理机构决定;其中,重要的国有独资公司合并、分立、解散、申请破产的,应当由国有资产监督管理机构审核后,报本级人民政府批准。

国有独资公司设立董事会。经授权,国有独资公司董事会行使股东会的部分职权,决定公司重大事项。董事每届任期不得超过 3 年。董事会成员中应当有公司职工代表。董事会成员由国有资产监督管理机构委派；董事会成员中的职工代表由公司职工代表大会选举产生。董事会设董事长一人，可以设副董事长。董事长、副董事长由国有资产监督管理机构从董事会成员中指定。

国有独资公司设经理，由董事会聘任或者解聘。

国有独资公司的董事长、副董事长、董事、高级管理人员，未经国有资产监督管理机构同意，不得在其他有限责任公司、股份有限公司或者其他经济组织兼职。

监事会成员不得少于 5 人，由国有资产监督管理机构委派；其中职工代表的比例不得低于 1/3，由公司职工代表大会选举产生。

（2）一人有限责任公司，是指只有一个自然人股东或者一个法人股东的有限责任公司。

① 一个自然人只能投资设立一个一人有限责任公司。该一人有限责任公司不能投资设立新的一人有限责任公司。

② 一人有限责任公司应当在公司登记中注明自然人独资或者法人独资，并在公司营业执照中载明。

③ 人有限责任公司章程由股东制定。

④ 一人有限责任公司不设股东会。股东行使职权决定时（作出《公司法》第 37 条所列有限责任公司股东职权），应当采用书面形式，并由股东签名后置备于公司。

⑤ 一人有限责任公司应当在每一会计年度终了时编制财务会计报告，并经会计师事务所审计。

⑥ 一人有限责任公司的股东不能证明公司财产独立于股东自己的财产的，应当对公司债务承担连带责任。

3. 股份有限公司的股东权利有哪些？

（1）决定公司的经营方针和投资计划；（2）选举和更换非由职工代表担任的董事、监事，决定有关董事、监事的报酬事项；（3）审议批准董事会的报告；（4）审议批准监事会或者监事的报告；（5）审议批准公司的年度财务预算方案、决算方案；（6）审议批准公司的利润分配方案和弥补亏损方案；（7）对公司增加或者减少注册资本作出决议；（8）对发行公司债券作出决议；（9）对公司合并、分立、变更公司形式、解散和清算等事项作出决议；（10）修改公司章程；（11）公司章程规定的其他职权。

4. 董事、监事、高级管理人员的任职资格及义务有哪些？

（1）董事、监事、高级管理人员的任职资格。

根据《公司法》规定有下列情形之一的，不得担任公司的董事、监事、高级管理人员。

① 国家公务员不得兼任公司的董事、监事、经理；② 无民事行为能力或者限制民事行为能力；③ 因贪污、贿赂、侵占财产、挪用财产或者破坏社会主义市场经济秩序，被判处

刑罚,执行期满未逾5年,或者因犯罪被剥夺政治权利,执行期满未逾5年;④担任破产清算的公司、企业的董事或者厂长、经理,对该公司、企业的破产负有个人责任的,自该公司、企业破产清算完结之日起未逾3年;⑤担任因违法被吊销营业执照、责令关闭的公司、企业的法定代表人,并负有个人责任的,自该公司、企业被吊销营业执照之日起未逾3年;⑥个人所负数额较大的债务到期未清偿。公司违反前款规定选举、委派董事、监事或者聘任高级管理人员的,该选举、委派或者聘任无效。董事、监事、高级管理人员在任职期间出现第2条所列情形的,公司应当解除其职务。

(2)董事、监事、高级管理人员的义务

①应当遵守法律、行政法规和公司章程,对公司负有忠实义务和勤勉义务,不得利用职权收受贿赂或者其他非法收入,不得侵占公司的财产。②不得挪用公司资金或者将公司资金以其个人名义或者以其他个人名义开立账户存储或者违反公司章程的规定,未经股东会、股东大会或者董事会同意,将公司资金借贷给他人或者以公司财产为他人提供担保。③不得违反公司章程的规定或者未经股东会、股东大会同意,与本公司订立合同或者进行交易,或者未经股东会或者股东大会同意,利用职务便利为自己或者他人谋取属于公司的商业机会,自营或者为他人经营与所任职公司同类的业务。④不得接受他人与公司交易的佣金归己有。⑤不得擅自披露公司秘密。⑥不得进行违反对公司忠实义务的其他行为。

二、不定向选择题

1. C　　2. A B C D　　3. D　　4. C　　5. B

三、案例分析题

【分析】

1.

(1)名称中国某食品有限责任公司不符合公司注册规定。"中国"二字不能随便使用。

(2)丙以实物出资20万元,估值为30万元;丁以其专利技术出资,作价30万元,估值为40万元。都是高估值的行为,不合法。必须按实际价值进行评估。不能高估,也不能低估。

(3)有限责任公司不允许以劳务出资。不合法,需要调整。

2.

(1)董事李某电话委托董事吴某代为出席董事会会议并行使表决权的做法不符合法律规定。必须有书面授权委托。签订授权委托书才有效。

(2)董事会作出解聘公司总经理王某并将其所收佣金收归公司的决定符合法律规定。董事会职权第九项规定,决定聘任或者解聘公司经理及其报酬事项……

(3)董事会作出修改公司章程的决议不符合法律规定。股东会的第十项职权是:修改公司章程。

(4) 董事会设立有独立法人资格的分公司的决定不合法。《公司法》明确规定,分公司无独立法人资格。

第五章 合同法

【参考答案】
一、简答题
1. 合同成立的要件有哪些？
(1)行为人具有相应的民事行为能力；(2)意思表示真实；(3)不违反法律和社会公共利益；(4)合同形式必须合法。

2. 格式条款的概念和特征是什么？
格式条款,是指一方当事人为了重复使用而预先拟定,并在订立合同时未与对方协商的条款。

格式条款在为另一方当事人接受成为合同条款之前,就已由一方当事人预先确定下来,它不是双方当事人在反复协商的基础上制定的。

一方当事人采用格式条款的目的,就是为了反复使用此条款同任何想与其交易的人订立合同,格式条款适用于不特定的相对人。

3. 试比较代位权与撤销权。
(1) 构成要件不同。代位权的构成不但要求债权人与债务人之间要有真实、合法的到期债权存在,而且要求债务人与其债务人之间也要有真实、合法的到期债权存在。撤销权的构成只要求债权人与债务人之间要有真实、合法的债权存在,对债务人与第三人之间有无到期债权存在在所不问。

(2) 目的不同。代位权的行使是为了防止债务人的财产不当减少。撤销权的行使是为了恢复债务人的财产。

(3) 主观过错不同。代位权中的"怠于行使"是从客观上予以判断,债务人主观上有无过错在所不问。撤销权成立的主观要件要求债务人与他人行为时具有恶意,明知自己的行为有害于债权人的债权而仍为之。在债务人无偿或低价转让财产时,债权人要行使撤销权要求受益人受益时知道债务人的行为将有害于债权,即受害人也要有恶意。

(4) 诉讼时效不同。代位权的诉讼时效必须在债权履行期届满后 2 年内行使,并可适用时效中止、中断的规定。撤销权应自债权人知道或者应当知道撤销事由之日起 1 年内行使,自债务人的行为发生之日起 5 年内没有行使撤销权的,该撤销权消灭。

4. 承担违约责任的方式有哪些？
《合同法》规定,当事人一方明确表示或者以自己的行为表明不履行合同义务的,对方当事人可以在履行期限届满之前要求其承担违约责任。合同法赋予当事人可以根据合同履行的不同情况,选择不同的违约救济措施。

(1) 继续履行。

继续履行又称实际履行,是指当事人一方不履行合同义务或者履行合同义务不符合约定时,另一方当事人可以要求其在合同履行期届满后,继续按照原合同的约定履行义务。

在可以履行的条件下,违反合同的当事人无论是否已经承担赔偿金或者违约金责任,对方当事人都有权要求违约方继续按照合同约定履行其尚未履行的义务。

(2) 采取补救措施。

履行质量不符合约定的,应当按照当事人的约定承担违约责任。受损害方可以根据标的的性质以及损失的大小,合理选择请求对方采取修理、更换、重做、退货、减少价款或者报酬等补救措施。

(3) 赔偿损失。

赔偿损失是指因合同一方当事人的违约行为而给对方当事人造成财产损失时,违约方给予对方的经济补偿。当事人违约,在继续履行义务或者采取补救措施后,对方还有其他损失的,应当赔偿损失。

① 完全赔偿原则。赔偿损失的目的主要是补偿未违约方的财产损失,因此,以实际发生的损害为赔偿标准。损失赔偿额应当相当于因违约所造成的损失,包括实际损失和合同履行后可以获得的利益损失。

② 合理预见规则。损失赔偿额不得超过违反合同一方订立合同时能够预见到或者应当预见到的因违反合同可能造成的损失。

③ 减轻损失规则。当事人一方违约后,对方应当采取适当措施防止损失的扩大;没有采取适当措施致使损失扩大的,不得就扩大的损失要求赔偿。当事人因防止损失扩大而支出的合理费用,由违约方承担。

(4) 支付违约金。

违约金是指当事人在合同中预先约定的在一方违约时应当向对方支付的一定数额的金钱。当事人既可以约定违约金的数额,也可以约定违约损失赔偿额的计算方法。

违约金具有补偿性和特定情况下的惩罚性。当约定的违约金低于造成的损失时,当事人可以请求人民法院或者仲裁机构予以增加;约定的违约金过分高于造成的损失时,当事人可以请求人民法院或者仲裁机构予以适当减少。通过变动违约金数额,保持与受害方的损失大体相当,体现了违约金的补偿性。但是在特定情况下,当违约金高于但不过分高于实际损失时,违约方不能请求减少,这时,高于实际损失的部分即具有惩罚性。

(5) 定金。

定金具有双重功能。一方面,定金由债务人向债权人预先支付,债务人履行债务后,定金抵作价款或收回,这就表明定金是一种担保方式,起着保证债务履行的作用;另一方面,按照定金罚则,给付定金的一方不履行约定的债务的,无权要求返还定金;收受定金的一方不履行约定的债务的,应当双倍返还定金,这又表明定金是一种违约责任形式。

《民法典》规定,当事人在订立合同时,既可以约定违约金,又可以约定定金,一方违约时,对方可以选择适用违约金条款或者定金条款,即二者不能同时适用。当事人执行定金条款后,不足以弥补所受损害的,仍可以请求赔偿损失。

二、不定项选择题

1. B   2. C   3. A   4. ABCD   5. A

三、案例分析题

1.(1) 远威公司与B公司之间不存在生效的合同关系。B公司发出的是要约,发出的函件符合要约的构成要件,远威公司没有在要约规定的时间答复,超过期限,视为再新的要约。二者之间尚未成立合同关系。

(2) B公司拒收远威公司的100吨水泥于法有据。远威公司与B公司之间不存在生效的合同关系,B公司有拒绝的权利。

(3) 宏达公司的发货行为应当视为一个承诺,宏达公司与B公司的买卖合同生效。合同内容以宏达公司的承诺为准,即货物以接收的为准,价格等其他条件以B公司的要约内容为准。

(4) 宏达公司与B公司的买卖合同成立。宏达公司的承诺中没有对要约的内容作出任何变更,以实际行动去履行,该承诺视为有效。

2.(1) 合同未成立。因甲公司未在合同上签字和加盖公章。

(2) 甲公司应承担缔约过失责任。因为甲公司要求终止与乙工厂的合作是一种违反先合同义务的行为,责任发生在双方订立合同的过程之中。

(3) 甲公司应当赔偿乙工厂损失(或乙工厂可以要求甲公司赔偿损失)。因为乙工厂的损失属于基于诚实信用原则而产生的信赖利益的损失。甲公司因缔约过失致对方损失时,应承担损害赔偿责任。

第六章　破产法

【参考答案】

一、简答题

1. 企业破产的原因有哪些?

企业法人不能清偿到期债务,并且资产不足以清偿全部债务或者明显缺乏清偿能力的,依照《破产法》的规定清理债务。

2. 如何理解和解和重整制度?

(1) 重整。重整是指经利害关系人申请,对可能或者已经具备破产原因但又有希望挽救的债务人,通过各方利害关系人的协商,并借助法律强制性地调整他们的利益,对债务人进行生产经营上的整顿和债权债务关系上的清理,以使其摆脱困境,恢复生机的法律制度。债务人或者债权人均可以依照法律规定,直接向人民法院申请对债务人进行重整。自人民法院裁定债务人重整之日起至重整程序终止,为重整期间。重整保护期不超过6个月。

重整程序的终止。在重整期间,有下列情形之一的,经管理人或者利害关系人请求,人民法院应当裁定终止重整程序,并宣告债务人破产:①债务人的经营状况和财产状况继续恶化,缺乏挽救的可能性;②债务人有欺诈、恶意减少债务人财产或者其他显著不利于债权人的行为;③由于债务人的行为致使管理人无法执行职务。

重整计划的制订。重整计划的批准。经人民法院裁定批准的重整计划,对债务人和全体债权人均有约束力。重整计划由债务人负责执行。人民法院裁定批准重整计划后,已接管财产和营业事务的管理人应当向债务人移交财产和营业事务。自人民法院裁定批准重整计划之日起,在重整计划规定的监督期内,由管理人监督重整计划的执行。在监督期内,债务人应当向管理人报告重整计划执行情况和债务人财务状况。

(2)和解。和解是债务人和债权人会议就企业延期或者减免清偿债务、企业进行重整的计划等问题达成协议的协议,经人民法院认可后予以公告,并裁定中止破产程序。和解申请;和解协议的通过;和解协议的生效;和解协议应当由人民法院从裁定认可才能生效。和解协议生效的法律效果表现在:①破产程序中止;②对债务人发生法律约束力;③对债权人发生法律约束力。

3. 破产宣告的效果有哪些?

破产宣告之日起发生法律效力。其法律效力主要表现在:(1)企业由债务人变成了破产人,应当向原登记机关进行破产登记,其法律人格仅在清算意义上继续存在。(2)债务人的财产成为破产财产,企业丧失了对其财产的管理权和处分权,而由管理人接管破产企业。(3)有财产担保的债权人享有就该项担保物有限受偿的权利,当优先受偿权利未能完全满足时,其未受偿的债权作为普通债权;放弃优先受偿权利的,其债权作为普通债权。无财产担保的债权只能按照清偿顺序,通过法定程序、依据破产财产分配方案,由破产财产获得清偿。(4)破产企业自即日起应当停止生产经营活动,但是人民法院或者管理人认为确有必要继续生产经营的情况除外。

4. 简述破产财产的分配顺序。

破产财产的分配应当以货币分配方式进行。但是,债权人会议另有决议的除外。

破产财产在优先清偿破产费用和共益债务后,依照下列顺序清偿:(1)破产人所欠职工的工资和医疗、伤残补助、抚恤费用,所欠的应当划入职工个人账户的基本养老保险、基本医疗保险费用,以及法律、行政法规规定应当支付给职工的补偿金。(2)破产人欠缴的除前项规定以外的社会保险费用和破产人所欠税款。(3)普通破产债权。破产财产不足以清偿同一顺序的清偿要求的,按照比例分配。

二、不定项选择题

1．A   2．B   3．D   4．ABD   5．D

三、案例分析题

1．乙公司有权取回该批货物。人民法院受理破产申请时，出卖人已将买卖标的物向作为买受人的债务人发运，债务人尚未收到"且未付清全部价款的"，出卖人可以取回在运途中的标的物。但是，管理人可以支付全部价款，请求出卖人交付标的物。

2．乙公司无须继续履行合同。管理人自破产申请受理之日起"2个月"内未通知对方当事人，或者自收到对方当事人催告之日起"30日"内未答复的，视为解除合同。

第七章 证券法

【参考答案】

1．简述证券的种类。

《中华人民共和国证券法》（以下简称《证券法》）中规定的证券包括：常规证券、特殊证券、境外证券和特殊产品。

（1）股票。这是股份有限责任公司发行的，证明股东持有股份的凭证。股票按照投资主体不同，分为国家股、法人股和社会公众股；按照上市地点及对投资者的限定不同，分为A股、B股、H股、N股、S股。

（2）债券。这是政府或公司为筹集资金，依照法定程序发行，约定一定期限还本付息的借款凭证。债券按照发行主体不同，分为公司债券、金融债券和政府债券。

（3）存托凭证。这是在一国证券市场流通的代表外国公司有价证券的可转让凭证。

（4）证券投资基金。这是利益共享、风险共担的集合证券投资方式，是通过发售基金份额，集中投资人的资金，由基金管理人管理，基金托管人管理，从事股票、债券和外汇等金融投资，将投资收益按投资人的投资比例进行分配的间接投资方式。证券投资基金按照运作方式不同，分为封闭式基金和开放式基金。

（5）衍生证券。这是从股票、债券等传统投资工具中衍生出来的各种金融投资工具的总称。衍生证券是金融合约，包括远期合约、期货合约、期换合约和期权合约，其价值取决于作为基础标的物的资产或者指数。

（6）认股权证。认股权证是股份有限责任公司给予持证人的无限期或者在一定期限内，以确定价格购买一定数量普通股份的权利凭证。

2．简述证券市场的主体。

（1）证券发行人。证券发行人是在证券市场上发行证券的单位，一般包括企业、金融机构和政府部门。证券发行人是为筹措资金而发行证券的社会经济组织。证券发行人的种类。①政府。②金融机构。专业银行、政策性银行和非银行金融机构为筹措资金，经批准可以公开发行金融债券。③股份有限责任公司。股份有限责任公司发行股票和债券的目的是扩大资金来源,满足生产经营发展的需要。

(2)证券投资者。①机构投资者。机构投资者是金融市场中从事证券投资的法人,主要是具有证券自营业务资格的证券经营机构,符合国家有关政策法规的投资管理基金等,包括保险公司、养老基金、投资基金、证券公司和银行等。②个人投资者。个人投资者是出资购买股票、债券等有价证券的个人投资者。相对于机构投资者,其数量众多,常常被称为散户。

(3)证券交易所。我国现有上海证券交易所、深圳证券交易所和北京(场外)证券交易所。此外还有香港交易所和台湾证券交易所。

(4)证券公司。证券公司是依照《公司法》和《证券法》设立,经国务院证券监督管理机构审查批准成立从事证券经营证券业务,具有独立法人地位的有限责任公司或者股份有限公司。

(5)证券登记结算机构。

(6)证券交易服务机构。

(7)证券业协会。证券业协会是依法成立的证券业自律组织,属非营利性社会团体法人。中国证券业协会成立于1991年8月。证券业协会的内部组织机构。

3. 公司首次公开发行新股的条件是什么?

(1)具备健全且运行良好的组织机构;(2)具有持续经营能力;(3)最近3年财务会计报告被出具无保留意见审计报告;(4)发行人及其控股股东、实际控制人最近3年不存在贪污、贿赂、侵占财产、挪用财产或者破坏社会主义市场经济秩序的刑事犯罪;(5)经国务院批准的国务院证券监督管理机构规定的其他条件。

4. 证券公司承销证券,不得从事的行为有哪些?

(1)进行虚假的或者误导投资者的广告宣传或者其他宣传推介活动;(2)以不正当竞争手段招揽承销业务;(3)其他违反证券承销业务规定的行为。

证券公司有上述所列行为,给其他证券承销机构或者投资者造成损失的,应当依法承担赔偿责任。

二、不定项选择题

1. A B C D　2. C　3. A B C D　4. A B C D　5. B

三、案例分析题

【分析】

(1)依据《证券法》第197条第2款的规定,信息披露义务人报送的报告或者披露的信息有虚假记载、误导性陈述或者重大遗漏的,责令改正,给予警告,并处以100万元以上1000万元以下的罚款;对直接负责的主管人员和其他直接责任人员给予警告,并处以50万元以上500万元以下的罚款。发行人的控股股东、实际控制人组织、指使从事上述违法行为,或者隐瞒相关事项导致发生上述情形的,处以100万元以上1000万元以下的罚款;对直接负责的主管人员和其他直接责任人员,处以50万元以上500万元以下的罚款。

中国证券监督管理机构依法对两家上市公司信息披露违法违规案相关责任人员作出处罚:(1)依法对龙宝参茸给予警告,并处以300万元罚款,对直接负责的主管人员孙某贤、孙某光给予警告,并对孙某贤处以100万元罚款,对孙某光分别处以50万元罚款。(2)依法对圣莱达相关责任人员作出处罚,对直接负责的主管人员胡某东、康某给予警告,并分别处以100万元和50万元罚款,对圣莱达实际控制人覃某给予警告,并处以500万元罚款。

第八章 支付结算法律制度

【参考答案】
一、简答题
1.办理支付结算有哪些基本要求?
(1)单位、个人和银行办理支付结算,必须使用按中国人民银行统一规定印制的票据和结算凭证。票据和结算凭证是办理支付结算的工具。未使用按中国人民银行统一规定印制的票据,票据无效;未使用中国人民银行统一规定格式的结算凭证,银行不予受理。
(2)单位、个人和银行应当按照《人民币银行结算账户管理办法》的规定开立、使用账户。在银行开立存款账户的单位和个人办理支付结算,账户内须有足够的资金保证支付。银行依法为单位、个人在银行开立的存款账户内的存款保密,维护其资金的自主支配权。除国家法律、行政法规另有规定外,银行不得为任何单位或者个人查询账户情况,不得为任何单位或者个人冻结、扣划款项,不得停止单位、个人存款的正常支付。
(3)票据和结算凭证上的签章和其他记载事项应当真实,不得伪造、变造。
2.简述基本存款账户的规定。
(1)基本存款账户的概念。基本存款账户,是指存款人因办理日常转账结算和现金收付需要开立的银行结算账户。可以申请开立基本存款账户的存款人主要有:企业法人;非法人企业;机关、事业单位;团级(含)以上军队、武警部队及分散执勤的支(分)队;社会团体;民办非企业组织;异地常设机构;外国驻华机构;个体工商户;居民委员会、村民委员会、社区委员会;单位设立的独立核算的附属机构,包括食堂、招待所、幼儿园;其他组织,即按照现行的法律、法规规定可以成立的组织,如业主委员会、村民小组等组织。
(2)基本存款账户的开户证明文件。根据《人民币银行结算账户管理办法》和《人民币银行结算账户管理办法实施细则》的有关规定,开立基本存款账户需提供以下证明文件:企业法人,应出具企业法人营业执照正本。非法人企业,应出具企业营业执照正本。机关和实行预算管理的事业单位,应出具政府人事部门或编制委员会的批文或登记证书和财政部门同意其开户的证明;非预算管理的事业单位,应出具政府人事部门或编制委员会的批文或登记证书。军队、武警团级(含)以上单位以及分散执勤的支(分)队,应出具军队军级以上单位财务部门、武警总队财务部门的开户证明。社会团体,应出具社会团体登记证书,宗教组织还应出具其宗教事务管理部门的批文或证明;民办非企业组织,应出具民办非企业登记证书。外地常设机构,应出具其驻在地政府主管部门的批文。外国驻华机构,应出具国家有关主管部门的批文或证明;外资企业驻华代表处、办事处应出具国家登记机关颁发的登记证。个体工商户,应出具个体工商户营业执照正本。居民委员会、村民委员会、社区委员会,应出具其主管部门的批文或证明等。

(3) 基本存款账户的使用。基本存款账户是存款人的主办账户,一个单位只能开立一个基本存款账户。存款人日常经营活动的资金收付及其工资、奖金和现金的支取,应通过基本存款账户办理。存款人通过基本存款账户提取和使用现金不得违反《现金管理暂行条例》的规定。

3. 简述银行卡交易的基本规定。

(1) 单位人民币卡可办理商品交易和劳务供应款项的结算,但不得透支。单位卡不得支取现金。

(2) 发卡银行对贷记卡的取现应当每笔进行授权,每卡每日累计取现不得超过2000元人民币。发卡银行应当对持卡人在自动柜员机(ATM机)取款设定交易上限,每卡每日累计提款不得超过5000元人民币。储值卡的面值或卡内币值不得超过1000元人民币。

(3) 发卡银行应当遵守下列信用卡业务风险控制指标:同一持卡人单笔透支发生额个人卡不得超过2万元(含等值外币)、单位卡不得超过5万元(含等值外币)。同一账户月透支余额个人卡不得超过5万元(含等值外币),单位卡不得超过银行对该单位综合授信额度的3%。无综合授信额度可参照的单位,其月透支余额不得超过10万元(含等值外币)。外币卡的透支额度不得超过持卡人保证金(含储蓄存单质押金额)的80%。

(4) 准贷记卡的透支期限最长为60天。贷记卡的首月最低还款额不得低于其当月透支余额的10%。

(5) 发卡银行通过下列途径追偿透支款项和诈骗款项:扣减持卡人保证金、依法处理抵押物和质物;向保证人追索透支款项;通过司法机关的诉讼程序进行追偿。

4. 违反支付结算法律制度的法律责任有哪些?

(1) 伪造、变造票据、托收凭证、汇款凭证、信用证和信用卡的法律责任。伪造、变造票据、托收凭证、汇款凭证、信用证和信用卡的,处5年以下有期徒刑或者拘役,并处或者单处2万元以上20万元以下罚金;情节严重的,处5年以上10年以下有期徒刑,并处5万元以上50万元以下罚金;情节特别严重的,处10年以上有期徒刑或者无期徒刑,并处5万元以上50万元以下罚金或者没收财产。

(2) 金融票据诈骗活动的法律责任。明知是伪造、变造或作废的汇票、本票、支票而使用的；冒用他人的汇票、本票、支票的；签发空头支票或者与其预留印鉴不符的支票，骗取财物的；汇票、本票的出票人签发无资金保证的汇票、本票或者在出票时作虚假记载，骗取财物的；使用伪造、变造的委托收款凭证、汇款凭证等其他银行结算凭证的，属于金融票据诈骗活动。使用伪造、变造的信用证或者附随的单据、文件的；使用作废的信用证或骗取信用证的，属于信用证诈骗活动。

(3) 违反银行卡结算制度的法律责任。①明知是伪造的信用卡而持有、运输的，或者明知是伪造的空白信用卡而持有、运输，数量较大的；非法持有他人信用卡，数量较大的；使用虚假的身份证明骗领信用卡的；出售、购买、为他人提供伪造的信用卡或者以虚假的身份证明骗领信用卡的；窃取、收买或者非法提供他人信用卡信息资料的，处 3 年以下有期徒刑或者拘役，并处或者单处 1 万元以上 10 万元以下罚金；数量巨大或者没收财产。②使用伪造的信用卡，或者使用以虚假的身份证明骗领的信用卡的；使用作废的信用卡的；冒用他人信用卡的；恶意透支的属于违规使用信用卡行为。

二、不定项选择题

1. B　2. A　3. A B C D　4. A B C D　5. B

三、案例分析题

【分析】

(1) A 银行的做法不符合法律规定。未取得基本存款账户开户登记证，不能开立一般存款账户。根据规定，存款人申请开立一般存款账户，应向银行出具开立基本存款账户规定的证明文件、基本存款账户开户登记证和借款合同等有关证明。

(2) A 银行为甲企业办理转账手续不符合规定。存款人开立单位银行结算账户，自正式开立之日起 3 个工作日后，方可使用该账户办理付款业务。

(3) 根据规定，存款人开立单位银行结算账户，自正式开立之日起 3 个工作日后，方可使用该账户办理付款业务。

第九章　票据法

【参考答案】

一、简答题

1. 票据特征有哪些？

票据是有价证券的一种，具有有价证券的一般特征，但它又是有别于其他有价证券的一类独立的有价证券。与其他有价证券相比，票据主要有以下特征：

(1) 票据是完全有价证券。

(2) 票据是设权证券。设权证券，是指票据权利的发生必须首先作成证券。票据作成前,票据权利不存在,没有票据,就没有票据上的权利。票据并非是证明已存在的权利,而是创设票据权利。

(3) 票据是金钱证券。票据是以一定金额的金钱给付为目的而创设的证券,以非金钱的其他财物为给付标的的证券,不属于票据。

(4) 票据是债权证券。票据关系实质是一种债权债务关系,票据持票人可以就票据上所记载金额向特定票据债务人行使请求权,因而,票据不同于物权证券和社员权证券。

(5) 票据是文义证券。票据上的权利义务必须依票据上所记载的文义而定,不得以文义之外的任何事项来主张票据权利。

(6) 票据是要式证券。

(7) 票据是无因证券。票据权利人主张其权利,以提示票据为必要,而不必证明其取得票据的原因,票据关系一般不受原因关系的影响。

(8) 票据是流通证券。票据上的权利可依背书或交付的方式自由流通转让,而不须经债务人同意。

(9) 票据是提示证券。票据权利人向票据债务人行使权利时,必须提示票据,否则,债务人有权拒绝履行其义务。

(10) 票据是返还证券。

2. 票据基础关系与票据关系的联系和区别有哪些?

票据基础关系,是指作为产生票据关系的事实和前提存在于票据关系之外而由民法规定的非基于票据行为产生的法律关系。票据的基础关系是票据的实质关系,但与票据关系相分离。票据基础关系主要有三种:票据原因关系、票据资金关系和票据预约关系。

票据法上的非票据关系,是指由票据法直接规定的,不基于票据行为而发生的票据当事人之间与票据有关的法律关系。如票据上正当权利人对法律规定不得享有票据权利的人行使票据返还请求权而发生的关系,因时效届满或手续欠缺而丧失票据上权利的持票人对出票人或承兑人行使利益偿还请求权而发生的关系,票据付款人付款后请求持票人交还票据而发生的关系等。

3. 我国《票据法》对票据行为形式要件有何规定?

票据行为是一种要式行为,必须符合法定形式。票据行为的形式要件,有书面、签章、记载事项和交付四项。

(1) 票据行为必须采用书面形式。票据为文义证券,各种票据行为都必须以书面形式做成才能生效。票据当事人应当使用中国人民银行规定的统一格式的票据,未使用按中国人民银行统一规定印制的票据,票据无效。

(2) 票据签章。票据签章是票据的绝对必要记载事项。票据上的签章因票据行为不同,签章人也不相同。票据签发时,由出票人签章;票据转让时,由背书人签章;票据承兑时,由承兑人签章;票据保证时,由保证人签章;票据代理时,由代理人签章;持票人行使票据权利时,由持票人签章,等等。票据上的签章,为签名、盖章或者签名加盖章。

(3)票据记载事项。票据行为要有效成立,必须根据《票据法》的规定,在票据上记载有关事项,根据记载事项的效力,票据记载事项可以分为必要记载事项、任意记载事项、不得记载事项等。

另外,票据上可以记载《票据法》规定事项以外的其他事项,但是该记载事项不具有票据上的效力,银行不负审查责任。如票据上记载票据基础关系事项等。

(4)票据交付。票据交付是指票据行为人将票据实际交付给对方持有。不同的票据行为,其接受交付的相对人也不一样。出票人须将票据交付给收款人,背书人须将票据交付给被背书人,承兑人及保证人须将票据交付给持票人等。

4. 简述汇票的追索权制度。

汇票追索权,也称为第二次请求权,是指付款人拒绝付款,或者拒绝承兑,或者由于其他法定原因预计在票据到期时得不到付款的,由持票人向其前手请求偿还票据金额、利息,以及有关费用的一种票据权利。它是为补充汇票上的第一次权利即付款请求权而设立的,持票人只有在行使第一次权利未获实现时才能行使第二次权利。

追索权的要件。行使追索权必须具备一定的要件,包括实质要件和形式要件两个方面。行使追索权的实质要件,是指持票人行使追索权的法定原因。根据《票据法》的规定,追索权发生的实质要件包括:

(1)汇票到期被拒绝付款;

(2)汇票在到期日前被拒绝承兑;

(3)在汇票到期日前,承兑人或付款人死亡、逃匿的;

(4)在汇票到期日前,承兑人或付款人被依法宣告破产或因违法被责令终止业务活动。发生上述情形之一的,持票人可以对背书人、出票人以及汇票的其他债务人行使追索权。

行使追索权的形式要件,是指行使追索权必须遵循一定的程序、履行法定的保全追索权的手续、具备相应的条件。

(1)提供被拒绝承兑或者被拒绝付款的有关证明。《票据法》规定,持票人行使追索权时,应当提供被拒绝承兑或者被拒绝付款的有关证明。持票人提示承兑或者提示付款被拒绝的,承兑人或者付款人必须出具拒绝证明,或者出具退票理由书。未出具拒绝证明或者退票理由书的,应当承担由此产生的民事责任。

(2)不能提供拒绝证明的处理。《票据法》规定,持票人因承兑人或者付款人死亡、逃匿或者其他原因,不能取得拒绝证明的,可以依法取得其他有关证明。

二、不定项选择题

1. A　　2. A　　3. C　　4. B　　5. BCD

三、案例分析题

【分析】

(1) 财务人员纠错的行为在《票据法》上称为票据更改。

(2) 该支票无效。因为,票据上收款人名称是不得更改的。

(3) 不可以。因为该票据因收款人的名称被更改而无效。票据无效,因此收款人不可以举措要求行使票据追索权。

(4) 可以。因为根据《票据法》第 18 条的规定,持票人因超过票据权利时效或者因票据记载事项欠缺而丧失票据权利的,仍享有民事权利,可以请求出票人或承兑人返还其与未支付的票据金额相当的利益。

第十章 税务行政管理法律制度

【参考答案】

1. 简述我国税务机构的设置。

根据我国国民经济和社会发展以及分税制财政管理体制的需要,现行的税务机构是中央政府设立国家税务总局(正部级),原有的省及省以下国税地税机构两个系统合并整合,统一设置为省、市、县三级税务局,实行以国家税务总局为主与省(自治区、直辖市)人民政府双重领导管理体制。此外,另由海关总署及下属机构负责关税征收管理和受托征收进出口增值税、消费税等税收。

2. 简述我国税收征管范围的划分。

目前,中国的税收分别由税务、海关等系统负责征收管理。

(1)税务系统即国家税务总局系统负责征收和管理的税种有:增值税、消费税、车辆购置税、企业所得税、个人所得税、资源税、城镇土地使用税、耕地占用税、土地增值税、房产税、车船税、印花税、契税、城市维护建设税、环境保护税和烟叶税,共 16 个税种。

(2)海关系统负责征收和管理的项目有:关税,船舶吨税,同时负责代征进口环节的增值税和消费税。

3. 简述税款征收方式。

具体表现为以下方式:

(1) 查账征收。查账征收是指税务机关对会计核算制度比较健全的纳税人,依据其报送的纳税申报表、财务会计报表和其他有关纳税资料,计算应纳税款,填写缴款书或完税凭证,由纳税人到银行划解税款的征收方式。

(2) 查定征收。查定征收是指税务机关对账务不全,但能控制其材料、产量或进销货物的纳税单位或个人,根据纳税户正常条件下的生产能力,对其生产的应税产品确定产量、销售额并据以核算税款的一种征收方式。它适用于生产规模较小,会计核算不健全的作坊式小企业。

(3) 查验征收。查验征收,是指税务机关对纳税人的应税商品、产品,通过查验数量,按市场一般销售单价计算其销售收入,并据以计算应纳税款的一种征收方式。

(4) 定期定额征收。定期定额征收,是指税务机关通过典型调查,逐户确定营业额和所得额并据以征税的方式。这种方式一般适用于无完整考核依据的小型纳税单位。

(5) 委托代征税款。委托代征税款,是指税务机关委托代征人以税务机关的名义征收税款,并将税款缴入国库的方式。这种方式一般适用于小额、零散税源的征收。

(6) 邮寄纳税。邮寄纳税是一种新的纳税方式。这种方式主要适用于那些有能力按期纳税,但采用其他方式纳税又不方便的纳税人。

(7) 其他方式。如利用网络申报,用 IC 卡纳税等方式。

4. 我国法律对税务行政复议管辖的种类有何规定?

税务行政复议的管辖是在税务行政复议机关之间确定税务行政复议案件的分工和权限的划分。

一般管辖。一般管辖是指税收行政复议案件由最初作出税务行政具体行为的税务机关的上一级税务行政机关管辖。(1)对各级税务机关作出的具体行政行为不服的,向其上一级税务机关申请行政复议。(2)对省、自治区、直辖市地方税务局作出的具体行政行为不服的,可以向国家税务总局或者省、自治区、直辖市人民政府申请行政复议。(3)对国家税务总局作出的具体行政行为不服的,向国家税务总局申请行政复议。对国家税务总局的行政复议决定不服的,申请人可以向人民法院提起行政诉讼,也可以向国务院申请裁决,国务院的裁决为终局裁决。

特殊管辖。(1)对计划单列市税务局作出的具体行政行为不服的,向省税务局申请行政复议。(2)对税务所、各级税务局的稽查局作出的具体行政行为不服的,向其主管税务局申请行政复议。(3)对扣缴义务人作出的扣缴税款行为不服的,向主管该扣缴义务人的税务机关的上一级税务机关申请行政复议;对受税务机关委托的单位作出的代征税款行为不服的,向委托税务机关的上一级税务机关申请行政复议。(4)国税局(稽查局、税务所)与地税局(稽查局、税务所)、税务机关与其他行政机关联合调查的涉税案件,应当根据各自的法定职权,经协商分别作出具体行政行为,不得共同作出具体行政行为。对国税局(稽查局、税务所)与地税局(稽查局、税务所)共同作出的具体行政行为不服的,向国家税务总局申请行政复议;对税务机关与其他行政机关共同作出的具体行政行为不服的,向其共同上一级行政机关申请行政复议。(5)对被撤销的税务机关在撤销前所作出的具体行政行为不服的,向继续行使其职权的税务机关的上一级税务机关申请行政复议。(6)对有上述(1)(3)(4)(5)等项所列情形之一的,申请人也可以向具体行政行为发生地的县级地方人民政府提出行政复议申请,由接受申请的县级地方人民政府依法进行转送。

5. 我国法律对税务行政诉讼的受案范围有何规定?

(1)税务机关作出的征税行为。(2)税务机关作出的税收保全措施。(3)税务机关未及时解除保全措施,使纳税人及其他当事人合法权益遭受损失的行为。(4)税务机关作出的强制执行措施。(5)税务机关作出的行政处罚行为。(6)税务机关不予依法办理或者答复的行为。(7)税务机关作出的取消增值税一般纳税人资格的行为。(8)收缴发票、停止发售发票。(9)税务机关责令纳税人提供纳税担保或者不依法确认纳税担保有效的行为。(10)税务机关不依法给予举报奖励的行为。(11)税务机关作出的通知出境管理机关阻止出境行为。(12)税务机关作出的其他具体行政行为。

二、不定项选择题

1. B   2. ABCD   3. ABCD   4. ABCD   5. ABC

三、案例分析题

【分析】

处理决定无效。《税收征收管理法》第 15 条规定,企业,企业在外地设立的分支机构和从事生产、经营的场所,个体工商户和从事生产、经营的事业单位(以下统称从事生产、经营的纳税人)自领取营业执照之日起 30 日内,持有关证件,向税务机关申报办理税务登记。税务机关应当于收到申报的当日办理登记并发给税务登记证件。B 服装服饰有限责任作出公司(以下简称 B 公司)于 2021 年 1 月 10 日取得营业执照,在 2021 年 2 月 5 日,还未超出法律规定的 30 日的截止时间,只要在法定期限之内去办理登记就是合法的。故 A 县税务局处理无效。

参 考 文 献

1. 陈解生. 初级会计实务初级经济法基础复习全书. 北京：朝华出版社，2005
2. 范愉. 纠纷解决的理论与实践. 北京：清华大学出版社，2007
3. 财政部会计资格评价中心. 经济法基础. 北京：经济科学出版社，2007
4. 陈成君. 经济法案例教程. 北京：北京石油工业出版社，2007
5. 中国注册会计师协会. 经济法. 北京：中国财政经济出版社，2007
6. 吕景胜. 经济法事务. 北京：中国人民大学出版社，2007
7. 翟继光. 明明白白缴个税. 北京：北京大学出版社，2008
8. 史际春. 企业和公司法. 北京：人民大学出版社，2008
9. 房绍坤. 房地产法(第二版). 北京：北京大学出版社，2008
10. 苏春林. 税法与纳税操作. 北京：中国人民大学出版社，2008
11. 霍敏. 破产案例审理精要. 北京：法律出版社，2010
12. 邢海宝. 证券法学原理与案例教程. 北京：中国人民大学出版社，2010
13. 财政部会计资格评价中心教材编写组. 经济法. 北京：中国财政经济出版社，2011
14. 中国注册会计师协会. 税法. 北京：经济科学出版社，2011
15. 汪丽清. 中华人民共和国城市房地产管理法配套规定. 北京：法律出版社，2012
16. 周晖、屈振甫. 新编经济法. 北京：北京大学出版社，2013
17. 叶林. 证券法(第4版). 北京：中国人民大学出版社，2013
18. 周晖. 会计法律法规. 北京：清华大学出版社，2015
19. 财政部会计资格评价中心教材编写组. 经济法基础. 北京：经济科学出版社，2016
20. 张武超. 财经法律法规. 北京：清华大学出版社，2017
21. 中国注册会计师协会. 税法. 北京：中国财政经济出版社，2020

参考网站：

1. 国家财政部网站
2. 国家税务总局网站
3. 北京地税局网站
4. 中国民商法律网 http://www.civillaw.com.cn/
5. 佚名. 论税收法律责任. http://www.110.com/ziliao/article-16947.html
6. 国家工商行政管理总局官网 http://www.saic.gov.cn/zcfg/
7. 中国证券监督管理委员会官网 http://www.csrc.gov.cn/pub/newsite/
8. 中国法学网 http://www.iolaw.org.cn/
9. 中国大律师网 http://www.maxlaw.cn